전국의 146명 선생님들의 내공이 담겨
수학의 고수가 완성됐습니다!

"아이들이 고난도 문제까지 차근차근 도달할 수 있도록 **단계별로 잘 구성한 교재**입니다.
 다음에 배울 내용도 잘 정리되어 있어 **상위권 친구들에게 많은 도움**이 될 것 같습니다." - 이은희 선생님 -

"수학적 사고를 필요로 하는 문항들이 많아서 **자연스럽게 수학 실력을 길러주는 강점을 가진 책**이라
 꼭 풀어보길 권하고 싶습니다." - 권승미 선생님

"심화 개념을 이해하기에 좋은 문제들로 **구성되었고, 난이도가 균일한 방향성을 가지고 있어서**
 고득점 대비에 아주 좋았다는 느낌을 받았습니다." - 양구근 선생님 -

검토단 선생님

곽민수 선생님 (압구정휴브레인학원)	김방래 선생님 (비전매쓰학원)	양구근 선생님 (매쓰피아학원)	이은희 선생님 (한솔학원)
권승미 선생님 (한뜻학원)	김수연 선생님 (개념폴리아학원)	윤인영 선생님 (브레인수학학원)	이재영 선생님 (EM학원)
권혁동 선생님 (청탑학원)	김승현 선생님 (분당가인아카데미학원)	이경랑 선생님 (수학의아침학원)	이흥식 선생님 (흥샘학원)
김경남 선생님 (유앤아이학원)	변경주 선생님 (수학의아침학원)	이송이 선생님 (인재와고수학원)	조항석 선생님 (계광중학교)

자문단 선생님

[서울]

고희권 선생님 (교우학원)	박수진 선생님 (소사왕수학학원)	박주흠 선생님 (솔솔학원)	이정주 선생님 (베리타스수학학원)
권치영 선생님 (지오학원)	박정근 선생님 (카이수학학원)	서영덕 선생님 (탑앤탑영수학원)	이진형 선생님 (우림학원)
김기방 선생님 (일등수학학원)	방은선 선생님 (이룸학원)	서정아 선생님 (리더스주니어랩학원)	장전원 선생님 (김앤장영어수학학원)
김대주 선생님 (황선생영수학원)	배철환 선생님 (매쓰블릭학원)	신호재 선생님 (시메쓰수학)	차진경 선생님 (대현학원)
김미애 선생님 (스카이맥에듀학원)	신금종 선생님 (다우학원)	유명덕 선생님 (유일학원)	최현숙 선생님 (아임매쓰수학학원)
김영섭 선생님 (하이클래스학원)	신수림 선생님 (광명 SD명문학원)	유희 선생님 (연세아카데미학원)	
김희성 선생님 (다솜학원)	이강민 선생님 (스토리수학학원)	이상준 선생님 (조은학원)	**[광주·전라도]**
박소영 선생님 (임페라토학원)	이광수 선생님 (청학올림수학학원)	이윤정 선생님 (성문학원)	김미진 선생님 (김미진수학학원)
박혜경 선생님 (개념올플러스학원)	이광철 선생님 (블루수학학원)	이헌상 선생님 (한성교육학원)	김태성 선생님 (필즈학원)
배미은 선생님 (문일중학교)	이진숙 선생님 (휴먼이앤엠학원)	이현정 선생님 (공감수학학원)	김현지 선생님 (김현지 수학학원)
승영민 선생님 (청담클루빌학원)	이채연 선생님 (다니엘학원)	이현주 선생님 (동은위더스학원)	김환철 선생님 (김환철 수학학원)
이관형 선생님 (휴브레인학원)	이후정 선생님 (한보학원)	이희경 선생님 (강수학학원)	나윤호 선생님 (진월 신선규학원)
이성애 선생님 (필즈학원)	전용석 선생님 (연세학원)	전경민 선생님 (아이비츠학원)	노형규 선생님 (노형석 수학학원)
이정녕 선생님 (펜타곤에듀케이션학원)	정재도 선생님 (올림수학학원)	전재후 선생님 (진스터디학원)	문형임 선생님 (서부 고려E수학학원)
이효심 선생님 (뉴플러스학원)	정재현 선생님 (마이다스학원)	정재헌 선생님 (에디슨아카데미학원)	박지연 선생님 (온탑학원)
임여옥 선생님 (명문연세학원)	정청용 선생님 (고대수학원)	정진원 선생님 (명문서울학원)	박지영 선생님 (일곡 카이수학/과학학원)
임원정 선생님 (대현학원)	조근장 선생님 (비전학원)	정찬조 선생님 (교원학원)	방미령 선생님 (동천수학학원)
조세환 선생님 (이레학원)	채수현 선생님 (밀턴수학학원)	조명성 선생님 (한샘학원)	방주영 선생님 (스파르타 수학학원)
	최민희 선생님 (부천종로엠학원)	차주현 선생님 (경대심화학원)	송신영 선생님 (반세영재학원)
[경기·인천]	최우석 선생님 (블루밍영수학원)	최학준 선생님 (특별한학원)	신주영 선생님 (용봉 이룸수학학원)
강병덕 선생님 (청산학원)	하영석 선생님 (의치한학원)	편주연 선생님 (피타고라스학원)	오성진 선생님 (오성진 수학스케치학원)
강효표 선생님 (비원오길수학)	한태섭 선생님 (선부 지캠프학원)	한희광 선생님 (성산학원)	유미행 선생님 (왕일학원)
김동욱 선생님 (지성수학전문학원)	한효섭 선생님 (영웅아카데미학원)	허광정 선생님 (이화수학학원)	윤현식 선생님 (강남에듀학원)
김명환 선생님 (김명환수학학원)		황하륜 선생님 (THE 쉬운수학학원)	이고은 선생님 (리엔수학학원)
김상미 선생님 (김상미수학학원)	**[부산·대구·경상도]**		이명래 선생님 (오른수학&이명래학원)
김선아 선생님 (하나학원)	강민정 선생님 (A+학원)	**[대전·충청도]**	이은숙 선생님 (윤재석수학학원)
김승호 선생님 (시흥 명품M학원)	김득환 선생님 (세종학원)	김근래 선생님 (정통학원)	장인경 선생님 (장선생수학학원)
김영희 선생님 (정석학원)	김용백 선생님 (서울대가는수학학원)	김대두 선생님 (페르마학원)	정은경 선생님 (일곡 정은수학학원)
김은희 선생님 (제니스수학)	김윤미 선생님 (진해 푸르넷학원)	문중식 선생님 (동그라미학원)	정은성 선생님 (챔피언스쿨학원)
김인성 선생님 (우성학원)	김일용 선생님 (서전학원)	석진영 선생님 (탑시크리트학원)	정인하 선생님 (메가메스수학학원)
김지영 선생님 (종로엠학원)	김태진 선생님 (한빛학원)	송명준 선생님 (JNS학원)	정희철 선생님 (운암 천지학원)
김태훈 선생님 (피타고라스학원)	김한규 선생님 (수&수학원)	신영선 선생님 (해머수학학원)	지승룡 선생님 (임동 필즈학원)
문소영 선생님 (분석수학학원)	김홍식 선생님 (칸입시학원)	오현진 선생님 (청석학원)	최민경 선생님 (명재보습학원)
박성준 선생님 (아크로학원)	김황열 선생님 (유담학원)	우명식 선생님 (상상학원)	최현진 선생님 (백운세종학원)
	박병무 선생님 (멘토학원)	윤충섭 선생님 (최윤수학학원)	

초등 수학

5-1

수학의 고수

구성과 특징

"난 수학의 고수가 될 거야!"

수학의 고수 학습 전략

1 단원 대표 문제로 필수 개념 확인

2 유형, 실전, 최고 문제로 이어지는 3단계 집중 학습

3 새 교육과정에 맞춘 창의·융합 문제와 서술형 문제 구성

◈ 필수 개념 확인

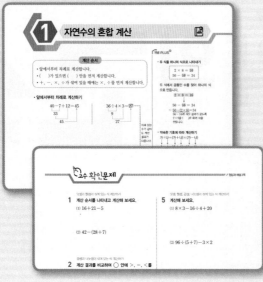

▶ **단원 개념 정리**
단원의 필수 개념을 한눈에 파악할 수 있습니다.

▶ **고수 확인문제**
단원 대표 문제로 필수 개념을 확인할 수 있습니다.

3단계 집중 학습

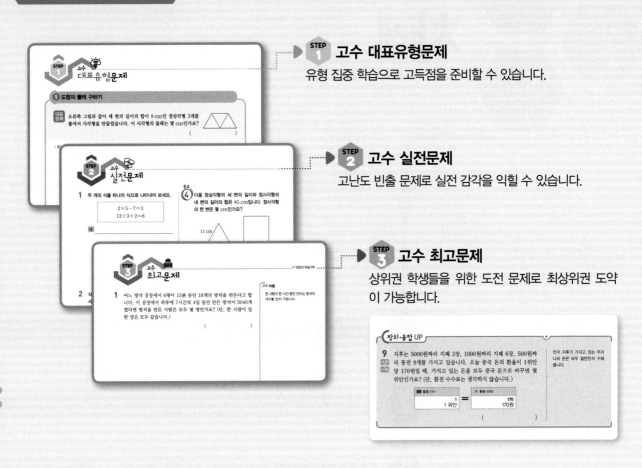

STEP 1 고수 대표유형문제
유형 집중 학습으로 고득점을 준비할 수 있습니다.

STEP 2 고수 실전문제
고난도 빈출 문제로 실전 감각을 익힐 수 있습니다.

STEP 3 고수 최고문제
상위권 학생들을 위한 도전 문제로 최상위권 도약이 가능합니다.

단원 완벽 마무리

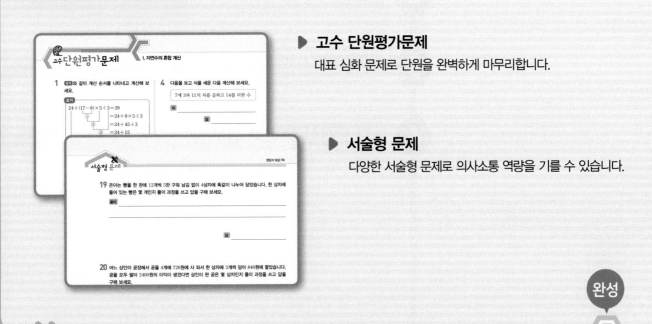

▶ 고수 단원평가문제
대표 심화 문제로 단원을 완벽하게 마무리합니다.

▶ 서술형 문제
다양한 서술형 문제로 의사소통 역량을 기를 수 있습니다.

완성

차례

1

자연수의 혼합 계산

계산 순서

- 앞에서부터 차례로 계산합니다.
- ( )가 있으면 ( ) 안을 먼저 계산합니다.
- $+$, $-$, $\times$, $\div$가 섞여 있을 때에는 $\times$, $\div$를 먼저 계산합니다.

• 앞에서부터 차례로 계산하기

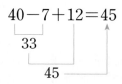

$$40-7+12=45$$

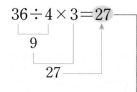

$$36\div4\times3=27$$

식에 있는 수가 같아도 계산 결과가 다릅니다.

• ( ) 안을 먼저 계산하기

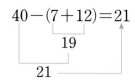

$$40-(7+12)=21$$

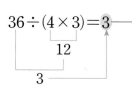

$$36\div(4\times3)=3$$

• $\times$ 또는 $\div$를 먼저 계산하기

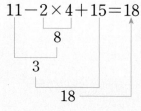

$$11-2\times4+15=18$$

$\times$를 먼저 계산합니다.

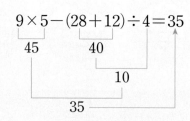

$$9\times5-(28+12)\div4=35$$

( ) 안을 먼저 계산합니다.

⇨ 먼저 계산해야 하는 식을 계산한 다음 앞에서부터 차례로 계산합니다.

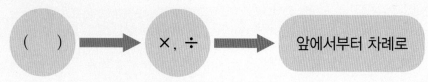

( ) ➡ $\times$, $\div$ ➡ 앞에서부터 차례로

개념 PLUS⁺

▶ **두 식을 하나의 식으로 나타내기**

$$9 + 7 = \boxed{16}$$
$$50 - \boxed{16} = 34$$

두 식에서 공통인 수를 찾아 하나의 식으로 만듭니다.

$$9 + 7 = \boxed{16}$$
↓
$$50 - \boxed{16} = 34$$

⇨ $50-(9+7)=34$

$50-16$과 계산 결과가 같도록 $9+7$을 ( )로 묶어 식을 만듭니다.

▶ **약속한 기호에 따라 계산하기**

가★나=(가+나)×(가−나)

$$6 ★ 4 = (6+4)\times(6-4)$$
$$=10\times2$$
$$=20$$

▶ **식에서 □의 값 구하기**

모르는 식의 값을 기호로 나타냅니다.

$$28\div(\boxed{□-2})=4$$
●
↓
$$28\div ● =4, \quad ● =7$$

⇨ $□-2=7$, $□=9$

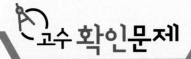

덧셈과 뺄셈이 섞여 있는 식 계산하기

1 계산 순서를 나타내고 계산해 보세요.

(1) $16+21-5$

(2) $42-(28+7)$

곱셈과 나눗셈이 섞여 있는 식 계산하기

2 계산 결과를 비교하여 ◯ 안에 >, =, <를 알맞게 써넣으세요.

$$72÷9×4 \bigcirc 72÷(9×4)$$

덧셈, 뺄셈, 곱셈이 섞여 있는 식 계산하기

3 계산 결과에 맞게 선으로 이어 보세요.

$13+7×8-6$	•	•	154
$(13+7)×8-6$	•	•	27
$13+7×(8-6)$	•	•	63

덧셈, 뺄셈, 나눗셈이 섞여 있는 식 계산하기

4 계산 순서에 맞게 기호를 차례대로 써 보세요.

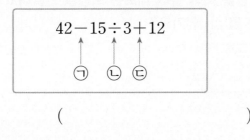

(   )

덧셈, 뺄셈, 곱셈, 나눗셈이 섞여 있는 식 계산하기

5 계산해 보세요.

(1) $8×3-16÷4+20$

(2) $96÷(5+7)-3×2$

덧셈, 뺄셈, 곱셈, 나눗셈이 섞여 있는 식 계산하기

6 잘못 계산한 부분을 찾아 바르게 고치고, 이유 를 써 보세요.

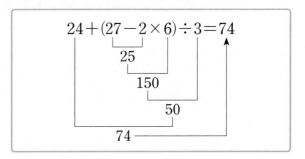

$$24+(27-2×6)÷3$$

이유 _____

_____

1 도형의 둘레 구하기

대표문제 오른쪽 그림과 같이 세 변의 길이의 합이 9 cm인 정삼각형 3개를 붙여서 사각형을 만들었습니다. 이 사각형의 둘레는 몇 cm인가요?

( )

풀이		
[1단계] 정삼각형의 한 변의 길이 구하는 식 세우기	정삼각형은 세 변의 길이가 모두 같으므로 (정삼각형의 한 변의 길이)=9÷□ 입니다.	
[2단계] 사각형의 둘레는 정삼각형의 한 변의 길이의 몇 배인지 알아보기	사각형의 둘레는 정삼각형의 한 변의 길이의 □배입니다.	
[3단계] 사각형의 둘레 구하기	(사각형의 둘레)=(정삼각형의 한 변의 길이)×5 =9÷3×5=□×5=□(cm)	

유제 1 네 변의 길이의 합이 20 cm인 정사각형 7개를 이어 붙여 오른쪽 그림과 같은 도형을 만들었습니다. 이 도형의 둘레는 몇 cm인가요?

( )

유제 2 그림과 같이 한 변의 길이가 5 cm인 정삼각형을 이어 붙여 새로운 도형을 만들려고 합니다. 정삼각형 12개를 이어 붙여 만든 도형의 둘레는 몇 cm인가요?

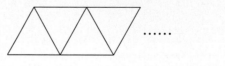

( )

2 식을 만들어 구하기

대표문제 5개에 6000원 하는 빵 2개와 3개에 4500원 하는 우유 1개를 사려고 합니다. 필요한 돈은 얼마인지 하나의 식으로 나타내어 구해 보세요.

식 _____

답 _____

| 풀이 |

[1단계] 빵 2개의 값을 식으로 나타내기	빵 2개의 값을 식으로 나타내면 $6000 \div \boxed{} \times 2$입니다.
[2단계] 우유 1개의 값을 식으로 나타내기	우유 1개의 값을 식으로 나타내면 $4500 \div \boxed{}$입니다.
[3단계] 빵 2개와 우유 1개의 값을 하나의 식으로 나타내어 구하기	빵 2개와 우유 1개의 값을 하나의 식으로 만들면 $6000 \div \boxed{} \times 2 + 4500 \div \boxed{} = \boxed{}$입니다. 따라서 필요한 돈은 $\boxed{}$원입니다.

유제 3 혜린이는 7개에 3220원 하는 지우개 3개와 9권에 10800원 하는 공책 5권을 사려고 합니다. 혜린이가 5000원을 가지고 있다면 얼마가 부족한지 하나의 식으로 나타내어 구해 보세요.

식 _____

답 _____

유제 4 운동회에 사용할 콩주머니를 남학생에게는 5개씩, 여학생에게는 4개씩 나누어 주려고 합니다. 학생은 모두 38명이고 남학생은 21명입니다. 선생님께서 콩주머니를 200개 준비했다면 남는 콩주머니는 몇 개인지 하나의 식으로 나타내어 구해 보세요.

식 _____

답 _____

3 약속한 식을 세워 계산하기

대표문제 다음과 같이 약속할 때, 주어진 식을 계산해 보세요.

$$가 ★ 나 = 가 - (가 + 나) ÷ 나$$
$$가 ▲ 나 = 가 × 나 - 가$$

$$(10 ★ 5) ▲ 4$$

(   )

풀이		
[1단계] 10 ★ 5 구하기	$10 ★ 5 = 10 - (10 + \boxed{}) ÷ \boxed{}$ $= 10 - 15 ÷ \boxed{} = 10 - \boxed{} = \boxed{}$	
[2단계] $(10 ★ 5) ▲ 4$ 구하기	$10 ★ 5 = \boxed{}$ 이므로 $(10 ★ 5) ▲ 4 = \boxed{} ▲ 4$입니다. $\boxed{} ▲ 4 = \boxed{} × 4 - \boxed{} = 28 - \boxed{} = \boxed{}$	

유제 5 다음과 같이 약속할 때, 주어진 식을 계산해 보세요.

$$가 ● 나 = (가 ÷ 나) × (가 - 나)$$
$$가 ⊙ 나 = (가 × 나) - (가 + 나)$$

$$(15 ● 5) ⊙ 3$$

(   )

유제 6 다음과 같이 ◆ 기호를 약속할 때, 주어진 식의 ㉠에 알맞은 수를 구해 보세요.

$$가 ◆ 나 = (가 + 1) × (가 + 1) - 나 × 나$$

$$9 ◆ ㉠ = 75$$

(   )

4 혼합 계산식 완성하기

대표문제 식이 성립하도록 □ 안에 ＋, －, ×, ÷를 한 번씩 알맞게 써넣으세요.

$$5\ \square\ 5\ \square\ 5\ \square\ 5\ \square\ 5=21$$

풀이		
[1단계] □ 안에 ＋, －, ×, ÷를 넣을 수 있는 경우를 생각하고 계산하기	계산이 가능한 경우를 생각하여 □ 안에 ＋, －, ×, ÷를 한 번씩 써넣고 식을 만들어 봅니다. • $5\times5\div5+5-5=\square$ • $5\times5-5\div5+5=\square$ • $5\times5+5\div5-5=\square$	
[2단계] 계산 결과가 21인 식 찾기	계산 결과가 21인 식은 $5\ \square\ 5\ \square\ 5\ \square\ 5\ \square\ 5=21$입니다.	

유제 7 식이 성립하도록 □ 안에 ＋, －, ×, ÷를 써넣으려고 합니다. 3가지 방법으로 만들어 보세요.
(단, ＋, －, ×, ÷를 중복해서 사용해도 되고 ( )를 사용해도 됩니다.)

$$4\ \square\ 4\ \square\ 4\ \square\ 4=1$$
$$4\ \square\ 4\ \square\ 4\ \square\ 4=1$$
$$4\ \square\ 4\ \square\ 4\ \square\ 4=1$$

유제 8 식이 성립하도록 □ 안에 ＋, －, ×, ÷를 한 번씩 알맞게 써넣으세요.

$$3\ \square\ (5\ \square\ 8\ \square\ 2)\ \square\ 1=4$$

5 어떤 수 구하기

대표문제 어떤 수의 4배보다 2만큼 더 작은 수를 5로 나눈 몫에서 7과 4의 곱을 뺐더니 2가 되었습니다. 어떤 수를 구해 보세요.

(   )

| 풀이 |

[1단계] 어떤 수를 ■라 하여 식 세우기	어떤 수를 ■라고 하여 식을 세우면 (■× ☐ −2)÷ ☐ −7×4=2입니다.

[2단계] 어떤 수 구하기	(■× ☐ −2)÷ ☐ −28=2, → ★−28=2, ★=2+28
	           ★
	(■× ☐ −2)÷5= ☐ , → ●÷5=■■, ●=■■×5
	   ● ★
	■× ☐ −2= ☐ ,
	   ●
	■× ☐ = ☐ , ■= ☐
	따라서 어떤 수는 ☐ 입니다.

유제 9 어떤 수보다 8만큼 더 작은 수의 4배에 27을 3으로 나눈 몫을 더했더니 33이 되었습니다. 어떤 수를 구해 보세요.

(   )

유제 10 어떤 수와 20의 곱에 8과 4의 차를 더해야 하는데 잘못하여 어떤 수를 20으로 나눈 몫에 8과 4의 합을 더했더니 14가 되었습니다. 바르게 계산한 값을 구해 보세요.

(   )

6 식이 성립하도록 괄호로 묶기

대표문제 식이 성립하도록 (   )로 묶어 보세요.

$$8 + 24 \div 8 \times 7 - 2 \times 3 = 11$$

풀이		
	[1단계] 여러 가지 방법으로 ( )로 묶어 계산해 보기	계산 순서를 생각하여 여러 가지 방법으로 ( )로 묶어 계산해 봅니다. ㉠ $(8+24) \div 8 \times 7 - 2 \times 3 =$ ☐ ㉡ $8+24 \div 8 \times (7-2) \times 3 =$ ☐ ㉢ $(8+24 \div 8) \times 7 - 2 \times 3 =$ ☐ ㉣ $8+24 \div 8 \times (7-2 \times 3) =$ ☐
	[2단계] 계산 결과가 11인 경우 찾기	위 식 중에서 계산 결과가 11인 식의 기호는 ☐ 입니다.

유제 11 식이 성립하도록 (   )로 묶어 보세요.

$$5 \times 3 + 4 - 2 \div 5 + 1 = 6$$

유제 12 계산 결과가 가장 크게 되도록 (   )로 묶어 보세요. (단, 계산 결과는 자연수입니다.)

$$10 \times 12 + 8 \div 4 - 2$$

1 두 개의 식을 하나의 식으로 나타내어 보세요.

$$2 \times 5 - 7 = 3$$
$$12 \div 3 + 2 = 6$$

식 _____

2 식이 성립하도록 □ 안에 ＋, －, ×, ÷ 중 서로 다른 기호 2개를 써넣으세요.

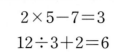
$$1000 \boxed{} 100 \boxed{} 10 = 0$$

3 타일을 이용하여 모양을 만들고 있습니다. 다섯째 모양을 만드는 데 필요한 타일의 수를 구하는 식과 답을 써 보세요.

첫째   둘째   셋째

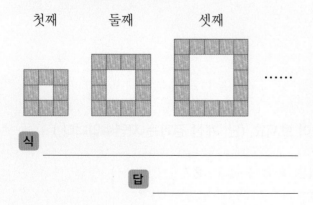

식 _____

답 _____

4 다음 정삼각형의 세 변의 길이와 정사각형의 네 변의 길이의 합은 85 cm입니다. 정사각형의 한 변은 몇 cm인가요?

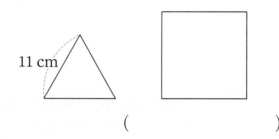

11 cm

(   )

5 사탕 한 개는 100원, 젤리 한 개는 120원입니다. 알맞은 식을 찾아 기호를 써 보세요.

> ㉠ $100 + 120 \times 5$
> ㉡ $120 \times 15 \div 100$
> ㉢ $1000 \div (120 - 100)$
> ㉣ $1000 - (100 \times 2 + 120)$
> ㉤ $1000 \div (100 + 120)$
> ㉥ $(100 + 120) \times 5$

⑴ 사탕 2개와 젤리 1개를 사고 1000원을 냈을 때의 거스름돈

(   )

⑵ 사탕과 젤리를 각각 5개씩 살 때 필요한 금액 (   )

⑶ 젤리 15개 값으로 살 수 있는 사탕의 개수 (   )

⑷ 한 상자에 사탕과 젤리가 각각 1개씩 담겨 있을 때, 1000원으로 살 수 있는 상자의 개수 (   )

6 $\begin{vmatrix} 가 & 나 \\ 다 & 라 \end{vmatrix}$=가×라−나×다일 때, ㉠에 알맞은 수를 구해 보세요.

$$\begin{vmatrix} ㉠ & 5 \\ 11 & ㉠ \end{vmatrix}=9$$

( )

중요 7 □ 안에 알맞은 수를 구해 보세요.

$$13+(□-9)×6÷3=35$$

( )

8 과자 108개와 초콜릿 여러 개를 9봉지에 남김 없이 똑같이 나누어 담았습니다. 한 봉지에 들어 있는 과자와 초콜릿 수의 합이 16개일 때 초콜릿은 모두 몇 개인가요?

( )

9 □ 안에 들어갈 수 있는 자연수는 모두 몇 개인가요?

$$7×4-72÷8 > 13+□$$

( )

10 수 카드 3 , 6 , 9 중에서 2장을 사용하여 다음과 같은 식을 만들려고 합니다. 계산 결과가 가장 클 때와 가장 작을 때는 얼마인지 각각 구해 보세요.

$$□+□×5$$

가장 클 때 ( )

가장 작을 때 ( )

11 파란색 테이프는 빨간색 테이프의 길이의 5배보다 8 cm 짧습니다. 두 색 테이프의 길이의 합이 76 cm일 때 파란색 테이프의 길이를 구해 보세요.

( )

12 4명이 탈 수 있는 오리배 한 대를 타는 데 15분에 2000원이라고 합니다. 20명이 오리배를 1시간 30분 동안 타려고 할 때 내야 하는 돈은 모두 얼마인지 하나의 식으로 나타내어 구해 보세요. (단, 오리배는 빈자리 없이 탑니다.)

식 _____

답 _____

중요
13 민혜, 동우, 서정이가 가지고 있는 돈은 모두 24000원입니다. 민혜는 동우보다 5400원 더 많이 가지고 있고, 서정이는 민혜보다 7200원 더 적게 가지고 있습니다. 민혜가 가지고 있는 돈은 얼마인가요?

( )

14 1개의 길이가 24 cm인 테이프 13개를 이어 붙여 3 m의 테이프를 만들려면 몇 cm씩 겹쳐 붙여야 하는지 구해 보세요. (단, 겹치는 부분의 길이는 모두 같게 합니다.)

( )

15 다음 정사각형의 점선을 잘라 똑같은 직사각형 8개를 만들었습니다. 작은 직사각형 한 개의 네 변의 길이의 합이 24 cm일 때, 큰 정사각형의 한 변은 몇 cm인가요?

( )

16 물통에 물이 50 L 들어 있습니다. 수도꼭지를 틀면 1분에 4 L의 물이 나오고 물통 바닥의 구멍을 열면 1분에 1 L의 물이 흘러 나갑니다. 수도꼭지를 틀 때 바닥의 구멍을 동시에 연다면 물통에 들어 있는 물이 71 L가 되는 때는 몇 분 후인가요?

( )

17 어떤 두 수 ■와 ▲를 더한 값은 9입니다. ■에 ▲를 한 번씩 늘려가며 더했더니 계산한 값이 다음과 같았습니다. 규칙을 찾아 계산한 값이 86일 때, ▲는 몇 번 더한 것인지 구해 보세요.

계산식	계산한 값
■＋▲×1	9
■＋▲×2	16
■＋▲×3	23
■＋▲×4	30

( )

18 한 문제를 맞히면 5점을 얻고, 틀리면 1점이 깎이는 시험이 있습니다. 100문제를 풀고 몇 개를 틀려서 380점이 되었다면 틀린 문제는 몇 개인지 구해 보세요.

( )

STEP 3
고수
최고문제

고수 비법

1 어느 방석 공장에서 6명이 15분 동안 18개의 방석을 만든다고 합니다. 이 공장에서 하루에 7시간씩 4일 동안 만든 방석이 5040개였다면 방석을 만든 사람은 모두 몇 명인가요? (단, 한 사람이 일한 양은 모두 같습니다.)

( )

한 사람이 한 시간 동안 만드는 방석의 개수를 먼저 구합니다.

2 ◆와 ◉의 규칙을 찾아 주어진 식을 계산해 보세요.

2◆3=1	4◆1=15	5◆2=23
4◉1=5	3◉2=2	8◉3=3

11◉(3◆5)

( )

◆와 ◉가 각각 어떤 식을 나타내는지 알아봅니다.

3 ㉠ 바구니에 들어 있는 귤은 ㉡ 바구니에 들어 있는 귤의 3배보다 6개 적고, ㉢ 바구니에 들어 있는 귤보다 4개 많습니다. ㉢ 바구니에 들어 있는 귤이 ㉡ 바구니에 들어 있는 귤보다 6개 더 많다면 ㉠ 바구니에 들어 있는 귤은 몇 개인지 구해 보세요.

( )

㉡ 바구니에 들어 있는 귤 수를 □개라고 하여 식을 세워 봅니다.

4 네 장의 수 카드 2 , 3 , 6 , 8 을 한 번씩 사용하여 계산 결과가 가장 큰 자연수가 되도록 □ 안에 써넣으세요.

$$(\boxed{}-\boxed{})\times\boxed{}\div\boxed{}$$

5 수호네 집에서는 매일 우유를 1개씩 배달 받습니다. 5월 중에 우유 한 개의 값이 650원에서 720원으로 올라 5월 한 달 동안의 우유 값으로 21060원을 냈다면 우유 값이 650원이었던 날은 며칠까지인가요?

(   )

6 그림과 같은 규칙에 따라 바둑돌을 늘어놓았습니다. 20째에 놓일 검은색 바둑돌 수와 흰색 바둑돌 수의 차는 몇 개인가요?

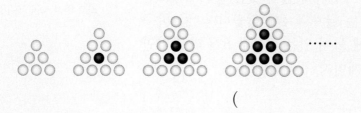

(   )

고수 비법

경시 문제 맛보기

7 ㈎ 7개의 무게가 ㈏ 2개의 무게보다 8 g 가볍습니다. 한 개의 무게가 41 g인 ㈐ 몇 개와 ㈎ 한 개의 무게의 합은 ㈏ 3개의 무게와 같습니다. ㈏ 한 개의 무게가 60 g이라면 ㈐는 몇 개인가요?

(   )

㈎ 한 개의 무게를 알아봅니다.

경시 문제 맛보기

8 다음 식의 □ 안에 +, −, ×, ÷ 중 서로 다른 기호 2개를 넣어 계산한 값이 자연수가 되는 식은 모두 몇 개인가요?

$$3 \ \square \ 4 \ \square \ 5$$

(   )

4개의 기호 중 서로 다른 2개의 기호를 고르는 방법을 생각해 봅니다.

창의·융합 UP

9 지후는 5000원짜리 지폐 3장, 1000원짜리 지폐 6장, 500원짜리 동전 9개를 가지고 있습니다. 오늘 중국 돈의 환율이 1위안당 170원일 때, 가지고 있는 돈을 모두 중국 돈으로 바꾸면 몇 위안인가요? (단, 환전 수수료는 생각하지 않습니다.)

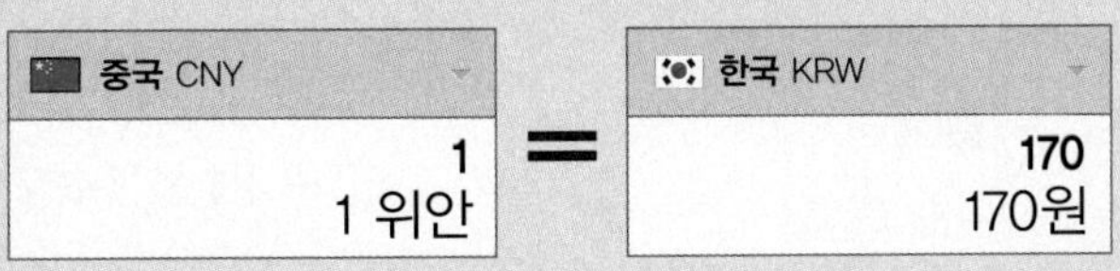

중국 CNY		한국 KRW
1 1 위안	=	170 170원

(   )

먼저 지후가 가지고 있는 우리나라 돈은 모두 얼마인지 구해 봅니다.

1 보기와 같이 계산 순서를 나타내고 계산해 보세요.

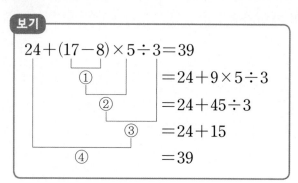

보기

$$24+(17-8)\times5\div3=39$$
$$=24+9\times5\div3$$
$$=24+45\div3$$
$$=24+15$$
$$=39$$

$$60-27\div(3\times3)+2$$

2 계산해 보세요.

(1) $72-8\times5+6$

(2) $64+(9-5)\times20\div8$

3 계산 결과를 비교하여 ◯ 안에 >, =, <를 알맞게 써넣으세요.

$$(40-16)\div8+5 \bigcirc 40-16\div8+5$$

4 다음을 보고 식을 세운 다음 계산해 보세요.

7에 3과 11의 차를 곱하고 14를 더한 수

식 _____

답 _____

중요
5 다음 중 ( )를 생략해도 계산 결과가 같은 것은 어느 것인가요? ( )

① $50\div(2\times5)$　　② $42-(20+9)$

③ $50-(42\div7)$　　④ $42\times(9-3)$

⑤ $50\div(10\div5)$

6 두 개의 식을 하나의 식으로 나타내어 보세요.

$$180\div20+5=14$$
$$62+14\times2\div7=66$$

식 _____

7 한 병에 900원 하는 음료수 15병을 사고 15000원을 냈습니다. 거스름돈으로 얼마를 받아야 하는지 알아보는 식은 어느 것인가요? (   )

① $15000+900\times15$

② $15000\times900-15$

③ $15000\times15-900$

④ $15000-900\times15$

⑤ $(15000-900)\times15$

8 가♥나＝가$\times$나$-$(가$+$나)라고 약속할 때, 20♥9의 값을 구해 보세요.

(   )

9 어떤 수와 18의 곱은 5와 어떤 수의 곱보다 26 큽니다. 어떤 수를 구해 보세요.

(   )

중요
10 성냥개비로 삼각형을 만들고 있습니다. 삼각형을 15개 만들려면 성냥개비는 모두 몇 개 필요한지 식을 쓰고 답을 구해 보세요.

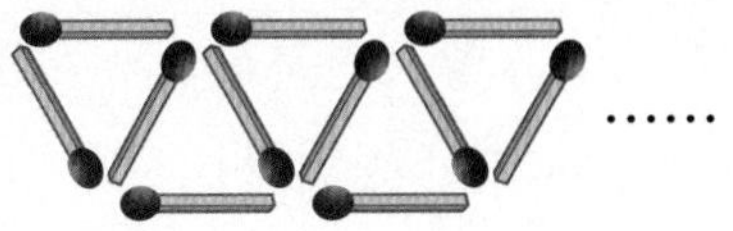

식 _____

답 _____

11 □ 안에 알맞은 수를 구해 보세요.

$$8\times(\square-2)\div4+5=13$$

(   )

12 100 cm인 종이테이프를 4등분한 것 중의 한 도막과 81 cm인 종이테이프를 3등분한 것 중의 한 도막을 5 cm가 겹쳐지도록 이어 붙였습니다. 이어 붙인 종이테이프의 전체 길이는 몇 cm인지 식을 쓰고 답을 구해 보세요.

식 _____

답 _____

13 샌드위치 4인분을 만들기 위해 10000원으로 필요한 재료를 사고 남은 돈은 얼마인지 구해 보세요.

빵(4인분)	3500원
치즈(2인분)	1600원
달걀(8인분)	5200원

(   )

중요
14 기중이네 반 남학생은 7명씩 3모둠이고, 여학생은 3명씩 6모둠입니다. 선생님께서 땅콩을 한 사람에게 11개씩 나누어 주었더니 21개가 남았습니다. 선생님께서 처음에 가지고 있던 땅콩은 모두 몇 개인가요?

(   )

창의·융합 [수학+체육]
15 윗몸 일으키기는 앉았다 누웠다를 반복하는 운동으로 복근과 다리를

들어 올리는 근육을 발달시킬 수 있습니다. 재영이가 11월 한 달 동안 매일 25번씩 윗몸 일으키기를 하다가 중간에 22번으로 횟수를 줄여 모두 723번을 했다면 하루에 22번씩 한 날은 11월 며칠부터인가요?

(   )

16 다음 5장의 수 카드와 $+$, $-$, $\times$, $\div$, (   ) 를 한 번씩 모두 사용하여 계산 결과가 가장 큰 자연수가 되는 식을 만들어 보세요.

| 1 | 3 | 6 | 7 | 9 |

식 _____

17 정사각형 모양의 종이를 4등분하여 겹치지 않게 옆으로 길게 이었더니 네 변의 길이의 합이 204 cm인 직사각형이 되었습니다. 처음 정사각형의 둘레는 몇 cm인가요?

(   )

18 서로 다른 세 자연수 ㉠, ㉡, ㉢이 다음과 같을 때 ㉠, ㉡, ㉢을 큰 수부터 차례로 써 보세요.

$$㉠ \div (㉡ \times ㉢) = 3$$
$$㉡ \times 3 = ㉠$$

(   )

19 은아는 빵을 한 판에 12개씩 5판 구워 남김 없이 4상자에 똑같이 나누어 담았습니다. 한 상자에 들어 있는 빵은 몇 개인지 풀이 과정을 쓰고 답을 구해 보세요.

풀이 _____

_____

_____

답 _____

20 어느 상인이 공장에서 공을 4개에 720원에 사 와서 한 상자에 3개씩 담아 840원에 팔았습니다. 공을 모두 팔아 2400원의 이익이 생겼다면 상인이 판 공은 몇 상자인지 풀이 과정을 쓰고 답을 구해 보세요.

풀이 _____

_____

_____

답 _____

21 승기는 80원짜리 사탕 1개와 160원짜리 과자 2개를 사고 500원을 낸 다음 거스름돈 100원을 받았습니다. 승기가 거스름돈을 구하는 식을 다음과 같이 만들었더니 받은 금액과 달랐습니다. 계산한 값이 실제로 받은 거스름돈과 왜 다른지 설명하고, 거스름돈을 바르게 구할 수 있도록 식을 (   )로 묶어 보세요.

$$500 - 80 + 160 \times 2$$

설명 _____

_____

_____

서술형 문제

22 한 시간에 120 km를 달릴 수 있는 기차가 터널에 들어가기 시작한 지 2분 만에 완전히 통과하였습니다. 기차의 길이가 280 m라면 터널의 길이는 몇 m인지 풀이 과정을 쓰고 답을 구해 보세요.

풀이

답

23 예성이는 부산역에서 출발하여 삼촌 댁에 가는 데 20분에 25 km씩 가는 기차를 2시간 20분 동안 타고, 남은 거리는 1분에 40 m씩 가는 빠르기로 걸었습니다. 부산역에서 삼촌 댁까지의 거리가 177 km라면 예성이가 걸어간 시간은 몇 분인지 풀이 과정을 쓰고 답을 구해 보세요.

풀이

답

24 한 변이 10 cm인 정사각형 모양의 타일을 그림과 같은 규칙으로 이어 붙였습니다. 타일 40개로 만든 모양의 둘레는 몇 cm인지 풀이 과정을 쓰고 답을 구해 보세요.

......

풀이

답

2

약수와 배수

2 약수와 배수

📖 MATH

1 약수와 배수

약수	배수
어떤 수를 나누어떨어지게 하는 수	어떤 수를 1배, 2배, 3배…… 한 수
$8 \div 1 = 8$ $8 \div 2 = 4$ $8 \div 4 = 2$ $8 \div 8 = 1$ ↓ 8의 약수	$8 \times 1 = 8$ $8 \times 2 = 16$ $8 \times 3 = 24$ ⋮ ↓ 8의 배수

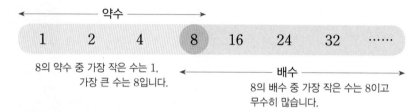

|← 약수 →|
| 1   2   4   8   16   24   32   …… |
|→ 배수 →|

8의 약수 중 가장 작은 수는 1,
가장 큰 수는 8입니다.

8의 배수 중 가장 작은 수는 8이고
무수히 많습니다.

• 배수 판정법

어떤 수의 배수인지 간단히 확인할 수 있는 방법입니다.

2의 배수	짝수
3의 배수	각 자리 숫자의 합이 3의 배수 예 225 ⇨ 2+2+5=9 ⇨ 225는 3의 배수
4의 배수	오른쪽 끝의 두 자리가 00이거나 4의 배수 예 500, 2716 ⇨ 500, 2716은 4의 배수
5의 배수	일의 자리 숫자가 0 또는 5
9의 배수	각 자리 숫자의 합이 9의 배수 예 3402 ⇨ 3+4+0+2=9 ⇨ 3402는 9의 배수

2 약수와 배수의 관계

곱셈식으로 약수와 배수의 관계를 알 수 있습니다.

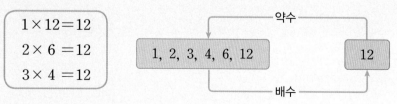

$1 \times 12 = 12$
$2 \times 6 = 12$
$3 \times 4 = 12$

약수
1, 2, 3, 4, 6, 12   12
배수

개념 PLUS⊕

▸ • 1은 모든 수의 약수입니다.
  • (어떤 수)의 약수 중
    가장 작은 수는 1이고 가장 큰 수는
    (어떤 수)입니다.
  • (어떤 수)의 배수 중
    가장 작은 수는 (어떤 수)를 1배 한 수
    이므로 (어떤 수)입니다.
  • 배수는 무수히 많습니다.

▸ 배수 판정법을 이용하면 아무리 큰 수도
  어떤 수의 배수인지 쉽고 정확하게 알
  수 있습니다.
  예 1821312

  $1+8+2+1+3+1+2=18$

  ⇨ 1821312는 3의 배수, 9의 배수입니
     다.

▸ ● × ■ = ◆일 때,
  ┌ ◆는 ●, ■의 배수
  └ ●, ■는 ◆의 약수

❸ 공약수와 최대공약수

• 공약수와 최대공약수

┌ 공약수: 공통된 약수
└ 최대공약수: 공약수 중에서 가장 큰 수

> 8의 약수: 1, 2, 4, 8
> 20의 약수: 1, 2, 4, 5, 10, 20

⇨

> 공약수: 1, 2, 4
> 최대공약수: 4

4의 약수: 1, 2, 4
→ 공약수는 최대공약수의 약수입니다.

• 최대공약수 구하기

방법 1 수를 곱으로 분해하여 구하기

$8 = 2 \times 2 \times 2 \rightarrow$ ① 가장 작은 수의 곱으로 나타냅니다.
$20 = 2 \times 2 \times 5$
$\overline{}$
$2 \times 2 = 4 \rightarrow$ ② 공통인 수만 곱합니다.

방법 2 수를 공약수로 나누어 구하기

$\begin{array}{r|cc} 2 & 8 & 20 \\ 2 & 4 & 10 \\ \hline & 2 & 5 \end{array}$ ┐ ① 공약수가 1이 될 때까지 나눕니다.

$2 \times 2 = 4 \rightarrow$ ② 공통인 약수를 모두 곱합니다.

개념 PLUS⁺

▸ 최소공약수는 항상 1이므로 구하지 않습니다.

• 소수: 약수가 1과 자신뿐인 수
  예 2, 3, 5, 7, 11, 13……

• 수를 소수의 곱으로 나타내기

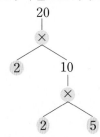

⇨ $20 = 2 \times 2 \times 5$

수가 어떤 소수의 곱으로 이루어졌는지 알 수 있으므로 약수를 구할 수 있습니다.
⇨ 20의 약수: 1
  2
  5
  $2 \times 2 = 4$
  $2 \times 5 = 10$
  $2 \times 2 \times 5 = 20$

▸ 배수는 무수히 많으므로 최대공배수는 구할 수 없습니다.

❹ 공배수와 최소공배수

• 공배수와 최소공배수

┌ 공배수: 공통된 배수
└ 최소공배수: 공배수 중에서 가장 작은 수

> 10의 배수: 10, 20, 30, 40, 50, 60
> ……
> 30의 배수: 30, 60, 90, 120……

⇨

> 공배수: 30, 60……
> 최소공배수: 30

30의 배수: 30, 60, 90……
→ 공배수는 최소공배수의 배수입니다.

• 최소공배수 구하기

방법 1 수를 곱으로 분해하여 구하기

$10 = 2 \quad \times 5 \rightarrow$ ① 가장 작은 수의 곱으로 나타냅니다.
$30 = 2 \times 3 \times 5$
$\overline{}$
$2 \times 3 \times 5 = 30$ ┐
② 공통인 수와 나머지 수를 곱합니다.

방법 2 수를 공약수로 나누어 구하기

$\begin{array}{r|cc} 2 & 10 & 30 \\ 5 & 5 & 15 \\ \hline & 1 & 3 \end{array}$ ┐ ① 공약수가 1이 될 때까지 나눕니다.

$2 \times 5 \times 1 \times 3 = 30$ ┐
② 공약수와 나머지 수를 곱합니다.

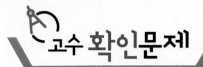
고수 확인문제

약수와 배수

1 약수의 개수가 4개인 수를 찾아 써 보세요.

| 18 | 27 | 40 |

( )

약수와 배수의 관계

2 두 수가 약수와 배수의 관계인 것을 찾아 기호를 써 보세요.

ㄱ 6 52 ㄴ 9 45 ㄷ 3 35

( )

약수와 배수의 관계

3 9는 54의 약수이고, 54는 9의 배수입니다. 두 수의 관계를 나타내는 식을 써 보세요.

식 _____

공약수와 최대공약수

4 대화를 읽고 잘못 말한 사람을 찾아 써 보세요.

- 윤정: 24와 30의 공약수 중에서 가장 작은 수는 2야.
- 유진: 24와 30의 공약수 중에서 가장 큰 수는 6이야.
- 신영: 24와 30의 공약수는 두 수를 모두 나누어떨어지게 할 수 있어.

( )

공배수와 최소공배수

5 곱셈식을 보고 45와 60의 최소공배수를 구해 보세요.

$$45 = 3 \times 3 \times 5 \qquad 60 = 2 \times 2 \times 3 \times 5$$

( )

최대공약수과 최소공배수

6 두 수의 최대공약수와 최소공배수를 각각 구해 보세요.

(1) | 20 | 30 |

최대공약수 ( )
최소공배수 ( )

(2) | 30 | 75 |

최대공약수 ( )
최소공배수 ( )

7 공배수와 최소공배수
다음 두 수의 공배수 중에서 가장 큰 두 자리 수를 구해 보세요.

| 8 | 12 |

(   )

8 공배수와 최소공배수
31부터 50까지의 수 중에서 3의 배수이면서 4의 배수인 수를 모두 써 보세요.

(   )

9 공약수와 최대공약수
45와 75를 각각 같은 수로 나누었더니 모두 나누어떨어졌습니다. 나누는 수 중에서 가장 큰 수는 얼마인가요?

(   )

10 공배수와 최소공배수
어떤 두 수의 최소공배수가 15입니다. 이 두 수의 공배수를 가장 작은 수부터 차례로 5개 써 보세요.

(   )

11 공배수와 최소공배수
18과 30의 공배수 중에서 300에 가장 가까운 수는 얼마인가요?

(   )

12 공약수와 최대공약수
사탕 48개와 초콜릿 36개를 최대한 많은 친구들에게 남김없이 똑같이 나누어 주려고 합니다. 최대 몇 명의 친구들에게 나누어 줄 수 있는지 구해 보세요.

(   )

STEP 1

고수
대표유형문제

1 약수와 배수의 관계 활용하기

대표문제 왼쪽 수가 오른쪽 수의 배수일 때, ☐ 안에 들어갈 수 있는 수는 모두 몇 개인지 구해 보세요.

(32, ☐)

(   )

| 풀이 |

[1단계] 약수와 배수의 관계 알기	32가 ☐의 배수이므로 ☐는 32의 [ ] 입니다.
[2단계] ☐ 안에 들어갈 수 있는 수 구하기	☐는 32의 [ ] 이므로 ☐=1, [ ], [ ], [ ], [ ], [ ] 입니다.
[3단계] ☐ 안에 들어갈 수 있는 수의 개수 구하기	따라서 ☐ 안에 들어갈 수 있는 수는 모두 [ ] 개입니다.

유제 1 왼쪽 수가 오른쪽 수의 배수일 때, ☐ 안에 들어갈 수 있는 수는 모두 몇 개인지 구해 보세요.

(54, ☐)

(   )

Up
유제 2 왼쪽 수가 오른쪽 수의 배수일 때, ㉠이 될 수 있는 두 자리 수 중 가장 작은 수를 구해 보세요.

(84, ㉠)

(   )

2 조건에 맞는 수 구하기

대표문제 다음 두 조건을 만족하는 수 ㉠을 구해 보세요.

> • ㉠은 72의 약수입니다.
> • ㉠의 약수를 모두 더하면 20보다 크고 30보다 작습니다.

(   )

풀이		
[1단계] 72의 약수 구하기	72의 약수는 1, 2, 3, 4, 6, 8, 9, ☐, ☐, ☐, ☐, ☐ 입니다.	
[2단계] 약수들의 합 구하기	㉠의 약수들의 합이 30보다 작으므로 ㉠은 30보다 작은 수입니다. 1, 2, 3, 4, 6, 8, 9의 약수들의 합은 각각 20보다 작습니다. 12의 약수: 1, 2, 3, 4, 6, 12 ⇨ 합: $1+2+3+4+6+12=$ ☐ 18의 약수: 1, 2, 3, 6, 9, 18 ⇨ 합: $1+2+3+6+9+18=$ ☐	
[3단계] 조건에 맞는 수 구하기	따라서 두 조건을 만족하는 수 ㉠은 ☐ 입니다.	

유제 3 다음 두 조건을 만족하는 어떤 수를 구해 보세요.

> • 어떤 수는 14의 배수입니다.
> • 어떤 수의 약수를 모두 더하면 60보다 크고 100보다 작습니다.

(   )

유제 4 다음 조건을 모두 만족하는 어떤 수를 구해 보세요.

> • 어떤 수는 72와 90의 공약수입니다.
> • 어떤 수의 약수를 모두 더하면 15보다 작습니다.
> • 어떤 수의 약수는 4개입니다.

(   )

3 배수 판정하기

대표문제 다음 다섯 자리 수는 3의 배수입니다. □ 안에 들어갈 수 있는 수 중에서 가장 큰 수를 구해 보세요.

$$327\square4$$

(   )

풀이		
[1단계] 3의 배수 판정법 알기	3의 배수는 각 자리 숫자의 합이 3의 배수이므로 $3+2+7+\square+4$는 □의 배수입니다.
[2단계] 3의 배수가 되는 수 모두 구하기	⇨ $3+2+7+\square+4=16+\square$ 16보다 큰 수 중에서 3의 배수는 18, 21, 24, 27……이므로 $16+2=18$, $16+\boxed{}=21$, $16+\boxed{}=24$, $16+\boxed{}=27$ ……입니다. □ 안에는 하나의 숫자만 들어갈 수 있으므로 $\square=\boxed{},\boxed{},\boxed{}$ 입니다.
[3단계] □ 안에 들어갈 수 있는 수 중 가장 큰 수 구하기	따라서 $\boxed{},\boxed{},\boxed{}$ 중에서 가장 큰 수는 $\boxed{}$입니다.

유제 5 다음 다섯 자리 수는 9의 배수입니다. □ 안에 들어갈 수 있는 수를 구해 보세요.

$$29\square04$$

(   )

유제 6 다음 네 자리 수는 6의 배수입니다. □ 안에 들어갈 수 있는 수를 구해 보세요.

$$524\square$$

(   )

4 최대공약수 활용하기

 야구공이 64개, 축구공이 48개 있습니다. 야구공과 축구공을 남김없이 최대한 많은 모둠에 똑같이 나누어 준다면 한 모둠에 야구공과 축구공을 각각 몇 개씩 주면 될까요?

야구공 (   ), 축구공 (   )

풀이		
[1단계] 모둠 수와 야구공 수, 축구공 수의 관계 알기	각 모둠에 똑같이 나누어 주어야 하므로 모둠 수는 야구공 수와 축구공 수의 (공약수, 공배수)가 됩니다.	
[2단계] 64와 48의 최대공약수 구하기	2) 64 48 2) 32 24 2) 16 12 2) 8 6 4 3	최대한 많은 모둠에 나누어 주어야 하므로 모둠 수는 64와 48의 (최대공약수, 최소공배수)가 됩니다. ⇨ 최대공약수 : $2 \times 2 \times 2 \times 2 = \boxed{}$
[3단계] 한 모둠에 주는 야구공 수와 축구공 수 구하기	모둠 수가 $\boxed{}$ 모둠이므로 한 모둠에 야구공은 $64 \div 16 = \boxed{}$ (개), 축구공은 $48 \div 16 = \boxed{}$ (개)씩 주면 됩니다.	

 유제 7 방울토마토 84개와 딸기 108개를 남김없이 최대한 많은 접시에 똑같이 나누어 담는다면 접시 한 개에 몇 개씩 담으면 될까요?

방울토마토 (   ), 딸기 (   )

Up 유제 8 가로 96 cm, 세로 72 cm인 직사각형 모양의 천을 크기가 같은 정사각형 모양으로 남김없이 잘라서 콩주머니를 만들려고 합니다. 천을 최소한 몇 조각으로 자를 수 있나요?

(   )

5 최소공배수 활용하기

대표문제 초록색 전구는 6초마다 한 번씩 켜지고 노란색 전구는 8초마다 한 번씩 켜집니다. 초록색 전구와 노란색 전구가 동시에 켜진 후 2분 동안 동시에 몇 번 켜지는지 구해 보세요.

(   )

풀이		
[1단계] 두 전구가 동시에 켜지는 간격과 시간 사이의 관계 알기	초록색 전구와 노란색 전구가 동시에 켜지는 간격은 6초와 8초의 (최대공약수, 최소공배수)입니다.	
[2단계] 6과 8의 최소공배수 구하기	2) 6 8 3 4	6과 8의 최소공배수는 $2 \times 3 \times 4 = 24$이므로 전구는 ☐ 초마다 동시에 켜집니다.
[3단계] 2분 동안 동시에 켜지는 횟수 구하기	2분은 120초이고 $120 \div ☐ = ☐$ 이므로 2분 동안 ☐ 번 동시에 켜집니다.	

유제 9 빨간색 전구는 4초마다 한 번씩 켜지고 파란색 전구는 10초마다 한 번씩 켜집니다. 빨간색 전구와 파란색 전구가 동시에 켜진 후 3분 동안 동시에 몇 번 켜지는지 구해 보세요.

(   )

Up 유제 10 등대 가와 나가 있습니다. 가 등대는 8초 동안 켜져 있다가 7초 동안 꺼져 있고, 나 등대는 6초 동안 켜져 있다가 4초 동안 꺼져 있습니다. 밤 10시에 두 등대가 동시에 켜졌다면 밤 10시부터 밤 11시까지 동시에 켜져 있는 시간은 몇 분인지 구해 보세요.

가

8초 동안 켜짐 7초 동안 꺼짐

나

6초 동안 켜짐 4초 동안 꺼짐

(   )

6 나머지가 있을 때 어떤 수 구하기

대표문제 75를 어떤 수로 나누면 나머지가 3이고 98을 어떤 수로 나누면 나머지가 2입니다. 어떤 수가 될 수 있는 가장 큰 수를 구해 보세요.

(   )

풀이		
[1단계] 어떤 수로 나누어떨어지는 수 구하기	$75-3=$ ☐ 와 $98-2=$ ☐ 을 어떤 수로 나누면 각각 나누어떨어집니다.	
[2단계] 최대공약수 구하기	$\begin{array}{r} 2\,)\underline{72\quad 96} \\ 2\,)\underline{36\quad 48} \\ 2\,)\underline{18\quad 24} \\ 3\,)\underline{\;9\quad 12} \\ 3\quad 4 \end{array}$	어떤 수는 ☐ 와 ☐ 의 공약수이고 이 중에서 가장 큰 수입니다. ⇨ 최대공약수: $2\times2\times2\times3=$ ☐
[3단계] 어떤 수가 될 수 있는 가장 큰 수 구하기	따라서 어떤 수가 될 수 있는 가장 큰 수는 ☐ 입니다.	

유제 11 32와 50을 어떤 수로 나누면 나머지가 모두 2입니다. 어떤 수가 될 수 있는 수를 모두 구해 보세요.

(   )

유제 12 130을 어떤 수로 나누면 4가 남고 215를 어떤 수로 나누면 5가 남습니다. 어떤 수가 될 수 있는 수를 모두 구해 보세요.

(   )

7 두 수의 곱과 최대공약수, 최소공배수의 관계 활용하기

| 대표문제 | 어떤 두 수의 곱은 1540이고, 두 수의 최소공배수는 110입니다. 이 두 수의 공약수를 모두 구해 보세요.

(　　　　　　　　　　　　　　　　)

| 풀이 |

[1단계] 두 수의 곱과 최대공약수, 최소공배수의 관계 알기	어떤 두 수의 최대공약수를 생각하면 (최대공약수)) ㉮　㉯　㉮＝(최대공약수)×●, 　　　　　　●　■　㉯＝(최대공약수)×■ (최소공배수)＝(최대공약수)×●×■ (두 수의 곱)＝㉮×㉯＝(최대공약수)×●×(최대공약수)×■ 　　　　　　＝(최대공약수)×([＿＿＿＿＿＿＿＿])입니다. 두 수의 곱은 최대공약수와 최소공배수의 곱과 같으므로 1540＝(최대공약수)×[＿＿＿＿]입니다.
[2단계] 두 수의 최대공약수 구하기	(최대공약수)＝1540÷[＿＿＿＿]＝[＿＿＿＿]
[3단계] 두 수의 공약수 구하기	두 수의 공약수는 두 수의 최대공약수 [＿＿＿]의 약수와 같으므로 [＿＿], [＿＿], [＿＿], [＿＿]입니다.

유제 **13** 어떤 두 수의 곱은 2400이고, 두 수의 최소공배수는 150입니다. 이 두 수의 공약수를 모두 구해 보세요.

(　　　　　　　　　　　　　　　　)

유제 **14** 어떤 두 수의 곱은 8400이고, 두 수의 최소공배수는 200입니다. 이 두 수의 공약수는 모두 몇 개인가요?

(　　　　　　　　　　　　　　　　)

1 10의 약수 중 가장 큰 수와 81의 약수 중 가장 작은 수의 합을 구해 보세요.

(   )

2 50보다 작은 자연수 중에서 약수가 2개인 수는 모두 몇 개인지 구해 보세요.

(   )

3 어떤 수의 배수를 가장 작은 수부터 차례로 쓴 것입니다. 32째 수를 구해 보세요.

> 8, 16, 24, 32, 40……

(   )

중요

4 100의 약수도 되고 4의 배수도 되는 수 중에서 둘째로 큰 수를 구해 보세요.

(   )

5 다음 조건을 모두 만족하는 수 중 가장 큰 수를 구해 보세요.

> • 9의 배수입니다.
> • 6의 배수가 아닙니다.
> • 두 자리 수입니다.

(   )

6 한 변이 1 cm인 정사각형 40개를 겹치지 않게 이어 붙여 서로 다른 직사각형을 만들려고 합니다. 직사각형은 모두 몇 개 만들 수 있나요? (단, 돌렸을 때 같은 모양은 한 가지로 생각합니다.)

(   )

7 어떤 수의 배수를 가장 작은 수부터 차례로 썼을 때 넷째 수와 다섯째 수의 차는 13입니다. 넷째 수를 구해 보세요.

(   )

중요
8 도서관에 윤아는 6일마다, 승기는 8일마다 간다고 합니다. 두 사람이 4월 1일에 도서관에서 만났다면 다음에 도서관에서 만나는 날은 몇 월 며칠인지 구해 보세요.

(   )

9 42 cm 길이와 36 cm 길이의 끈이 있습니다. 두 개의 끈을 같은 길이로 남는 부분 없이 최대한 길게 잘랐을 때, 끈은 모두 몇 개인가요?

(   )

10 어느 채소 가게에서 한 상자에 들어 있는 감자를 한 봉지에 4개씩 담아서 팔면 3개가 남고, 한 봉지에 9개씩 담아서 팔아도 3개가 남는다고 합니다. 한 상자에 들어 있는 감자는 적어도 몇 개인가요?

(   )

11 어떤 수를 24로 나누어도 2가 남고, 60으로 나누어도 2가 남습니다. 어떤 수가 될 수 있는 가장 작은 수를 구해 보세요.

(   )

12 어느 버스터미널에서 ㉮ 도시로 가는 버스는 8분마다 출발하고, ㉯ 도시로 가는 버스는 10분마다 출발합니다. 두 도시로 가는 버스가 오전 7시에 동시에 출발하였다면 7시부터 아홉째로 동시에 출발하는 시각을 구해 보세요.

㉮ 도시   ㉯ 도시

(   )

13 다음 수는 5의 배수입니다. ㉠이 될 수 있는 두 자리 수는 모두 몇 개인가요?

$$㉠+208$$

(   )

중요
14 사과 58개와 귤 60개를 친구들에게 똑같이 나누어 주려고 했더니 사과는 4개가 남고, 귤은 3개가 모자랐습니다. 최대한 많은 친구들에게 나누어 주려고 했다면 모두 몇 명에게 주려고 한 것인가요?

(   )

15 140과 어떤 수의 최대공약수는 28이고, 최소공배수는 560입니다. 어떤 수를 구해 보세요.

(   )

16 다음 조건을 모두 만족하는 네 자리 수가 6의 배수일 때, 네 자리 수가 될 수 있는 수 중 가장 큰 수를 구해 보세요.

- 백의 자리 숫자가 3입니다.
- 십의 자리 숫자가 5입니다.
- 천의 자리 숫자와 일의 자리 숫자는 같습니다.

(   )

17 148, 94, 58을 어떤 수로 나누면 나머지가 모두 4입니다. 어떤 수가 될 수 있는 수 중에서 약수가 4개인 수를 구해 보세요.

(   )

18 작은 수부터 차례로 4의 배수, 5의 배수, 11의 배수인 연속하는 세 수가 있습니다. 가장 작은 세 수의 합을 구해 보세요.

(   )

1 다음 수 카드 중 4장을 뽑아 만들 수 있는 네 자리 수 중 6의 배수는 모두 몇 개인가요?

| 2 | 9 | 4 | 3 | 0 |

(   )

2 합이 90인 두 수가 있습니다. 이 두 수의 최대공약수가 18이고, 최소공배수가 108일 때 두 수는 얼마인지 각각 구해 보세요.

(   )

3 [보기]와 같은 규칙에 따라 수를 나타내고 있습니다. 이 규칙에 맞게 나타낸 왼쪽 두 수의 최대공약수는 오른쪽과 같습니다. 나머지 한 수가 될 수 있는 가장 작은 두 자리 수를 빈 곳에 나타내어 보세요.

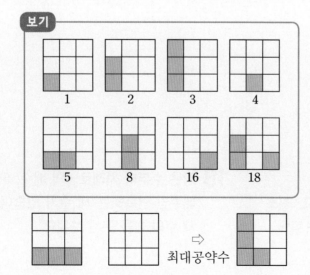

경시 문제 맛보기

4 ㉠과 72의 최대공약수는 24이고, ㉠과 64의 최대공약수는 16입니다. ㉠에 알맞은 수 중에서 가장 작은 수를 구해 보세요.

(   )

고수 비법

㉠이 어떤 수의 배수인지 알아봅니다.

경시 문제 맛보기

5 톱니바퀴 3개가 맞물려 돌아가고 있습니다. ㉮의 톱니는 84개, ㉯의 톱니는 36개, ㉰의 톱니는 12개입니다. 세 톱니바퀴가 처음에 맞물렸던 자리에서 다시 만나려면 ㉮ 톱니바퀴는 몇 바퀴 더 돌아야 하나요?

톱니 수들의 최소공배수를 구해 봅니다.

(   )

창의·융합 UP

6 태양계의 행성들이 태양의 둘레를 한 바퀴 도는 데 걸리는 시간을 공전주기라고 합니다. 지구의 공전주기를 1년이라 할 때, 각 행성들의 공전주기는 다음과 같습니다. 목성, 토성, 천왕성이 차례로 한 직선 위에 놓인 후 다시 같은 위치에서 한 직선 위에 놓이는 데에는 최소 몇 년이 걸리는지 구해 보세요.

태양계의 행성은 8개로 수성, 금성, 지구, 화성, 목성, 토성, 천왕성, 해왕성입니다.

태양계 행성	목성	토성	천왕성
공전주기	12년	30년	84년

(   )

1 두 수가 약수와 배수의 관계가 아닌 것을 찾아 기호를 써 보세요.

> ㉠ (4, 20)   ㉡ (5, 65)
> ㉢ (6, 34)   ㉣ (7, 63)

(   )

2 어떤 두 수의 최대공약수가 35일 때 이 두 수의 공약수를 모두 구해 보세요.

(   )

3 최소공배수의 크기를 비교하여 ◯ 안에 >, =, <를 알맞게 써넣으세요.

(42, 24) ◯ (66, 18)

4 어떤 수의 배수를 가장 작은 수부터 차례로 쓴 것입니다. 25째 수를 구해 보세요.

> 7, 14, 21, 28, 35……

(   )

5 어떤 두 수의 최소공배수가 28일 때, 두 수의 공배수 중에서 80보다 큰 두 자리 수를 구해 보세요.

(   )

중요
6 연필 105자루와 지우개 84개를 최대한 많은 학생들에게 남김없이 똑같이 나누어 주려고 합니다. 몇 명까지 나누어 줄 수 있나요?

(   )

7 48의 약수도 되고 3의 배수도 되는 수 중에서 둘째로 큰 수를 구해 보세요.

(   )

8 가로 75 m, 세로 50 m인 직사각형 모양의 땅이 있습니다. 이 땅을 똑같은 크기의 정사각형 모양으로 남김없이 나누어 서로 다른 채소를 심으려고 합니다. 채소를 최소한 몇 가지 심을 수 있나요?

(   )

9 어떤 수를 6으로 나누어도 3이 남고 9로 나누어도 3이 남을 때, 어떤 수가 될 수 있는 수 중에서 가장 작은 수를 구해 보세요.

(   )

10 두 기계 ㉮와 ㉯가 있습니다. ㉮는 8일마다, ㉯는 12일마다 정기 점검을 합니다. 오늘 두 기계를 동시에 점검하였다면, 다음에 두 기계를 동시에 점검하는 날은 며칠 후인가요?

(   )

중요
11 수 카드를 한 번씩 사용하여 네 자리 수를 만들려고 합니다. 4의 배수는 모두 몇 개 만들 수 있나요?

| 3 | 8 | 2 | 7 |

(   )

12 가로가 6 cm, 세로가 10 cm인 직사각형 모양의 색종이를 겹치지 않게 늘어놓아 될 수 있는 대로 작은 정사각형을 만들려고 합니다. 색종이는 모두 몇 장 필요한가요?

(   )

13 다음 조건을 모두 만족하는 두 수는 모두 몇 쌍인가요?

> • 두 수는 모두 15의 배수입니다.
> • 두 수의 곱은 4500입니다.

(   )

14 다음 조건을 모두 만족하는 어떤 수를 구해 보세요.

> • 어떤 수는 20보다 작습니다.
> • 어떤 수는 84와 56의 공약수입니다.
> • 어떤 수의 약수를 모두 더하면 20보다 큽니다.

(   )

창의·융합 수학+사회

15 2월이 28일까지 있는 해를 평년이라고 하고 29일까지 있는 해를 윤년이라고 합니다. 4의 배수인 해를 윤년으로 하고, 그중 100의 배수인 해는 평년으로, 400의 배수인 해는 다시 윤년으로 하여 400년 중에 97년을 윤년으로 정했습니다. 다음 중 윤년인 해를 찾아 기호를 써 보세요.

> ㉠ 2100년   ㉡ 2160년   ㉢ 2217년

(   )

중요
16 ㉠과 60의 최대공약수는 12이고 최소공배수는 240입니다. ㉠을 구해 보세요.

(   )

17 길이가 960 m인 공원의 둘레에 같은 지점에서 시작하여 30 m 간격으로는 나무를 심고 40 m 간격으로는 가로등을 세우려고 합니다. 이때, 나무를 심을 곳과 가로등을 세울 곳이 겹쳐지면 가로등만 세우려고 합니다. 나무는 몇 그루 필요한가요? (단, 나무와 가로등의 두께는 생각하지 않고, 시작점에는 나무와 가로등을 모두 놓습니다.)

(   )

18 다음 다섯 자리 수는 12의 배수입니다. 다섯 자리 수가 될 수 있는 수 중에서 가장 작은 수를 구해 보세요.

> 17□3□

(   )

서술형 문제

19 36의 배수는 모두 9의 배수인가요? 답을 쓰고 그 이유를 설명해 보세요.

답 _____

이유 _____

_____

20 어떤 두 수의 최대공약수는 8이고 최소공배수는 336입니다. 한 수가 48일 때, 다른 한 수는 얼마인지 풀이 과정을 쓰고 답을 구해 보세요.

풀이 _____

_____

_____

답 _____

21 9.7 km의 등산로 안내를 위해 나무에 리본을 묶어 표시했습니다. 등산로 입구에 리본을 동시에 묶고 빨간색 리본은 300 m마다, 노란색 리본은 200 m마다 묶었다면 정상까지 가는 데 빨간색 리본과 노란색 리본을 동시에 묶은 곳은 몇 군데인지 풀이 과정을 쓰고 답을 구해 보세요.

풀이 _____

_____

_____

답 _____

서술형 문제

22 다음 두 조건을 만족하는 어떤 수는 얼마인지 풀이 과정을 쓰고 답을 구해 보세요.

> • 어떤 수의 약수는 4개입니다.
> • 100보다 작은 어떤 수의 배수는 6개입니다.

풀이 _____

_____

_____

답 _____

23 (㉠, ㉡)은 ㉠과 ㉡의 최대공약수, [㉠, ㉡]은 ㉠과 ㉡의 최소공배수라고 약속할 때 다음에 알맞은 수는 몇인지 풀이 과정을 쓰고 구해 보세요.

> ([48, 32], [42, 56])

풀이 _____

_____

_____

_____

답 _____

3

규칙과 대응

3 규칙과 대응

1 두 양 사이의 관계 알아보기

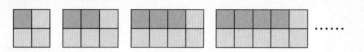

① 주황색 타일과 노란색 타일의 수 사이의 대응 관계를 표로 나타내기

주황색 타일의 수(개)	1	2	3	4	5	6	……
노란색 타일의 수(개)	3	4	5	6	7	8	……

② 두 타일 수 사이의 대응 관계 말하기

⇨ ┌ 노란색 타일의 수는 주황색 타일의 수보다 2개 많습니다.
   └ 주황색 타일의 수는 노란색 타일의 수보다 2개 적습니다.

2 대응 관계를 식으로 나타내는 방법 알아보기

① 주사위의 수와 면 수 사이의 대응 관계를 표와 식으로 나타내기

주사위의 수(개)	1	2	3	4	5
면의 수(개)	6	12	18	24	30

(주사위의 수)＝(면의 수)÷6, (면의 수)＝(주사위의 수)×6

② 두 양의 대응 관계를 기호로 표현하여 식으로 간단하게 나타내기

주사위의 수를 ●, 면의 수를 ■라고 하면

(주사위의 수)＝(면의 수)÷6 ｜ (면의 수)＝(주사위의 수)×6

● ＝ ■ ÷6 ｜ ■ ＝ ● ×6

3 생활 속에서 대응 관계를 찾아 식으로 나타내기

형의 나이는 13살, 동생의 나이는 10살입니다.

형의 나이(살)	13	14	15	16	17	18
동생의 나이(살)	10	11	12	13	14	15

⇨ 형의 나이를 ▲살, 동생의 나이를 ★살이라고 하면
   ▲＝★＋3 또는 ★＝▲－3입니다.

개념 PLUS⁺

중등 연계

▶ 정비례 관계
변하는 두 수 x, y에 대하여 x의 값이 2배, 3배, 4배……로 변함에 따라 y의 값도 2배, 3배, 4배……로 변하는 관계에 있을 때, y는 x에 정비례한다고 합니다.

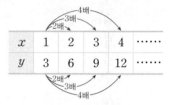

x	1	2	3	4	……
y	3	6	9	12	……

▶ 반비례 관계
변하는 두 수 x, y에 대하여 x의 값이 2배, 3배, 4배……로 변함에 따라 y의 값이 $\frac{1}{2}$, $\frac{1}{3}$, $\frac{1}{4}$……로 변하는 관계에 있을 때, y는 x에 반비례한다고 합니다.

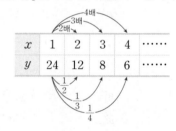

x	1	2	3	4	……
y	24	12	8	6	……

◉ 모양 조각을 규칙에 따라 배열한 것입니다. 물음에 답하세요. (1~3)

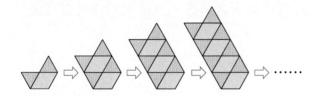

두 양 사이의 관계 알아보기

1 평행사변형과 삼각형의 수가 어떻게 변하는지 표를 이용하여 알아보세요.

평행사변형의 수(개)	1	2	3	4	……
삼각형의 수(개)					……

두 양 사이의 관계 알아보기

2 평행사변형이 10개일 때 삼각형은 몇 개 필요한가요?

(   )

대응 관계를 식으로 나타내는 방법 알아보기

3 평행사변형의 수를 ●, 삼각형의 수를 ■라고 할 때, 두 양 사이의 대응 관계를 식으로 나타내어 보세요.

식 _____

대응 관계를 식으로 나타내는 방법 알아보기

4 종이의 수를 ■, 누름 못의 수를 ▲라고 할 때, 두 수 사이의 대응 관계를 표를 이용하여 찾고 식으로 나타내어 보세요.

종이의 수(개)	1	2	3	……
누름 못의 수(개)	2			……

식 _____

◉ 주전자 1개에 물이 4 L씩 들어 있습니다. 물음에 답하세요. (5~6)

생활 속에서 대응 관계를 찾아 식으로 나타내기

5 주전자의 수와 물의 양 사이에는 어떤 관계가 있는지 표를 이용하여 알아보세요.

주전자의 수(개)	1	2	3	……
물의 양(L)				……

생활 속에서 대응 관계를 찾아 식으로 나타내기

6 주전자의 수를 ◉, 물의 양을 ▲라고 할 때, 주전자의 수와 물의 양 사이의 대응 관계를 식으로 나타내어 보세요.

식 _____

고수
대표유형문제

1 두 수 사이의 대응 관계 알아보기

대표문제 ㉠과 ㉡에 알맞은 수를 각각 구하고 ■와 ▲ 사이의 대응 관계를 식으로 나타내어 보세요.

■	3	4	5	6	7	8
▲	15	20	25		㉠	㉡

㉠ (   ), ㉡ (   )

식 _____

풀이		
[1단계] ㉠과 ㉡에 알맞은 수 구하기	■가 1씩 커질 때마다 ▲는 □씩 커집니다. ㉠에 알맞은 수는 □이고 ㉡에 알맞은 수는 □입니다.
[2단계] ■와 ▲ 사이의 대응 관계를 식으로 나타내기	따라서 ■와 ▲ 사이의 대응 관계를 식으로 나타내면 ▲=■×□ 또는 ■=▲÷□ 입니다.

유제 1 ★과 ● 사이의 대응 관계를 나타낸 표입니다. ㉠과 ㉡에 알맞은 수를 각각 구해 보세요.

★	7	14	21	28	35	㉡
●	1	2	3		㉠	6

㉠ (   )

㉡ (   )

유제 2 ■와 ⊙ 사이의 대응 관계를 나타낸 표입니다. ■가 6일 때 ⊙의 값은 얼마인가요?

■	36	18	12	9
⊙	1	2	3	4

(   )

2 늘어놓은 모양에서 규칙 찾기

 대표 문제 성냥개비로 오른쪽 그림과 같이 정삼각형을 만들었습니다. 정삼각형을 11개 만드는 데 필요한 성냥개비는 모두 몇 개인가요?

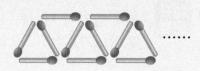

( )

| 풀이 |

[1단계] 정삼각형의 수와 성냥개비 수 사이의 대응 관계를 표로 나타내기	정삼각형의 수(▲)	1	2	3	4	⋯⋯
	성냥개비의 수(●)					⋯⋯

[2단계] 정삼각형의 수와 성냥개비 수 사이의 대응 관계를 식으로 나타내기

처음 정삼각형 1개를 만들 때 성냥개비 3(=2+1)개가 필요하고, 정삼각형이 1개씩 늘어날 때마다 성냥개비는 ☐개씩 늘어나므로 ▲와 ● 사이의 대응 관계를 식으로 나타내면

●=▲×☐+☐입니다.

[3단계] 정삼각형을 11개 만드는 데 필요한 성냥개비의 수 구하기

따라서 정삼각형을 11개 만드는 데 필요한 성냥개비는 모두

11×☐+☐=☐(개)입니다.

유제 3 성냥개비로 오른쪽 그림과 같이 정사각형을 만들었습니다. 성냥개비로 정사각형을 20개 만드는 데 필요한 성냥개비는 모두 몇 개인가요?

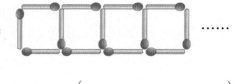

( )

 유제 4 성냥개비로 오른쪽 그림과 같이 오각형을 만들었습니다. 성냥개비 90개로 만들 수 있는 오각형은 최대 몇 개인가요?

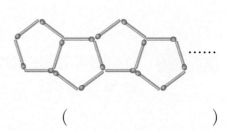

( )

3 나이 사이의 관계 알아보기

대표문제 올해 슬기의 나이는 12살이고, 오빠는 19살입니다. 슬기가 30살일 때 오빠의 나이는 몇 살인가요?

(   )

풀이		
[1단계] 슬기의 나이와 오빠의 나이 사이의 대응 관계를 식으로 나타내기	슬기의 나이와 오빠의 나이 차는 항상 19−12=□(살)입니다. 슬기의 나이를 ▲, 오빠의 나이를 ⊙라고 하고 ▲와 ⊙ 사이의 대응 관계를 식으로 나타내면 ⊙＝▲＋□입니다.	
[2단계] 슬기가 30살일 때 오빠의 나이 구하기	⊙＝▲＋□에서 ▲＝30일 때 ⊙＝30＋□＝□입니다. 따라서 슬기가 30살일 때 오빠의 나이는 □살입니다.	

유제 5 시은이가 25살일 때 재호는 몇 살인가요?

2018년에 내 나이는 9살이야. — 재호

그다음 해에 내 나이는 13살이야. — 시은

(   )

유제 6 2000년에 정수는 2살이었고, 2006년에 민아는 13살이었습니다. 정수가 32살이 되는 해에 민아는 몇 살인가요?

(   )

4 **시각 차의 규칙 알아보기**

대표문제 서울의 시각과 프라하의 시각 사이의 대응 관계를 나타낸 표입니다. 서울이 오후 10시일 때 프라하의 시각을 구해 보세요.

서울의 시각	오후 2시	오후 3시	오후 4시	오후 5시
프라하의 시각	오전 7시	오전 8시	오전 9시	오전 10시

(   )

풀이		
[1단계] 서울의 시각과 프라하의 시각 사이의 대응 관계를 식으로 나타내기	서울의 시각은 프라하의 시각보다 ☐ 시간이 빠릅니다. 서울의 시각을 ♥, 프라하의 시각을 ■라고 하고 ♥와 ■ 사이의 대응 관계를 식으로 나타내면 ■ = ♥ − ☐ 입니다.	
[2단계] 서울이 오후 10시일 때 프라하의 시각 구하기	오후 10시는 12+10=22(시)이므로 ♥=22일 때 ■ = 22 − ☐ = ☐ 이고, ☐ =12+3입니다. 따라서 서울이 오후 10시일 때 프라하는 오후 ☐ 시입니다.	

 유제 7 서울의 시각과 라오스의 시각 사이의 대응 관계를 나타낸 표입니다. 서울이 오후 1시일 때 라오스의 시각을 구해 보세요.

서울의 시각	오전 2시	오전 3시	오전 4시	오전 5시
라오스의 시각	밤 12시	오전 1시	오전 2시	오전 3시

(   )

Up! 유제 8 서울이 오후 2시일 때 뉴욕은 같은 날 오전 1시입니다. 서울이 오후 11시일 때 뉴욕의 시각을 구해 보세요.

서울

뉴욕

(   )

5 나누어 가질 때의 규칙 알아보기

대표문제 우주와 현우가 4000원을 나누어 가지려고 합니다. 현우가 우주보다 600원 더 가지려면 두 사람이 가지게 되는 금액은 각각 얼마인지 구해 보세요.

우주 (   ), 현우 (   )

| 풀이 |

[1단계] 우주와 현우가 가지는 금액 사이의 대응 관계를 표로 나타내기	(현우가 가지게 되는 금액)＝(우주가 가지게 되는 금액)＋ ☐ 우주와 현우가 가지는 금액 사이의 대응 관계를 표로 나타내어 봅니다.

우주	1300	1400	1500	1600	1700	……
현우						……

[2단계] 우주와 현우가 가지게 되는 금액은 각각 얼마인지 구하기	표에서 우주와 현우가 가지게 되는 금액의 합이 4000원인 경우는 우주가 ☐ 원을 가지고 현우가 ☐ 원을 가지는 경우입니다.

유제 9 공깃돌 40개를 파란색 주머니와 빨간색 주머니에 나누어 담으려고 합니다. 빨간색 주머니에 들어 있는 공깃돌 수가 파란색 주머니에 들어 있는 공깃돌 수의 4배가 되게 하려면 두 주머니에 공깃돌을 각각 몇 개씩 담아야 하나요?

파란색 주머니 (   ), 빨간색 주머니 (   )

유제 10 세 사람의 대화를 읽고 준서, 혜지, 민우가 먹는 젤리는 각각 몇 개인지 구해 보세요.

> • 준서: 젤리 38개를 나누어 먹자.
> • 혜지: 난 준서보다 3개 더 많이 먹을래.
> • 민우: 난 준서가 먹는 젤리 수의 3배로 먹을래.

준서 (   ), 혜지 (   ), 민우 (   )

6 생활 속에서 규칙 찾아 해결하기

3. 규칙과 대응

대표문제 식빵 5개를 만드는 데 밀가루 700 g이 필요합니다. 밀가루 3.7 kg으로는 식빵을 최대 몇 개까지 만들 수 있나요? (단, 식빵은 5개 단위로만 만듭니다.)

(   )

| 풀이 |

| [1단계] 식빵의 수와 밀가루의 양 사이의 대응 관계를 표로 나타내기 | 3.7 kg = ☐ g입니다.
만들 수 있는 식빵의 수와 필요한 밀가루의 양 사이의 대응 관계를 표로 나타내어 봅니다. |

식빵의 수(개)	5	10	15	20	25	30
밀가루의 양(g)	700					

| [2단계] 밀가루 3.7 kg으로 식빵을 몇 개까지 만들 수 있는지 구하기 | 따라서 밀가루 3.7 kg으로 식빵을 최대 ☐ 개까지 만들 수 있습니다. |

유제 11 성우가 집을 떠난 지 10분 후에 형이 성우를 뒤따라갔습니다. 성우는 1분에 30 m씩 걸어가고, 형은 1분에 80 m씩 뛰어간다면 형은 출발한 지 몇 분 후에 성우를 만날 수 있나요?

(   )

유제 12 구슬 3개로 장식 고리를 1개 만들 수 있고 장식 고리 4개로 팔찌를 1개 만들 수 있습니다. 구슬 190개로 팔찌를 몇 개까지 만들 수 있나요?

(   )

7 복잡한 대응 관계 알아보기

대표문제 표를 보고 ⊙와 ▲ 사이의 대응 관계를 식으로 나타내어 보세요.

⊙	1	2	3	4	5
▲	5	9	13	17	21

식 _____

풀이		
[1단계] ⊙와 ▲가 커지는 수의 규칙 찾고, ▲의 값을 규칙을 알 수 있도록 나타내기	⊙가 1씩 커질 때마다 ▲는 ☐ 씩 커지므로 다음과 같이 나타낼 수 있습니다.	

⊙	1	2	3	4	5
	5	9	13	17	21
▲	4×1+1	4×2+1	4×☐+1	4×4+1	4×☐+1

[2단계] ⊙와 ▲ 사이의 대응 관계를 식으로 나타내기	⊙와 ▲ 사이의 대응 관계를 식으로 나타내면 ▲=☐×⊙+☐ 입니다.	

유제 13 빈칸에 알맞은 수를 써넣고 ●와 ■ 사이의 대응 관계를 식으로 나타내어 보세요.

●	3	6	9		15	18
▲	1	2	3	4		
■	3	4	5	6		

식 _____

유제 14 ★과 ■ 사이의 대응 관계를 나타낸 표입니다. ★이 50일 때 ■의 값을 구해 보세요.

★	5	7	9	11	13	15
■	10	18	26	34	42	50

(   )

1  ★과 ▲ 사이의 대응 관계를 나타낸 표입니다. ★이 9일 때 ▲의 값은 얼마인가요?

★	72	36	24	18
▲	1	2	3	4

(   )

2 사각형 조각으로 규칙적인 배열을 만들고 있습니다. 배열 순서와 사각형 조각의 수 사이에는 어떤 관계가 있는지 표를 이용하여 알아보고 대응 관계를 써 보세요.

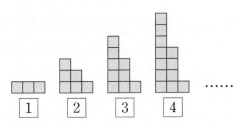

배열 순서	1	2	3	4	……
사각형 조각의 수(개)					……

(   )

3 톱으로 철근을 한 번 자르는 데 20초가 걸린다고 합니다. 이 톱을 사용하여 철근 1개를 9도막으로 쉬지 않고 자르는 데에는 몇 분 몇 초가 걸리나요?

(   )

4 길이가 60 cm인 철사를 겹치지 않게 남김없이 사용하여 직사각형을 한 개 만들려고 합니다. 만든 직사각형의 짧은 변의 길이를 ● cm, 긴 변의 길이를 ■ cm라고 할 때 ●와 ■ 사이의 대응 관계를 식으로 나타내어 보세요.

식 _____

중요
5 한 시간에 80 km를 달리는 버스와 한 시간에 95 km를 달리는 승용차가 같은 곳에서 동시에 같은 방향으로 출발하였습니다. 달린 시간을 ●시간, 버스와 승용차 사이의 거리를 ⊙ km라고 할 때 ●와 ⊙ 사이의 대응 관계를 식으로 나타내어 보세요.

식 _____

6 윤지와 동훈이가 규칙 알아맞히기 놀이를 하고 있습니다. 윤지가 3이라고 말하면 동훈이는 9라고 답하고, 윤지가 5라고 말하면 동훈이는 25라고 답합니다. 또 윤지가 10이라고 말하면 동훈이는 100이라고 답합니다. 윤지가 12라고 말하면 동훈이는 어떤 수를 답해야 하나요?

(   )

7 그림과 같이 한쪽 모서리에 2명씩 앉을 수 있는 탁자를 한 줄로 붙여서 앉으려고 합니다. 탁자의 수를 ●, 앉을 수 있는 사람 수를 ★이라고 할 때 ●와 ★ 사이의 대응 관계를 식으로 나타내어 보세요.

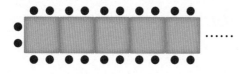

식 _____

8 바둑돌을 다음과 같은 규칙으로 놓았습니다. 20째에 놓이는 바둑돌은 몇 개인가요?

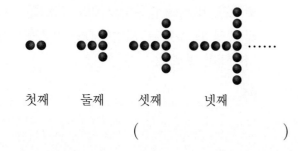

첫째   둘째   셋째   넷째

(   )

중요
9 수 카드를 다음과 같이 2장씩 짝을 지었습니다. ? 에 알맞은 수를 구해 보세요.

(   )

10 문구점에서 600원짜리 볼펜을 한 자루 팔 때마다 볼펜 값의 $\frac{1}{5}$이 이익으로 남는다고 합니다. 팔린 볼펜의 수를 ▲, 남은 이익을 ■라고 할 때 ▲와 ■ 사이의 대응 관계를 식으로 나타내고, 이익이 3000원일 때 팔린 볼펜은 몇 자루인지 구해 보세요.

식 _____

답 _____

11 직사각형 모양의 종이를 반으로 자른 다음 나누어진 두 장을 겹쳐서 다시 반으로 자르고, 나누어진 4장의 종이를 다시 겹쳐서 반으로 자르기를 반복했습니다. 잘린 종이의 수가 256장이 되게 하려면 종이를 몇 번 잘라야 하나요?

(   )

12 한 변이 2 cm인 정팔각형을 그림과 같이 한 줄로 이어 붙였습니다. 팔각형의 수가 40개이면 둘레의 길이는 몇 cm인지 구해 보세요.

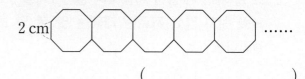

(   )

13 용수철에 추를 매달아 용수철이 늘어난 길이를 관찰하고 있습니다. 두 용수철의 늘어난 길이의 차가 20 cm일 때 매단 추의 무게는 몇 g인가요? (단, 추의 무게는 모두 같습니다.)

⊙ 용수철

추의 무게(g)	10	20	30	40
늘어난 길이(cm)	3	6	9	12

ⓛ 용수철

추의 무게(g)	10	20	30	40
늘어난 길이(cm)	5	10	15	20

(   )

14 게시판에 누름 못을 사용하여 종이 30장을 모두 붙이려고 합니다. 게시판의 세로는 종이를 3줄까지 붙일 수 있고 가로는 겹쳐 붙여도 한 줄에 11장까지만 붙일 수 있습니다. 가로로만 겹쳐서 30장의 종이를 모두 붙일 때 필요한 누름 못은 몇 개인가요?

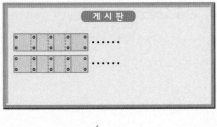

(   )

15 구슬을 다음과 같이 늘어놓았습니다. 100째에 놓아야 할 구슬은 몇 개인가요?

첫째   둘째   셋째   넷째   ······

(   )

16 20초마다 2배로 증가하는 세균이 있습니다. 이 세균 1마리가 128마리가 되는 데 몇 분 몇 초가 걸리나요?

(   )

17 일정한 규칙에 따라 수를 늘어놓은 것입니다. 처음으로 100보다 큰 수가 놓이는 것은 몇 째인가요?

5, 11, 17, 23, 29, 35, 41······

(   )

STEP 3 고수 최고문제

1 크기가 같은 정사각형을 다음과 같이 겹치지 않게 붙여서 도형을 만들고 있습니다. 작은 정사각형이 20개인 도형의 둘레가 126 cm 라면 여덟째 도형의 둘레는 몇 cm인가요?

순서와 작은 정사각형의 수, 둘레를 표로 나타내어 작은 정사각형이 20 개인 도형은 몇째 순서인지 알아봅니다.

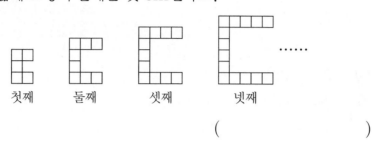

첫째   둘째   셋째   넷째

(   )

2 수조에 두 개의 수도를 틀어 따뜻한 물과 찬물을 동시에 받고 있습니다. 따뜻한 물은 3분에 9 L씩 나오고 찬물은 7분에 28 L씩 나옵니다. 수조에 찬물을 24 L 받았을 때 따뜻한 물은 몇 L 받았는지 구해 보세요.

1분에 나오는 따뜻한 물과 찬물의 양을 표로 나타내어 봅니다.

(   )

3 누에나방은 번데기로 변하면서 실을 토해 내어 몸을 감싸는 집을 만드는데, 이를 고치라고 합니다. 이 고치를 이루는 가늘고 흰 실을 풀어내어 여러 가닥을 꼬아 만들면 명주실이 됩니다. 구부려 놓은 명주실을 그림과 같은 규칙으로 빨간색 선을 따라 10번 잘랐을 때, 명주실은 몇 도막이 되나요?

명주실을 1번, 2번, 3번…… 잘랐을 때 나누어진 도막의 수를 표로 나타내어 봅니다.

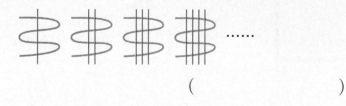

(   )

경시 문제 맛보기

4 표를 완성하고 ▲와 ⊙ 사이의 대응 관계를 식으로 나타내어 보세요.

▲	1	2	3	4	5	6
■	3	5		9		13
★	6	8	10		14	
⊙	24	32	40		56	

식 _____

고수 비법

▲와 ■, ■와 ★, ★과 ⊙ 사이의 대응 관계를 차례로 알아본 다음 ▲와 ⊙ 사이의 대응 관계를 하나의 식으로 나타냅니다.

경시 문제 맛보기

5 다음과 같은 규칙으로 바둑돌을 늘어놓았습니다. 흰색 바둑돌이 104개일 때 검은색 바둑돌은 몇 개인가요?

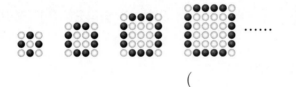

(   )

흰색 바둑돌의 수와 검은색 바둑돌의 수의 규칙을 각각 알아봅니다.

창의·융합 UP

6 로마의 시각이 오전 11시일 때 서울의 시각은 같은 날 오후 6시였습니다. 또 로마의 시각이 오후 3시일 때 뉴욕의 시각은 같은 날 오전 9시였습니다. 혜정이는 서울에 살고 있고 뉴욕에 출장 가신 아버지께 뉴욕 시각으로 12월 3일 오후 1시에 전화를 걸려고 합니다. 혜정이는 서울 시각으로 몇 월 며칠 몇 시에 전화를 걸어야 하는지 구해 보세요.

(   )

| 로마 ······ 서울 |
| 뉴욕 ······ 로마 |
| 뉴욕 ··············· 서울 |

로마와 서울, 뉴욕과 로마 시각으로 뉴욕과 서울 시각 사이의 대응 관계를 알아봅니다.

1 ★과 ● 사이의 대응 관계를 나타낸 표입니다. ㉠÷㉡은 얼마인가요?

★	2	4	5	8	10	㉡
●	200	100	㉠	50	40	25

(   )

중요 2 표를 보고 ■와 ▲ 사이의 대응 관계를 식으로 나타내어 보세요.

■	1	2	3	4	5	6
▲	4	9	14	19	24	29

식

3 통나무를 한 번 자르는 데 3분이 걸린다면 쉬지 않고 20도막으로 자르는 데 몇 분이 걸리나요?

(   )

4 공깃돌을 다음과 같은 규칙으로 놓을 때, 20째에 놓아야 할 공깃돌은 몇 개인가요?

첫째   둘째   셋째   넷째

(   )

5 케이크 3개를 만드는 데 설탕이 450 g 필요합니다. 설탕 2.3 kg으로는 케이크를 몇 개까지 만들 수 있나요? (단, 케이크는 3개 단위로만 만듭니다.)

(   )

6 이쑤시개를 이용하여 그림과 같은 모양의 탑을 쌓으려고 합니다. 만든 탑의 층수를 ⊙, 사용한 이쑤시개의 수를 ▲라고 할 때 ⊙와 ▲ 사이의 대응 관계를 식으로 나타내어 보세요.

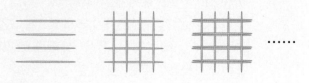

식

7 1분에 600 m를 가는 오토바이가 있습니다. 이 오토바이가 가는 시간을 ▲분, 가는 거리를 ◆ m라고 할 때 ▲와 ◆ 사이의 대응 관계를 식으로 나타내고 4 km를 가려면 적어도 몇 분이 걸리는지 자연수로 구해 보세요.

식 _____

답 _____

8 동우와 민서가 규칙에 따라 말한 수가 다음과 같습니다.

동우가 말한 수	2	4	5
민서가 답한 수	6	18	27

동우가 1이라고 말하여 민서가 ★이라고 답했을 때, 다시 동우가 ★이라고 말하면 민서는 얼마라고 답해야 하나요?

(   )

9 그림과 같이 육각형을 한 줄로 이어 붙이고 있습니다. 둘레에 있는 변이 90개일 때 육각형은 몇 개인가요?

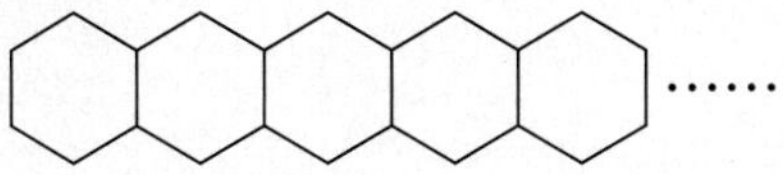

(   )

중요 10 서울이 오후 5시일 때 런던은 같은 날 오전 9시입니다. 서울이 8월 5일 오전 2시일 때 런던은 몇 월 며칠 몇 시인가요?

(   )

11 물탱크에 물이 80 L 들어 있습니다. 이 물탱크에 1분에 5 L씩 나오는 수도꼭지로 물을 받으려고 합니다. 물을 받는 시간을 ■분, 물탱크에 들어 있는 물을 ▲ L라고 할 때 ■와 ▲ 사이의 대응 관계를 식으로 나타내어 보세요.

식 _____

12 길이가 60 cm인 색 테이프를 정민이와 세아가 나누어 가지려고 합니다. 정민이가 세아의 3배만큼 가지려면 정민이와 세아가 가지게 되는 색 테이프의 길이는 각각 몇 cm인가요?

정민 (   ), 세아 (   )

중요
13 직사각형 모양의 종이를 그림과 같이 겹쳐서 누름 못으로 붙이려고 합니다. 종이는 한 장에 50원이고 누름 못은 한 통에 10개씩 200원에 살 수 있습니다. 종이를 20장 붙일 때 돈은 적어도 얼마가 필요한가요?

( )

14 어느 공장에서 가방을 만드는 비용과 판매 금액 사이의 대응 관계를 나타낸 표입니다. 가방을 20개 팔았을 때 얻는 이익은 얼마인가요?

가방의 수(개)	1	2	3	4	……
만드는 비용(원)	4000	8000	12000	16000	……
판매 금액(원)	6500	13000	19500	26000	……

( )

15 두 자연수의 곱이 84이고 합이 20일 때, 두 수의 차를 구해 보세요.

( )

16 그림과 같이 한 변이 4 cm인 정삼각형 15개를 이어 붙이면 전체 도형의 둘레의 길이는 몇 cm 인가요?

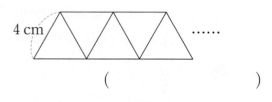

4 cm

( )

창의·융합 수학+사회
17 댐이란 강이나 바닷물을 막아 놓은 둑으로 상수도, 수력 발전, 홍수 조절 등에 사용됩니다. 어느 댐의 물을 내보냈더니 물의 높이가 다음과 같았습니다. 물의 높이가 36 m가 되는 때는 몇 분 후인가요?

시간(분)	1	2	3	4	5	……
물의 높이(m)	50	48	46	44	42	……

( )

18 4명씩 앉을 수 있는 탁자가 있습니다. 그림과 같이 탁자를 15개 붙여 놓았다면 몇 명까지 앉을 수 있나요?

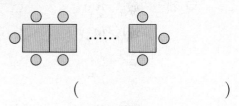

( )

서술형 문제

19 ●와 ⊙ 사이의 대응 관계를 나타낸 표입니다. ㉠과 ㉡에 알맞은 수는 각각 얼마인지 풀이 과정을 쓰고 답을 구해 보세요.

●	24	30	36	㉠	48	54
⊙	4	5	6	7	8	㉡

풀이 _____

_____

_____

답 _____

20 2009년에 태수는 9살이었고, 2010년에 지호는 12살이었습니다. 태수와 지호는 태수가 20살이 되는 해에 국토대장정을 떠나려고 합니다. 그때의 지호는 몇 살인지 풀이 과정을 쓰고 답을 구해 보세요.

풀이 _____

_____

_____

답 _____

21 서울이 오후 2시일 때 모스크바는 같은 날 오전 8시입니다. 서울에 사는 유리는 오후 1시부터 2시간 동안 책을 읽었습니다. 유리가 책 읽기를 끝냈을 때 모스크바는 몇 시인지 풀이 과정을 쓰고 답을 구해 보세요.

풀이 _____

_____

_____

답 _____

서술형 문제

22 삼각형 모양의 종이에 다음과 같은 규칙으로 삼각형을 그리고 있습니다. 삼각형을 34개 찾을 수 있으려면 몇 개의 삼각형을 그려야 하는지 풀이 과정을 쓰고 답을 구해 보세요. (단, 여러 개의 삼각형이 합쳐져서 만들어진 삼각형은 세지 않습니다.)

……

풀이

답

23 한 변이 20개의 작은 정사각형으로 이루어진 큰 정사각형이 있습니다. 오른쪽과 같이 왼쪽 아래에서부터 빨간색, 노란색, 초록색의 순서로 반복해서 색칠하였습니다. 모두 색칠했을 때 빨간색으로 칠해진 작은 정사각형의 수와 초록색으로 칠해진 작은 정사각형의 수의 차는 몇 개인지 풀이 과정을 쓰고 답을 구해 보세요.

풀이

답

4

약분과 통분

4 약분과 통분

1 크기가 같은 분수

- **크기가 같은 분수 만들기**

  ① 분모와 분자에 각각 0이 아닌 같은 수를 곱하면 크기가 같은 분수가 됩니다.

  $$\frac{3}{4} = \boxed{\frac{3 \times 2}{4 \times 2}} = \boxed{\frac{3 \times 3}{4 \times 3}} = \boxed{\frac{3 \times 4}{4 \times 4}}$$
  $$= \boxed{\frac{6}{8}} = \boxed{\frac{9}{12}} = \boxed{\frac{12}{16}}$$

  ② 분모와 분자를 각각 0이 아닌 같은 수로 나누면 크기가 같은 분수가 됩니다.

  $$\frac{18}{24} = \boxed{\frac{18 \div 2}{24 \div 2}} = \boxed{\frac{18 \div 3}{24 \div 3}} = \boxed{\frac{18 \div 6}{24 \div 6}}$$
  $$= \boxed{\frac{9}{12}} = \boxed{\frac{6}{8}} = \boxed{\frac{3}{4}}$$

2 약분

- **약분**: 분모와 분자를 공약수로 나누어 간단히 하는 것

  $$\boxed{\frac{18}{27}} \Rightarrow \frac{18}{27} = \frac{18 \div 3}{27 \div 3} = \boxed{\frac{6}{9}} , \ \frac{18}{27} = \frac{18 \div 9}{27 \div 9} = \boxed{\frac{2}{3}}$$

- **기약분수**: 분모와 분자의 공약수가 1뿐인 분수 ⌐

  예 $\frac{1}{2}$, $\frac{2}{3}$, $\frac{3}{5}$ 등   더 이상 약분할 수 없는 분수

- **기약분수로 나타내는 방법**

  방법 1   분모와 분자를 공약수가 1이 될 때까지 약분하기

  $$\boxed{\frac{15}{45}} = \frac{15 \div 5}{45 \div 5} = \boxed{\frac{3}{9}} \rightarrow \frac{3}{9} = \frac{3 \div 3}{9 \div 3} = \boxed{\frac{1}{3}}$$

  방법 2   분모와 분자의 최대공약수로 약분하기

  $$\boxed{\frac{15}{45}} = \frac{15 \div \boxed{15}}{45 \div \boxed{15}} = \boxed{\frac{1}{3}}$$
  $$\text{⌐→15와 45의 최대공약수}$$

3 통분

- **통분**: 분수의 분모를 같게 하는 것
- **공통분모**: 통분한 분모

  → 공통분모가 될 수 있는 수는 두 분모의 공배수입니다.

개념 PLUS⁺

▶ 색칠한 부분의 크기가 같으므로 다음 세 분수는 크기가 같습니다.

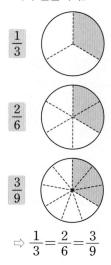

$\frac{1}{3}$

$\frac{2}{6}$

$\frac{3}{9}$

$\Rightarrow \frac{1}{3} = \frac{2}{6} = \frac{3}{9}$

▶ 약분을 할 때, 다음과 같이 표시하기도 합니다.

$$\frac{\overset{1}{\cancel{5}}}{\underset{2}{\cancel{10}}} = \frac{1}{2}$$

$$\frac{1}{2} = \frac{2}{4} = \frac{3}{6} = \frac{4}{8} = \frac{5}{10} = \frac{6}{12} = \cdots\cdots$$

$$\frac{1}{3} = \frac{2}{6} = \frac{3}{9} = \frac{4}{12} = \frac{5}{15} = \frac{6}{18} = \cdots\cdots$$

$$\Rightarrow \left(\frac{1}{2}, \frac{1}{3}\right) = \left(\frac{3}{6}, \frac{2}{6}\right) = \left(\frac{6}{12}, \frac{4}{12}\right) = \cdots\cdots$$

• 분수를 통분하는 방법

| 방법 1 | 분모의 곱을 공통분모로 하기 | 방법 2 | 분모의 최소공배수를 공통분모로 하기 |

$$\left(\frac{5}{6}, \frac{3}{8}\right) = \left(\frac{40}{48}, \frac{18}{48}\right)$$

공통분모를 쉽게 구할 수 있지만 큰 수로 통분이 됩니다.

$$\left(\frac{5}{6}, \frac{3}{8}\right) = \left(\frac{20}{24}, \frac{9}{24}\right)$$

최소공배수를 구해야 하지만 작은 수로 통분이 됩니다.

개념 PLUS⁺

▶ 통분하기 전의 기약분수 구하기

같은 수를 분모와 분자에 곱하여 통분한 것이므로 분모와 분자의 최대공약수로 다시 나눕니다.

예 $\frac{20}{24}$과 $\frac{9}{24}$를 통분하기 전의 기약분수로 나타내기

$$\left(\frac{20}{24}, \frac{9}{24}\right) \Rightarrow \left(\frac{20 \div 4}{24 \div 4}, \frac{9 \div 3}{24 \div 3}\right)$$

$$\Rightarrow \left(\frac{5}{6}, \frac{3}{8}\right)$$

9와 24의 최대공약수

20과 24의 최대공약수

4 분수의 크기 비교하기

• 두 분수의 크기를 비교하는 방법

두 분수를 통분한 다음 분자의 크기를 비교합니다.

$$\left(\frac{4}{9}, \frac{5}{12}\right) \Rightarrow \left(\frac{16}{36}, \frac{15}{36}\right) \Rightarrow \frac{4}{9} > \frac{5}{12}$$

• 세 분수의 크기를 비교하는 방법

$\frac{3}{4}, \frac{5}{6}, \frac{7}{9}$의 크기 비교: 두 분수씩 통분하여 차례로 비교합니다.

$$\left(\frac{3}{4}, \frac{5}{6}\right) \Rightarrow \left(\frac{9}{12}, \frac{10}{12}\right) \Rightarrow \frac{3}{4} < \frac{5}{6}$$

$$\left(\frac{5}{6}, \frac{7}{9}\right) \Rightarrow \left(\frac{15}{18}, \frac{14}{18}\right) \Rightarrow \frac{5}{6} > \frac{7}{9}$$

$$\left(\frac{3}{4}, \frac{7}{9}\right) \Rightarrow \left(\frac{27}{36}, \frac{28}{36}\right) \Rightarrow \frac{3}{4} < \frac{7}{9}$$

$$\Rightarrow \frac{3}{4} < \frac{7}{9} < \frac{5}{6}$$

5 분수와 소수의 크기 비교하기

• $\frac{3}{5}$과 0.4의 크기 비교

| 방법 1 | 분수를 소수로 나타내어 크기 비교하기 |

$$\frac{3}{5} = \frac{6}{10} = 0.6 \Rightarrow 0.6 > 0.4 \Rightarrow \frac{3}{5} > 0.4$$

| 방법 2 | 소수를 분수로 나타내어 크기 비교하기 |

$$0.4 = \frac{4}{10} \Rightarrow \frac{3}{5} > \frac{4}{10} \Rightarrow \frac{3}{5} > 0.4$$

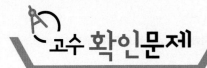

크기가 같은 분수

1 분수만큼 색칠하고 크기가 같은 분수를 써 보세요.

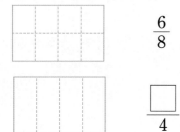

$\dfrac{6}{8}$

$\dfrac{\square}{4}$

크기가 같은 분수

2 □ 안에 알맞은 수를 써넣어 크기가 같은 분수를 만들어 보세요.

$$\dfrac{2}{5} = \dfrac{\square}{10} = \dfrac{6}{\square} = \dfrac{\square}{20}$$

크기가 같은 분수

3 $\dfrac{9}{15}$와 크기가 같은 분수를 모두 찾아 써 보세요.

| $\dfrac{2}{3}$ | $\dfrac{3}{5}$ | $\dfrac{5}{9}$ | $\dfrac{18}{30}$ | $\dfrac{24}{45}$ |

(   )

약분

4 약분한 분수를 모두 써 보세요.

$\dfrac{16}{24}$ ⇨ (   )

$\dfrac{42}{56}$ ⇨ (   )

약분

5 기약분수로 나타내어 보세요.

(1) $\dfrac{12}{36} = \dfrac{\square}{\square}$ (2) $\dfrac{18}{63} = \dfrac{\square}{\square}$

약분

6 분모가 8인 진분수 중에서 기약분수를 모두 써 보세요.

(   )

통분

7 분모의 최소공배수를 공통분모로 하여 통분해 보세요.

$\left(\dfrac{2}{5}, \dfrac{3}{7} \right) \Rightarrow ($)

$\left(\dfrac{5}{12}, \dfrac{3}{15} \right) \Rightarrow ($)

통분

8 수 카드를 사용하여 $\dfrac{6}{13}$과 크기가 같은 분수를 만들려고 합니다. 수 카드 중 ㉠과 ㉡에 들어갈 알맞은 수를 찾아 써 보세요.

$$\frac{6}{13} = \frac{㉠}{㉡}$$

| 12 | 18 | 25 | 30 | 39 | 42 |

㉠ ( )

㉡ ( )

분수의 크기 비교하기

9 분수의 크기를 비교하여 ◯ 안에 >, =, < 를 알맞게 써넣으세요.

$\dfrac{7}{8} \bigcirc \dfrac{21}{24}$ $2\dfrac{4}{9} \bigcirc 2\dfrac{8}{15}$

분수의 크기 비교하기

10 두 분수의 크기를 비교하여 더 큰 수를 위의 ☐ 안에 써넣으세요.

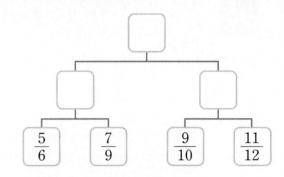

분수와 소수의 크기 비교하기

11 분수와 소수의 크기를 비교하여 큰 수부터 차례로 써 보세요.

$$\frac{3}{4} \qquad 0.7 \qquad \frac{4}{5}$$

( )

분수와 소수의 크기 비교하기

12 수 카드가 4장 있습니다. 이 중 2장을 뽑아 진분수를 만들려고 합니다. 만들 수 있는 진분수 중 가장 큰 수를 소수로 나타내어 보세요.

| 3 | 4 | 5 | 8 |

( )

대표유형문제

1 크기가 같은 분수 구하기

| 대표문제 | $\dfrac{7}{12}$과 크기가 같은 분수 중에서 분모가 150보다 크고 200보다 작은 수는 모두 몇 개인가요?

(   )

| 풀이 |

[1단계] 12의 배수 중에서 150보다 크고 200보다 작은 수 찾기	$150 \div 12 = 12 \cdots 6$, $200 \div 12 = 16 \cdots 8$이므로 150보다 크고 200보다 작은 수 중에서 12의 배수는 $12 \times 13 = 156$, $12 \times 14 = 168$, $12 \times 15 = \boxed{}$, $12 \times 16 = \boxed{}$입니다.
[2단계] 조건에 맞는 크기가 같은 분수 찾기	$\dfrac{7}{12} = \dfrac{7 \times 13}{12 \times 13} = \dfrac{91}{156}$, $\dfrac{7}{12} = \dfrac{7 \times 14}{12 \times 14} = \dfrac{98}{168}$, $\dfrac{7}{12} = \dfrac{7 \times 15}{12 \times 15} = \dfrac{\boxed{}}{180}$, $\dfrac{7}{12} = \dfrac{7 \times 16}{12 \times 16} = \dfrac{\boxed{}}{192}$
[3단계] 조건에 맞는 분수의 개수 구하기	따라서 $\dfrac{7}{12}$과 크기가 같은 분수 중에서 분모가 150보다 크고 200보다 작은 수는 $\dfrac{91}{156}$, $\dfrac{98}{168}$, $\dfrac{\boxed{}}{180}$, $\dfrac{\boxed{}}{192}$로 $\boxed{}$개입니다.

유제 1 $\dfrac{11}{15}$과 크기가 같은 분수 중에서 분모가 220보다 크고 280보다 작은 수는 모두 몇 개인가요?

(   )

유제 2   다음 조건을 모두 만족하는 분수를 모두 구해 보세요.

- $\dfrac{7}{9}$과 크기가 같은 분수입니다.
- 분모가 170보다 크고 230보다 작습니다.
- 분자는 150보다 큽니다.

(   )

2 조건에 알맞은 분수 구하기

대표문제 조건에 알맞은 분수를 구해 보세요.

> • 분모와 분자의 합이 138입니다.
> • 기약분수로 나타내면 $\frac{9}{14}$입니다.

(   )

풀이		
[1단계] 구하는 분수와 기약분수의 (분모)+(분자) 알아보기	$\frac{9}{14}$의 분모와 분자의 합은 $14+9=23$입니다. $138 \div \boxed{} = \boxed{}$ 이므로 138은 23의 $\boxed{}$ 배입니다.	
[2단계] 구하는 분수의 분모, 분자는 기약분수의 분모, 분자의 몇 배인지 구하기	분모와 분자의 합인 138은 23의 $\boxed{}$ 배이므로 구하는 분수의 분모와 분자는 각각 14와 9의 $\boxed{}$ 배입니다.	
[3단계] 조건에 알맞은 분수 구하기	따라서 조건에 알맞은 분수는 $\frac{9}{14} = \frac{9 \times 6}{14 \times 6} = \frac{\boxed{}}{\boxed{}}$ 입니다.	

유제 3 조건에 알맞은 분수를 구해 보세요.

> • 분모와 분자의 차는 52입니다.
> • 기약분수로 나타내면 $\frac{5}{9}$입니다.

(   )

유제 4 분모와 분자의 곱이 1960이고 기약분수로 나타내면 $\frac{5}{8}$인 분수를 구해 보세요.

(   )

3 범위에 알맞은 분수 구하기

대표문제 $\frac{5}{8}$보다 크고 $\frac{11}{12}$보다 작은 분수 중에서 분모가 48인 분수는 모두 몇 개인가요?

(   )

풀이		
[1단계] 48을 공통분모로 하여 $\frac{5}{8}$와 $\frac{11}{12}$을 통분하기	$\frac{5}{8} = \dfrac{\boxed{}}{48}$, $\frac{11}{12} = \dfrac{\boxed{}}{48}$	
[2단계] 구하는 분수의 분자를 ■라고 하여 범위로 나타내기	조건에 맞는 분수를 $\dfrac{\blacksquare}{48}$라고 하면 $\dfrac{5}{8} < \dfrac{\blacksquare}{48} < \dfrac{11}{12}$ $\Rightarrow$ $\dfrac{\boxed{}}{48} < \dfrac{\blacksquare}{48} < \dfrac{\boxed{}}{48}$ 이고, 분모가 같으므로 분자끼리 비교하면 $30 < \blacksquare < \boxed{}$ 입니다.	
[3단계] 조건에 알맞은 분수의 개수 구하기	$30 < \blacksquare < \boxed{}$ 에 알맞은 ■는 31, 32……, $\boxed{}$ 이므로 조건에 알맞은 분수는 $\dfrac{31}{48}$, $\dfrac{32}{48}$……, $\dfrac{43}{48}$으로 모두 $\boxed{}$ 개입니다.	

유제 5 $\frac{7}{15}$보다 크고 $\frac{11}{20}$보다 작은 분수 중에서 분모가 60인 분수를 모두 구해 보세요.

(   )

Up! 유제 6 하늘이와 인준이가 설명하는 분수를 구해 보세요.

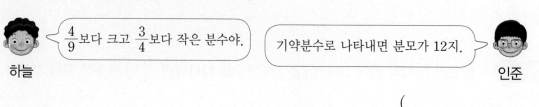

하늘: $\frac{4}{9}$보다 크고 $\frac{3}{4}$보다 작은 분수야.

인준: 기약분수로 나타내면 분모가 12지.

(   )

4 기약분수 찾기

대표문제 분모가 147인 진분수 중에서 기약분수는 모두 몇 개인가요?

$$\frac{1}{147}, \ \frac{2}{147}, \ \frac{3}{147} \cdots\cdots, \ \frac{145}{147}, \ \frac{146}{147}$$

(   )

풀이		
[1단계] 147을 곱셈식으로 나타내어 기약분수가 되는 분자의 조건 알아보기	$147 = 3 \times 49 = 3 \times 7 \times \boxed{}$ 이므로 기약분수의 분자는 $\boxed{}$ 또는 7의 배수가 아닌 수입니다.	
[2단계] 147보다 작은 자연수 중에서 3 또는 7의 배수 찾기 → 분모가 147인 진분수이기 때문입니다.	147보다 작은 자연수 중에서 $146 \div 3 = 48 \cdots 2$이므로 3의 배수는 48개, $146 \div 7 = 20 \cdots 6$이므로 7의 배수는 20개, $146 \div \underset{\rightarrow 3 \times 7}{21} = 6 \cdots 20$이므로 21의 배수는 $\boxed{}$ 개입니다. 147보다 작은 자연수 중에서 3 또는 7의 배수는 $48 + 20 - \boxed{} = \boxed{}$ (개)입니다.	
[3단계] 기약분수의 개수 구하기	따라서 기약분수는 $146 - \boxed{} = \boxed{}$ (개)입니다.	

유제 7 분모가 117인 진분수 중에서 기약분수는 모두 몇 개인가요?

$$\frac{1}{117}, \ \frac{2}{117}, \ \frac{3}{117} \cdots\cdots, \ \frac{115}{117}, \ \frac{116}{117}$$

(   )

유제 8 다음 조건에 알맞은 기약분수는 모두 몇 개인가요?

- 분모가 99인 진분수입니다.
- 분자가 19보다 큰 자연수입니다.

(   )

5 여러 분수의 크기 비교

 대표문제 지예네 학교 5학년 학생들이 텃밭에서 키운 채소들의 수확량을 반별로 나타낸 것입니다. 채소를 많이 수확한 반부터 차례로 써 보세요.

반	1반	2반	3반	4반
수확량	$\dfrac{13}{20}$	$\dfrac{1}{2}$	$\dfrac{1}{3}$	$\dfrac{17}{25}$

(   )

풀이		
[1단계] $\dfrac{1}{2}$ 보다 큰 수와 작은 수로 분류하기	(분모)<(분자)×2이면 $\dfrac{1}{2}$ 보다 크고, (분모)>(분자)×2이면 $\dfrac{1}{2}$ 보다 작습니다. • $\dfrac{1}{2}$ 보다 큰 수: $\dfrac{13}{20}$, $\dfrac{17}{25}$ • $\dfrac{1}{2}$ 보다 작은 수: $\dfrac{1}{3}$
[2단계] $\dfrac{1}{2}$ 보다 큰 수끼리 비교하기	$\dfrac{13}{20}=\dfrac{65}{100}$, $\dfrac{17}{25}=\dfrac{\boxed{}}{100}$ 이므로 $\dfrac{13}{20}$ ◯ $\dfrac{17}{25}$ 입니다.
[3단계] 채소를 많이 수확한 반부터 차례로 쓰기	큰 수부터 쓰면 $\dfrac{17}{25}$, $\dfrac{13}{20}$, $\dfrac{1}{\boxed{}}$, $\dfrac{1}{\boxed{}}$ 이므로 채소를 많이 수확한 반부터 차례로 쓰면 4반, $\boxed{}$ 반, $\boxed{}$ 반, $\boxed{}$ 반입니다.

 유제 9 분수의 크기를 비교하여 작은 수부터 차례로 써 보세요.

$$\dfrac{4}{15} \quad \dfrac{1}{2} \quad \dfrac{3}{4} \quad \dfrac{2}{5} \quad \dfrac{5}{6}$$

(   )

유제 10 다음 분수 중에서 $\dfrac{1}{2}$ 에 가장 가까운 수를 구해 보세요.

$$\dfrac{4}{7} \quad \dfrac{3}{8} \quad \dfrac{7}{12} \quad \dfrac{4}{9}$$

(   )

1 어떤 두 기약분수를 통분한 것입니다. 통분하기 전의 두 분수를 구해 보세요.

$$\frac{25}{40} \qquad \frac{32}{40}$$

( )

2 $\frac{4}{9}$의 분모에 27을 더했을 때, 분자에 얼마를 더해야 처음 분수와 크기가 같아지는지 구해 보세요.

( )

3 $\frac{3}{7}$과 크기가 같은 분수 중에서 분모와 분자의 차가 60이 되는 분수를 구해 보세요.

( )

4 분모가 80보다 크고 150보다 작은 분수 중에서 $\frac{7}{21}$과 크기가 같은 분수는 몇 개인가요?

( )

중요
5 $\frac{5}{8}$에 가장 가까운 분수를 찾아 써 보세요.

$$\frac{1}{2} \qquad \frac{7}{8} \qquad \frac{5}{16}$$

( )

6 주사위 2개를 동시에 던졌을 때 나온 두 눈의 수로 진분수를 만들려고 합니다. 만들 수 있는 분수 중에서 기약분수는 몇 개인가요?

( )

7 $\dfrac{7}{9}$과 크기가 같은 분수 중에서 분모가 두 자리 수인 분수는 모두 몇 개인가요?

(   )

8 어떤 분수의 분자에 9를 더한 다음 5로 약분하면 $\dfrac{4}{7}$가 됩니다. 어떤 수를 구해 보세요.

(   )

중요
9 민정이는 하루 중 하는 일이 하루의 얼마만큼인지 조사해 보았습니다. 시간이 긴 것부터 차례로 써 보세요.

$\dfrac{3}{8}$ 잠자기 $\dfrac{5}{12}$ 학교생활 및 공부 $\dfrac{1}{6}$ 가족과 함께 $\dfrac{1}{24}$ 그 외 활동

(   )

10 두 조건에 알맞은 진분수는 모두 몇 개인가요?

- 분모는 15보다 크고 19보다 작습니다.
- 기약분수가 아닙니다.

(   )

11 □ 안에 들어갈 수 있는 수를 구해 보세요.

$$\frac{7}{18} < \frac{\square}{12} < \frac{11}{24}$$

(   )

12 수 카드 중에서 2장을 사용하여 만들 수 있는 진분수 중에서 60을 공통분모로 하여 통분할 수 있는 분수는 모두 몇 개인가요?

2   4   7   11   12

(   )

중요
13 똑같은 양의 음료수를 각각 세아는 전체의 $\dfrac{14}{15}$, 다연이는 $\dfrac{11}{12}$, 민준이는 $\dfrac{17}{18}$을 마셨습니다. 음료수를 많이 마신 사람부터 차례로 써 보세요.

( )

14 분모와 분자의 곱이 1040보다 크고 1250보다 작은 분수를 기약분수로 나타내었더니 $\dfrac{2}{5}$가 되었습니다. 처음 분수를 구해 보세요.

( )

15 $\dfrac{37}{84}$의 분자에 17을 더하고 분모에 어떤 수를 더했더니 $\dfrac{6}{11}$과 크기가 같은 분수가 되었습니다. 분모에 더한 수를 구해 보세요.

( )

16 분자가 18인 진분수 중에서 $\dfrac{24}{35}$보다 큰 기약분수는 모두 몇 개인가요?

( )

17 규칙에 따라 분수를 늘어놓을 때 31째 분수를 기약분수로 나타내어 보세요.

| $\dfrac{1}{2}$ | $\dfrac{1}{3}$ | $\dfrac{2}{3}$ | $\dfrac{1}{4}$ | $\dfrac{2}{4}$ | $\dfrac{3}{4}$ | $\dfrac{1}{5}$ …… |

( )

18 다음 두 진분수의 크기가 같을 때, 두 분수의 분자가 될 수 있는 수를 (㉠, ㉡)으로 짝지어 나타내려고 합니다. 나타낼 수 있는 (㉠, ㉡)은 모두 몇 가지인가요?

| $\dfrac{㉠}{9}$ | $\dfrac{㉡}{45}$ |

( )

1 조건을 모두 만족하는 분수를 구해 보세요.

> • 분모가 15인 기약분수입니다.
> • $\frac{2}{9}$보다 크고 $\frac{4}{9}$보다 작습니다.

(   )

2 다음 중 $\frac{1}{2}$에 가장 가까운 수를 구해 보세요.

0.54	$\frac{3}{5}$	0.42	$\frac{12}{25}$

(   )

3 분모가 252인 분수 중에서 기약분수로 나타내었을 때 분자가 1인 분수는 모두 몇 개인가요? (단, 분모가 1인 경우는 생각하지 않습니다.)

(   )

고수 비법

경시 문제 맛보기

4 수를 규칙에 따라 나열한 것입니다. $\dfrac{3}{4}$ 과 크기가 같은 분수가 처음으로 나오는 때는 몇째인가요?

$$\frac{14}{15},\ \frac{16}{18},\ \frac{18}{21},\ \frac{20}{24},\ \frac{22}{27}\ \cdots\cdots$$

(   )

분모와 분자는 어떤 수들의 배수가 되는지 알아보고 분모 또는 분자를 먼저 찾아봅니다.

경시 문제 맛보기

5 다음 조건을 만족하는 가장 작은 ㉮, ㉯를 구해 보세요.

$$\frac{㉮}{㉯\times㉯\times㉯}=\frac{1}{96}$$

㉮ (   )

㉯ (   )

96을 여러 수의 곱으로 나타낸 다음 어떤 수를 세 번 곱한 수가 되는 경우를 생각해 봅니다.

창의·융합 UP

6 소리는 공기가 진동하면서 발생되고, 각 음에는 고유한 진동수가 있습니다. 피타고라스는 두 음의 진동수로 진분수를 만들어 기약분수로 나타내었을 때, 분모와 분자가 모두 7보다 작으면 두 음이 잘 어울려서 아름답게 들리고, 그렇지 않으면 잘 어울리지 않는다고 생각했습니다. 피타고라스의 생각을 발전시켜 후세 사람들은 다음과 같은 순정률을 만들었습니다. '레', '미', '파', '시' 중에서 '도'와 잘 어울리는 음을 모두 찾아 써 보세요.

[수학+음악]

각 음의 진동수(순정률)

음	도	레	미	파	솔	라	시
진동수	264	297	330	352	396	440	495

(   )

각 음의 진동수를 분수로 만들어 기약분수로 나타낸 다음 '도'와 잘 어울리는 음을 찾아봅니다.

1 $\dfrac{48}{96}$을 약분하려고 합니다. 분모와 분자를 나눌 수 <u>없는</u> 수는 어느 것인가요? (   )

① 2   ② 3   ③ 4

④ 5   ⑤ 6

4 $\dfrac{1}{2}$보다 큰 분수에 모두 ○표 하세요.

$\dfrac{3}{8}$	$\dfrac{23}{32}$	$\dfrac{23}{64}$	$\dfrac{51}{98}$

5 다음 중에서 크기가 다른 분수를 찾아 써 보세요.

$\dfrac{3}{7}$	$\dfrac{12}{28}$	$\dfrac{8}{14}$	$\dfrac{9}{21}$

(   )

2 분모가 18인 진분수 중에서 기약분수는 모두 몇 개인가요?

(   )

3 $\dfrac{6}{7}$은 $\dfrac{1}{42}$이 몇 개 모인 수와 같은가요?

(   )

6 $\dfrac{3}{8}$과 $\dfrac{7}{12}$을 통분하려고 합니다. 공통분모가 100에 가장 가까운 수가 되도록 통분해 보세요.

(   )

7 □ 안에 들어갈 수 있는 자연수를 모두 구해 보세요.

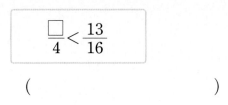

$$\frac{\square}{4} < \frac{13}{16}$$

(   )

8 정주네 모둠과 현아네 모둠은 칭찬 붙임딱지를 똑같이 받았습니다. 현아네 모둠은 붙임딱지를 똑같이 몇 묶음으로 나누었는지 구해 보세요.

 정주 — 우리 모둠은 칭찬 붙임딱지를 똑같이 16묶음으로 나누어서 4묶음씩 가졌어.

우리 모둠에서도 똑같이 나누어 가졌는데 나는 14묶음 가졌어. — 현아

 정주 — 묶음의 수는 많은데 붙임딱지 수는 나와 똑같네!

(   )

9 수직선에 기약분수를 작은 수부터 차례로 나타낸 것입니다. ㉠, ㉡에 알맞은 자연수를 각각 구해 보세요.

$$\frac{5}{8} \qquad \frac{㉠}{6} \qquad \frac{25}{24} \qquad \frac{4}{㉡} \qquad \frac{13}{8}$$

㉠ (   )

㉡ (   )

10 $\frac{8}{24}$은 다음과 같이 약분하여 3개의 수로 나타낼 수 있습니다. 분모가 72인 진분수 중에서 약분하여 5개의 수로 나타낼 수 있는 수는 모두 몇 개인가요?

$$\frac{8}{24} = \frac{4}{12} = \frac{2}{6} = \frac{1}{3}$$

(   )

중요
11 분수와 소수의 크기를 비교하여 작은 수부터 차례로 써 보세요.

$\frac{2}{5}$	0.35	$\frac{1}{4}$	0.46

(   )

12 수 카드 중 3장을 뽑아 2장은 분모에, 한 장은 분자에 놓아 진분수를 만들려고 합니다. 만들 수 있는 분수 중에서 기약분수로 나타내었을 때 분모가 8이 되는 수를 모두 구해 보세요.

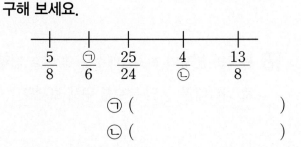

| 1 | 2 | 3 | 5 | 6 | 7 |

(   )

13 분모와 분자의 합이 120이고, 약분하면 $\frac{3}{5}$이 되는 분수를 구해 보세요.

(   )

16 분모와 분자의 합이 45이고 차가 25인 진분수를 기약분수로 나타내어 보세요.

(   )

중요
14 다음은 크기가 같은 두 진분수입니다. 만들 수 있는 수는 모두 몇 쌍인가요?

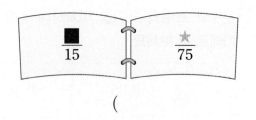

(   )

17 □ 안에 들어갈 수 있는 자연수는 모두 몇 개인지 구해 보세요.

$$\frac{3}{7} < \frac{12}{\square} < \frac{9}{11}$$

(   )

15 다음 조건에 알맞은 분수를 모두 구해 보세요.

> • $\frac{5}{7}$보다 크고 1보다 작습니다.
> • 분자가 8인 기약분수입니다.

(   )

18 분모와 분자의 최소공배수는 90이고 기약분수로 나타내면 $\frac{3}{5}$인 분수를 구해 보세요.

(   )

19 대화를 읽고 잘못 말한 사람의 이름을 쓰고, 그 이유를 써 보세요.

혜인 〈 분모의 크기가 같을 때는 분자의 크기가 작은 분수가 더 작은 분수야.

분모가 다른 분수는 분자의 최소공배수로 통분하여 크기를 비교하면 돼. 〉 호진

한나 〈 세 분수의 크기 비교는 두 분수씩 차례로 통분하여 크기를 비교해야 돼.

답 _____

이유 _____

20 $\dfrac{3}{10}$과 $\dfrac{11}{25}$ 사이의 분수 중에서 분모가 50인 기약분수를 모두 구하려고 합니다. 풀이 과정을 쓰고 답을 구해 보세요.

풀이 _____

_____

_____

답 _____

21 수직선에 나타낸 것입니다. 눈금 사이의 간격이 같을 때 ↑가 가리키는 곳에 알맞은 분수는 몇인지 풀이 과정을 쓰고 답을 구해 보세요.

$\dfrac{5}{9}$ ↑ $\dfrac{11}{15}$

풀이 _____

_____

_____

답 _____

22 어떤 분수의 분모에 7을 더한 후 3으로 약분하였더니 $\frac{4}{9}$ 가 되었습니다. 어떤 분수를 구하여 기약분수로 나타내려고 합니다. 풀이 과정을 쓰고 답을 구해 보세요.

풀이 _____

_____

_____

_____

답 _____

23 규칙에 따라 나열한 것입니다. $\frac{3}{5}$ 보다 크고 1보다 작은 분수는 몇째 수인지 풀이 과정을 쓰고 답을 구해 보세요.

$$\frac{1}{55} \qquad \frac{5}{51} \qquad \frac{9}{47} \qquad \frac{13}{43} \cdots\cdots$$

풀이 _____

_____

_____

_____

답 _____

5

분수의 덧셈과 뺄셈

분수의 덧셈과 뺄셈

1 분모가 다른 진분수의 덧셈

분모를 통분한 다음 계산한 후 약분하여 기약분수로 나타냅니다.
결과가 가분수인 경우 대분수로 나타냅니다.

- $\dfrac{2}{3}+\dfrac{1}{6}$의 계산

  방법1 분모의 곱으로 통분하기

  $$\dfrac{2}{3}+\dfrac{1}{6}=\dfrac{2\times6}{3\times6}+\dfrac{1\times3}{6\times3}=\dfrac{12}{18}+\dfrac{3}{18}=\dfrac{15}{18}=\dfrac{5}{6}$$

  약분하여 기약분수로 나타냅니다.

  방법2 분모의 최소공배수로 통분하기

  $$\dfrac{2}{3}+\dfrac{1}{6}=\dfrac{2\times2}{3\times2}+\dfrac{1}{6}=\dfrac{4}{6}+\dfrac{1}{6}=\dfrac{5}{6}$$

- $\dfrac{5}{6}+\dfrac{7}{8}$의 계산

  방법1 분모의 곱으로 통분하기

  $$\dfrac{5}{6}+\dfrac{7}{8}=\dfrac{5\times8}{6\times8}+\dfrac{7\times6}{8\times6}=\dfrac{40}{48}+\dfrac{42}{48}=\dfrac{82}{48}=1\dfrac{34}{48}$$
  $$=1\dfrac{17}{24}$$

  계산 결과가 가분수이면 대분수로 나타냅니다.

  방법2 분모의 최소공배수로 통분하기

  $$\dfrac{5}{6}+\dfrac{7}{8}=\dfrac{5\times4}{6\times4}+\dfrac{7\times3}{8\times3}=\dfrac{20}{24}+\dfrac{21}{24}=\dfrac{41}{24}=1\dfrac{17}{24}$$

2 분모가 다른 대분수의 덧셈

- $1\dfrac{1}{2}+1\dfrac{2}{3}$의 계산

  방법1 자연수는 자연수끼리, 분수는 분수끼리 계산하기

  $$1\dfrac{1}{2}+1\dfrac{2}{3}=1\dfrac{3}{6}+1\dfrac{4}{6}=(1+1)+\left(\dfrac{3}{6}+\dfrac{4}{6}\right)$$
  $$=2+\dfrac{7}{6}=2+1\dfrac{1}{6}=3\dfrac{1}{6}$$

  방법2 대분수를 가분수로 고쳐서 계산하기

  $$1\dfrac{1}{2}+1\dfrac{2}{3}=\dfrac{3}{2}+\dfrac{5}{3}=\dfrac{9}{6}+\dfrac{10}{6}=\dfrac{19}{6}=3\dfrac{1}{6}$$

  계산한 결과는 같습니다.

개념 PLUS⁺

▶ 그림을 이용하여 $\dfrac{2}{3}+\dfrac{1}{6}$ 계산하기

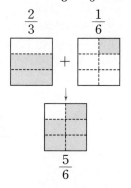

▶ 분모의 최소공배수로 통분하여 계산하는 것이 더 간단합니다.

▶ 합이 가장 크게 되는 두 진분수의 덧셈식 만들기

  예 4장의 수 카드를 한 번씩 사용하여 합이 가장 크게 되는 두 진분수 만들기

      (2, 3, 4, 5)

  ① 분자가 2, 3, 4인 진분수 크기 비교

  $$\dfrac{2}{3}>\dfrac{2}{4}>\dfrac{2}{5}$$
  $$\dfrac{3}{4}>\dfrac{3}{5}$$
  $$\dfrac{4}{5}$$

  ② ①에서 가장 큰 세 분수의 크기 비교

  $$\dfrac{2}{3}\left(\dfrac{40}{60}\right)<\dfrac{3}{4}\left(\dfrac{45}{60}\right)<\dfrac{4}{5}\left(\dfrac{48}{60}\right)$$

  분모와 분자의 차가 작을수록, 분자가 클수록 큰 분수입니다.

  ③ 가장 큰 진분수는 $\dfrac{4}{5}$이므로 합이 가장 크게 되는 두 진분수는 $\dfrac{4}{5}$와 $\dfrac{2}{3}$ 입니다.

3 **분모가 다른 진분수의 뺄셈**

분모를 통분한 다음 계산한 후 약분하여 기약분수로 나타냅니다.

• $\dfrac{3}{4}-\dfrac{1}{2}$의 계산

  방법 1 분모의 곱으로 통분하기

  $$\dfrac{3}{4}-\dfrac{1}{2}=\dfrac{6}{8}-\dfrac{4}{8}=\dfrac{2}{8}=\dfrac{1}{4}$$ → 약분하여 기약분수로 나타냅니다.

  방법 2 분모의 최소공배수로 통분하기

  $$\dfrac{3}{4}-\dfrac{1}{2}=\dfrac{3}{4}-\dfrac{2}{4}=\dfrac{1}{4}$$

4 **분모가 다른 대분수의 뺄셈**

분모를 통분한 다음 계산한 후 약분하여 기약분수로 나타냅니다.
분수끼리 뺄 수 없을 때에는 자연수에서 1을 받아내림합니다.

• $2\dfrac{2}{3}-1\dfrac{1}{6}$의 계산

  방법 1 자연수는 자연수끼리, 분수는 분수끼리 계산하기

  $$2\dfrac{2}{3}-1\dfrac{1}{6}=2\dfrac{4}{6}-1\dfrac{1}{6}=(2-1)+\left(\dfrac{4}{6}-\dfrac{1}{6}\right)$$
  $$=1+\dfrac{3}{6}=1+\dfrac{1}{2}=1\dfrac{1}{2}$$

  방법 2 대분수를 가분수로 고쳐서 계산하기

  $$2\dfrac{2}{3}-1\dfrac{1}{6}=\dfrac{8}{3}-\dfrac{7}{6}=\dfrac{16}{6}-\dfrac{7}{6}=\dfrac{9}{6}=1\dfrac{3}{6}=1\dfrac{1}{2}$$

• $3\dfrac{1}{5}-1\dfrac{2}{3}$의 계산

  방법 1 자연수는 자연수끼리, 분수는 분수끼리 계산하기

  $$3\dfrac{1}{5}-1\dfrac{2}{3}=3\dfrac{3}{15}-1\dfrac{10}{15}=2\dfrac{18}{15}-1\dfrac{10}{15}=1\dfrac{8}{15}$$

  분수끼리 뺄 수 없으므로 자연수 3에서 $1(=\dfrac{15}{15})$을 분수 부분으로 받아내림합니다.

  방법 2 대분수를 가분수로 고쳐서 계산하기

  $$3\dfrac{1}{5}-1\dfrac{2}{3}=\dfrac{16}{5}-\dfrac{5}{3}=\dfrac{48}{15}-\dfrac{25}{15}=\dfrac{23}{15}=1\dfrac{8}{15}$$

개념 PLUS⁺

▶ **차가 가장 크게 되는 두 진분수의 뺄셈식 만들기**

예 4장의 수 카드를 한 번씩 사용하여 차가 가장 크게 되는 두 진분수 만들기

 3   4   5   6

① 수 카드로 진분수 만들어 크기 비교

$\dfrac{3}{4}>\dfrac{3}{5}>\dfrac{3}{6}$ → 분모가 클수록, 분자가 작을수록 작은 진분수입니다.

$\dfrac{4}{5}>\dfrac{4}{6}$

$\dfrac{5}{6}$

⇨ $\dfrac{5}{6}$가 가장 크고, $\dfrac{3}{6}$이 가장 작습니다.

② 빼지는 수가 클수록, 빼는 수가 작을수록 차가 크므로 차가 가장 크게 되는 두 진분수는 $\dfrac{3}{6}$과 $\dfrac{4}{5}$입니다.

분모가 다른 진분수의 덧셈

1 보기와 같이 계산해 보세요.

보기
$$\frac{1}{3}+\frac{5}{12}=\frac{1\times 12}{3\times 12}+\frac{5\times 3}{12\times 3}$$
$$=\frac{12}{36}+\frac{15}{36}=\frac{27}{36}=\frac{3}{4}$$

$$\frac{3}{8}+\frac{1}{6}=$$ _____

_____

분모가 다른 진분수의 덧셈

2 계산해 보세요.

(1) $\frac{2}{7}+\frac{5}{14}$

(2) $\frac{1}{6}+\frac{3}{8}$

분모가 다른 진분수의 덧셈

3 값이 같은 것끼리 이어 보세요.

$\frac{5}{8}+\frac{5}{12}$ •

$\frac{2}{3}+\frac{9}{12}$ •

$\frac{5}{6}+\frac{3}{4}$ •

• $1\frac{7}{12}$

• $1\frac{1}{24}$

• $1\frac{5}{12}$

분모가 다른 진분수의 덧셈

4 세연이는 동화책을 $\frac{3}{4}$시간 동안 읽었고, 동생은 $\frac{7}{8}$시간 동안 읽었습니다. 세연이와 동생이 동화책을 읽은 시간은 모두 몇 시간인가요?

(   )

분모가 다른 대분수의 덧셈

5 그림을 보고 ㉠에서 ㉢까지의 거리는 몇 m인지 구해 보세요.

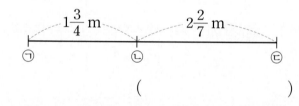

(   )

분모가 다른 대분수의 덧셈

6 계산 결과를 비교하여 ◯ 안에 >, =, <를 알맞게 써넣으세요.

$3\frac{4}{9}+4\frac{5}{6}$ ◯ $1\frac{1}{2}+6\frac{8}{9}$

분모가 다른 진분수의 뺄셈

7 두 수의 차를 구해 보세요.

$$\frac{7}{15} \qquad \frac{8}{9}$$

(   )

분모가 다른 진분수의 뺄셈

8 가게에서 지효네 집까지의 거리는 가게에서 학교까지의 거리보다 몇 km 더 먼가요?

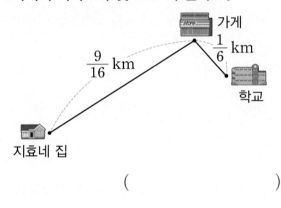

(   )

분모가 다른 대분수의 뺄셈

9 계산해 보세요.

(1) $5\frac{3}{8} - 2\frac{1}{7}$ (2) $9\frac{11}{12} - 1\frac{3}{5}$

분모가 다른 대분수의 뺄셈

10 □ 안에 알맞은 수를 써넣으세요.

$$\boxed{} + 1\frac{1}{9} = 2\frac{5}{12}$$

분모가 다른 대분수의 뺄셈

11 $8\frac{1}{10} - 2\frac{1}{2}$ 을 두 가지 방법으로 계산해 보세요.

방법 1 $8\frac{1}{10} - 2\frac{1}{2} =$ _____

_____

방법 2 $8\frac{1}{10} - 2\frac{1}{2} =$ _____

_____

분모가 다른 대분수의 뺄셈

12 가장 큰 수와 가장 작은 수의 차를 구해 보세요.

$$8\frac{4}{5} \qquad 10\frac{2}{7} \qquad 6\frac{1}{2}$$

(   )

분모가 다른 대분수의 뺄셈

13 음료수 $1\frac{1}{9}$ L 중에서 $\frac{16}{21}$ L를 마셨습니다. 남은 음료수는 몇 L인가요?

(   )

1 수 카드로 분수의 덧셈식, 뺄셈식 만들기

대표문제 왼쪽의 수 카드 중에서 4장을 뽑아 한 번씩만 사용하여 (진분수)＋(진분수)를 만들려고 합니다. 합이 가장 큰 덧셈식을 만들고 계산해 보세요.

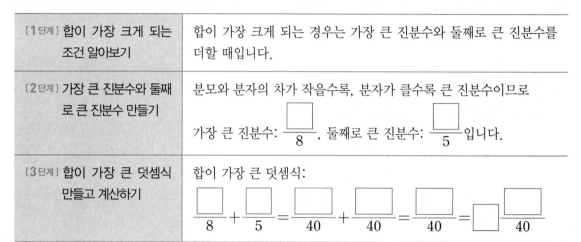

[1단계] 합이 가장 크게 되는 조건 알아보기	합이 가장 크게 되는 경우는 가장 큰 진분수와 둘째로 큰 진분수를 더할 때입니다.
[2단계] 가장 큰 진분수와 둘째로 큰 진분수 만들기	분모와 분자의 차가 작을수록, 분자가 클수록 큰 진분수이므로 가장 큰 진분수: $\dfrac{\boxed{}}{8}$, 둘째로 큰 진분수: $\dfrac{\boxed{}}{5}$입니다.
[3단계] 합이 가장 큰 덧셈식 만들고 계산하기	합이 가장 큰 덧셈식: $\dfrac{\boxed{}}{8}+\dfrac{\boxed{}}{5}=\dfrac{\boxed{}}{40}+\dfrac{\boxed{}}{40}=\dfrac{\boxed{}}{40}=\boxed{}\dfrac{\boxed{}}{40}$

유제 1 왼쪽의 수 카드 중에서 4장을 뽑아 한 번씩만 사용하여 (진분수)－(진분수)를 만들려고 합니다. 차가 가장 큰 뺄셈식을 만들고 계산해 보세요.

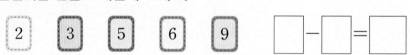

유제 2 왼쪽의 수 카드를 모두 한 번씩만 사용하여 (대분수)＋(대분수)를 만들려고 합니다. 합이 가장 큰 덧셈식을 만들고 계산해 보세요.

2 겹쳐서 이어 붙인 색 테이프의 전체 길이 구하기

대표문제 길이가 $3\frac{4}{9}$ cm인 색 테이프 3장을 $\frac{11}{12}$ cm씩 겹치게 이어 붙였습니다. 이어 붙인 색 테이프의 전체 길이는 몇 cm인지 구해 보세요.

(   )

| 풀이 |

[1단계] 색 테이프 3장의 길이의 합과 겹친 부분의 길이의 합 구하기	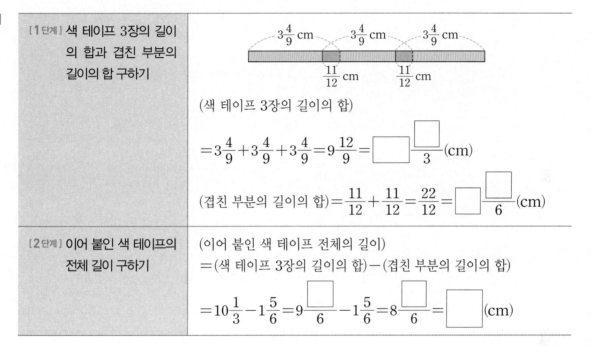

(색 테이프 3장의 길이의 합)

$$=3\frac{4}{9}+3\frac{4}{9}+3\frac{4}{9}=9\frac{12}{9}=\boxed{}\frac{\boxed{}}{3}\text{(cm)}$$

(겹친 부분의 길이의 합)$=\frac{11}{12}+\frac{11}{12}=\frac{22}{12}=\boxed{}\frac{\boxed{}}{6}\text{(cm)}$

[2단계] 이어 붙인 색 테이프의 전체 길이 구하기

(이어 붙인 색 테이프 전체의 길이)
=(색 테이프 3장의 길이의 합)-(겹친 부분의 길이의 합)

$$=10\frac{1}{3}-1\frac{5}{6}=9\frac{\boxed{}}{6}-1\frac{5}{6}=8\frac{\boxed{}}{6}=\boxed{}\text{(cm)}$$

유제 3 길이가 $2\frac{5}{8}$ m인 철사 4개를 $\frac{1}{5}$ m씩 겹치게 이어 붙였습니다. 이어 붙인 철사 전체의 길이는 몇 m인지 구해 보세요.

(   )

 유제 4 길이가 $1\frac{2}{3}$ m인 끈 4개를 일정한 길이만큼씩 겹치게 이어 붙였습니다. 이어 붙인 끈 전체의 길이가 $4\frac{1}{6}$ m일 때, 몇 m만큼씩 겹치게 이어 붙인 것인지 구해 보세요.

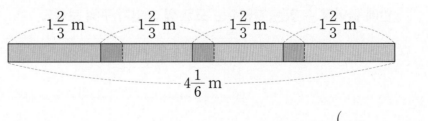

(   )

3 □ 안에 알맞은 수 구하기

| 대표
문제 | □ 안에 들어갈 수 있는 자연수를 모두 구해 보세요.

$$\frac{1}{3} + \frac{\square}{6} < \frac{8}{9}$$

(   )

| 풀이 |

[1단계] $\frac{1}{3}$, $\frac{\square}{6}$, $\frac{8}{9}$을 통분하기	3, 6, 9의 최소공배수인 18을 공통분모로 하여 통분하면 $$\frac{1}{3} = \frac{\square}{18},\ \frac{\square}{6} = \frac{\square \times 3}{18},\ \frac{8}{9} = \frac{\square}{18}$$이므로 $$\frac{\square}{18} + \frac{\square \times 3}{18} < \frac{\square}{18}$$에서 $$\frac{\square + \square \times 3}{18} < \frac{\square}{18}$$입니다.
[2단계] 분자끼리 비교하기	분모가 같으므로 분자끼리 비교하면 $\square + \square \times 3 <$ $\square$ 이므로 $\square \times 3 <$ $\square$ 입니다.
[3단계] □ 안에 들어갈 수 있는 자연수 구하기	따라서 □ 안에 들어갈 수 있는 자연수는 $\square$, $\square$, $\square$ 입니다.

유제 5   □ 안에 들어갈 수 있는 자연수를 모두 구해 보세요.

$$\frac{\square}{12} + \frac{7}{18} < \frac{8}{9}$$

(   )

유제 6   □ 안에 들어갈 수 있는 자연수는 모두 몇 개인지 구해 보세요.

$$2\frac{1}{4} + \frac{\square}{6} < 3$$

(   )

4 바르게 계산한 값 구하기

대표문제 어떤 수에 $2\frac{3}{8}$을 더해야 할 것을 잘못하여 뺐더니 $1\frac{7}{12}$이 되었습니다. 바르게 계산한 값을 구해 보세요.

(   )

풀이		
[1단계] 어떤 수를 ■라고 하여 잘못 계산한 식 만들기	잘못 계산한 식은 어떤 수(■)에서 $2\frac{3}{8}$을 뺀 식이므로 ■ $-$ ☐ $=1\frac{7}{12}$입니다.
[2단계] 어떤 수 구하기	■ $-2\frac{3}{8}=1\frac{7}{12}$ ⇨ ■ $=1\frac{7}{12}+2\frac{3}{8}=1\frac{14}{24}+2\frac{9}{24}=$ ☐ 따라서 어떤 수는 ☐ 입니다.
[3단계] 바르게 계산한 값 구하기	바르게 계산한 값은 어떤 수(■)에 $2\frac{3}{8}$을 더한 것이므로 $3\frac{23}{24}+2\frac{3}{8}=3\frac{23}{24}+2\frac{9}{24}=5+1\frac{\boxed{}}{24}=\boxed{}\frac{\boxed{}}{3}$입니다.

유제 7 어떤 수에서 $3\frac{9}{14}$를 빼야 할 것을 잘못하여 더했더니 $9\frac{4}{21}$가 되었습니다. 바르게 계산한 값을 구해 보세요.

(   )

유제 8 어떤 수에 $4\frac{11}{25}$을 더해야 할 것을 잘못하여 뺐더니 $1\frac{7}{15}$이 되었습니다. 바르게 계산한 값에서 $3\frac{2}{3}$를 뺀 값은 얼마인지 구해 보세요.

(   )

5 일을 끝내는 데 걸리는 시간 구하기

대표문제 어떤 일을 혼자서 할 때 진아는 8일, 선우는 10일이 걸립니다. 이 일을 두 사람이 함께 한다면 일을 모두 끝내는 데 필요한 기간은 적어도 며칠인지 구해 보세요. (단, 두 사람이 각각 하루에 하는 일의 양은 일정합니다.)

(   )

풀이		
[1단계] 하루 동안 하는 일의 양 구하기	전체 일의 양을 1이라고 하면 진아가 하루 동안 하는 일의 양은 $\dfrac{1}{8}$, 선우가 하루 동안 하는 일의 양은 $\boxed{}$ 입니다.	
[2단계] 하루 동안 두 사람이 함께 하는 일의 양 구하기	하루 동안 두 사람이 함께 하는 일의 양은 $\dfrac{1}{8}+\dfrac{1}{10}=\dfrac{5}{40}+\dfrac{4}{40}=\boxed{}$ 입니다.	
[3단계] 두 사람이 함께 일을 모두 끝내는 데 걸리는 날수 구하기	$\dfrac{9}{40}+\dfrac{9}{40}+\dfrac{9}{40}+\dfrac{9}{40}=\boxed{}<1$ 이고, $\dfrac{9}{40}+\dfrac{9}{40}+\dfrac{9}{40}+\dfrac{9}{40}+\dfrac{9}{40}=\boxed{}>1$ 이므로 두 사람이 함께 일을 모두 끝내는 데에는 적어도 $\boxed{}$ 일이 필요합니다.	

 유제 9 어떤 일을 하는 데 A 기계로 하면 15시간이 걸리고, B 기계로 하면 20시간이 걸립니다. A 기계와 B 기계를 동시에 사용하여 일을 한다면 일을 모두 끝내는 데에는 적어도 몇 시간이 필요한지 구해 보세요. (단, 두 기계가 각각 1시간 동안 하는 일의 양은 일정합니다.)

(   )

 유제 10 어떤 일을 혼자서 할 때 훈호는 9일, 연희는 12일이 걸립니다. 훈호가 혼자서 5일 동안 일을 하다가 나머지는 훈호와 연희가 함께 일을 한다면 일을 끝마치는 데 필요한 기간은 적어도 며칠인지 구해 보세요. (단, 두 사람이 각각 하루에 하는 일의 양은 일정합니다.)

(   )

6 분수를 단위분수의 합으로 나타내기

대표문제 $\frac{7}{9}$ 을 분모가 다른 세 개의 단위분수의 합으로 나타내어 보세요.

$$\frac{7}{9} = \frac{1}{\square} + \frac{1}{\square} + \frac{1}{\square}$$

| 풀이 |

[1단계] $\frac{7}{9}$ 과 크기가 같은 분수 구하기	$\frac{7}{9} = \frac{\square}{18} = \frac{21}{\square} = \frac{\square}{36} = \cdots\cdots$
[2단계] 분자를 분모의 약수의 합으로 나타낼 수 있는 것 찾기	$\frac{14}{18}$ $\Rightarrow$ 18의 약수: 1, 2, 3, 6, 9, 18 $\Rightarrow$ 2, 3, $\square$ 를 더하면 분자 14가 됩니다.
[3단계] $\frac{7}{9}$ 을 단위분수의 합으로 나타내기	$\frac{7}{9} = \frac{14}{18} = \frac{2}{18} + \frac{3}{18} + \frac{\square}{18} = \frac{1}{\square} + \frac{1}{\square} + \frac{1}{\square}$

유제 11 다음 식을 만족하는 ㉠, ㉡, ㉢을 각각 구해 보세요. (단, ㉠<㉡<㉢<15입니다.)

$$\frac{5}{7} = \frac{1}{㉠} + \frac{1}{㉡} + \frac{1}{㉢}$$

㉠ (   ), ㉡ (   ), ㉢ (   )

유제 12 오른쪽 그림은 고대 이집트의 '호루스의 눈'으로 파라오의 왕권을 보호하는 상징입니다. 이 호루스의 눈 전체를 1로 생각하여 각 부분을 나타낸 분수를 모두 더하면 1보다 작습니다. 이집트 사람들은 이 부족한 부분을 지식과 달의 신인 토트가 채워 준다고 생각하였습니다. 이 부족한 부분은 몇 분의 몇인지 분수로 나타내어 보세요.

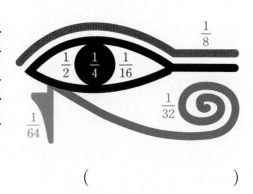

(   )

1 가 테이프의 길이가 $3\frac{5}{12}$ m일 때, 나 테이프의 길이는 몇 m인가요?

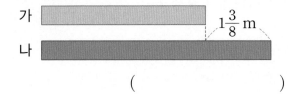

가

나

$1\frac{3}{8}$ m

(   )

2 $2\frac{1}{4}$과 $1\frac{5}{6}$의 합은 $\frac{1}{12}$이 몇 개 모인 수인가요?

(   )

3 삼각형의 세 변의 길이의 합은 몇 m인가요?

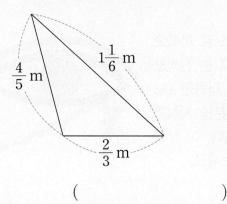

$\frac{4}{5}$ m

$1\frac{1}{6}$ m

$\frac{2}{3}$ m

(   )

4 $5\frac{5}{8}$에서 어떤 수를 뺐더니 $1\frac{5}{12}$가 되었습니다. 어떤 수를 구해 보세요.

(   )

5 □ 안에 들어갈 수 있는 자연수를 모두 구해 보세요.

$$\frac{5}{6} - \frac{1}{2} < \frac{\square}{24} < \frac{1}{3} + \frac{1}{8}$$

(   )

중요
6 집에서 공원까지 가려고 합니다. 학교를 지나가는 길과 도서관을 지나가는 길 중 어디를 지나가는 길이 몇 km 더 가까운가요?

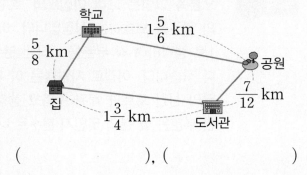

학교

$1\frac{5}{6}$ km

$\frac{5}{8}$ km

공원

$\frac{7}{12}$ km

집

$1\frac{3}{4}$ km

도서관

(   ), (   )

7 그림과 같이 땅 전체의 $\frac{1}{4}$에는 오이를, 전체의 $\frac{5}{12}$에는 배추를, 전체의 $\frac{1}{8}$에는 호박을 심었습니다. 나머지 부분에는 감자를 심었다면 감자를 심은 부분은 전체의 몇 분의 몇인가요?

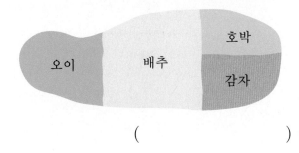

(   )

8 다음에 알맞은 ⓒ의 값을 구해 보세요.

$$8\frac{1}{6}-\text{㉠}=3\frac{2}{9}$$
$$\text{㉠}+\text{㉡}=5\frac{11}{18}$$

(   )

9 어떤 수에서 $2\frac{11}{18}$을 빼야 할 것을 잘못하여 더했더니 $7\frac{5}{9}$가 되었습니다. 바르게 계산한 값을 구해 보세요.

(   )

10 가▲나＝가－(나－가)로 약속할 때 다음 식의 값을 구해 보세요.

$$2\frac{4}{7} \; \blacktriangle \; 3\frac{2}{3}$$

(   )

11 물이 들어 있는 수조를 옮기다가 $1\frac{3}{4}$ L의 물을 엎질렀습니다. 남은 물 중에서 $2\frac{5}{6}$ L를 덜어 내었더니 $\frac{5}{8}$ L가 남았습니다. 처음에 수조에 들어 있던 물은 몇 L인가요?

(   )

12 경호는 초콜릿 전체의 $\frac{1}{6}$을 어제 먹고 오늘은 전체의 $\frac{1}{4}$을 먹었습니다. 경호가 어제와 오늘 먹은 초콜릿이 모두 15개라면 처음 있던 초콜릿은 모두 몇 개인가요?

(   )

13 $\frac{5}{9}$ 를 두 개의 단위분수의 합으로 나타내려고 합니다. □ 안에 알맞은 수를 써넣으세요.

$$\frac{5}{9} = \boxed{} + \boxed{}$$

14 무게가 같은 구슬 6개가 들어 있는 상자의 무게는 $4\frac{5}{6}$ kg입니다. 이 상자에서 구슬 2개를 덜어 냈을 때의 무게가 $3\frac{2}{3}$ kg이었다면 빈 상자의 무게는 몇 kg인지 구해 보세요.

(   )

15 □ 안에 들어갈 수 있는 자연수는 모두 몇 개인가요?

$$3\frac{5}{7} < 1\frac{\boxed{}}{14} + 2\frac{11}{21} < 4\frac{4}{7}$$

(   )

16 다음 조건을 만족하는 ■와 ▲의 값을 각각 구해 보세요.

$$■ + ▲ = \frac{19}{24}$$
$$■ - ▲ = \frac{1}{8}$$

■ (   )

▲ (   )

중요
17 계산 결과가 가장 크게 되도록 **보기** 에서 수를 골라 □ 안에 쓰고 계산한 값을 구해 보세요.

보기

$$1\frac{4}{9} \qquad 2\frac{1}{4} \qquad 1\frac{3}{5} \qquad 3\frac{5}{8}$$

$$\boxed{} + \boxed{} - \boxed{}$$

(   )

18 어느 정수처리장에서 한 수조의 물을 정화하는데 A 기계로는 9시간, B 기계로는 6시간, C 기계로는 12시간이 걸립니다. 이 수조의 물을 A 기계와 B 기계로 1시간 동안 정화하다가 A, B, C 기계를 모두 사용하여 정화하였다면 모두 몇 시간이 걸렸나요?

(   )

고수 비법

1 어떤 직사각형의 가로는 세로보다 $2\frac{4}{5}$ cm 더 깁니다. 이 직사각형의 둘레가 $14\frac{2}{3}$ cm라고 할 때 가로를 구해 보세요.

( )

세로를 □cm라고 하면 가로는 어떻게 나타낼 수 있을지 생각해 봅니다.

2 도미노의 점의 수를 이용하여 각각 분수를 만들려고 합니다. 계산 결과가 가장 크게 되도록 식을 만들고 계산한 결과를 구해 보세요.

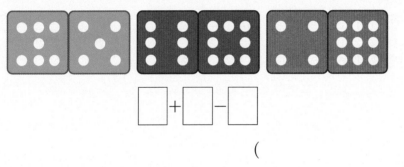

$$\boxed{}+\boxed{}-\boxed{}$$

( )

더하는 분수와 빼는 분수의 크기를 생각하여 계산 결과가 가장 크게 되는 식을 만듭니다.

3 나무를 한 번 자르는 데 $3\frac{1}{6}$ 분이 걸리고, 나무를 한 번 자른 다음 $1\frac{2}{5}$ 분 동안 쉽니다. 같은 빠르기로 나무 1개를 5도막으로 자르는 데 걸리는 시간은 몇 분 몇 초인가요?

( )

몇 번 자르고 몇 번 쉬게 되는지 알아봅니다.

4 종이테이프를 경민이는 $1\dfrac{7}{12}$ m, 지효는 $2\dfrac{8}{15}$ m만큼 가지고 있습니다. 경민이는 상자를 꾸미는 데 2 m의 종이테이프가 필요하여 지효에게 부족한 만큼 빌렸습니다. 지효가 경민이에게 빌려주고 남은 종이테이프의 길이는 몇 m인가요?

( )

> **고수 비법**
>
> 경민이가 더 필요한 종이테이프의 길이를 알아봅니다.

5 호진이가 어제 역사책을 한 권 사서 전체의 $\dfrac{1}{3}$을 읽고 오늘 전체의 $\dfrac{2}{5}$를 읽었더니 48쪽이 남았습니다. 이 역사책은 모두 몇 쪽인가요?

( )

> 어제와 오늘 읽지 않은 역사책의 양은 얼마인지 알아봅니다.

6 무게가 같은 사과 5개를 담은 바구니의 무게는 $4\dfrac{8}{15}$ kg입니다. 사과 3개를 먹고 난 후 바구니의 무게를 재어 보니 $2\dfrac{1}{3}$ kg이었습니다. 사과 1개가 담긴 바구니의 무게는 몇 kg인가요?

( )

> 사과 3개의 무게를 먼저 구합니다.

7 두 진분수 ㉠과 ㉡이 있습니다. ㉠의 분모와 분자를 바꾸어 ㉡과 더하면 $1\frac{5}{7}$가 되고 ㉡의 분자와 분모를 바꾸어 ㉠과 더하면 $3\frac{1}{9}$이 됩니다. ㉠과 ㉡의 차를 구해 보세요. (단, $1\frac{5}{7}$와 $3\frac{1}{9}$은 약분한 결과가 아닙니다.)

(   )

> **고수 비법**
>
> 합을 보고 두 분수의 분모가 될 수 있는 수를 알아봅니다.

8 길이가 $5\frac{2}{5}$ m인 막대로 바닥이 평평한 저수지의 깊이를 재려고 합니다. 막대를 저수지 바닥에 수직으로 닿도록 넣었다가 꺼낸 후 다시 거꾸로 저수지 바닥에 수직으로 닿도록 넣었다가 꺼냈더니 젖지 않은 부분이 $1\frac{4}{7}$ m였습니다. 이 저수지의 깊이는 몇 m인가요?

(   )

> 막대 그림을 그려 저수지의 깊이를 구해 봅니다.

창의·융합 UP

9 고대 그리스의 수학자 디오판토스의 묘비에는 다음과 같은 글이 있습니다. 디오판토스는 몇 살까지 산 것인지 구해 보세요.

(수학+사회)

> 디오판토스는 일생의 $\frac{1}{6}$을 소년으로 보냈고 일생의 $\frac{1}{12}$을 청년으로 보냈다. 다시 일생의 $\frac{1}{7}$이 지나서 결혼을 하였으며 결혼한 지 5년 만에 귀한 아들을 얻었다. 그러나 가엾은 아들은 아버지 일생의 반밖에 살지 못했다. 아들을 먼저 보내고 깊은 슬픔에 빠진 그는 그 뒤 4년 뒤 일생을 마쳤다.

(   )

> 결혼할 때까지가 일생의 몇 분의 몇인지 알아봅니다.

1 계산해 보세요.

(1) $\dfrac{3}{8} + \dfrac{7}{12}$ (2) $1\dfrac{2}{9} + 2\dfrac{5}{6}$

2 다음 중 분수의 합이 1보다 큰 것을 찾아 기호를 써 보세요.

$\bigcirc\ \dfrac{5}{12} + \dfrac{3}{10}$ $\bigcirc\ \dfrac{2}{5} + \dfrac{4}{9}$ $\bigcirc\ \dfrac{4}{7} + \dfrac{5}{9}$

(   )

중요

3 계산 결과를 비교하여 $\bigcirc$ 안에 >, =, <를 알맞게 써넣으세요.

$$3\dfrac{1}{6} + 2\dfrac{4}{9} \ \bigcirc\ 1\dfrac{3}{4} + 4\dfrac{1}{2}$$

4 빈칸에 알맞은 분수를 써넣으세요.

$-$	$\dfrac{3}{4}$	$\dfrac{3}{5}$	$\dfrac{5}{7}$
$\dfrac{11}{12}$			

5 다음 수보다 $\dfrac{5}{12}$ 만큼 더 작은 수를 구해 보세요.

$\dfrac{1}{8}$ 이 5개인 수

(   )

6 $\square$ 안에 알맞은 수를 써넣으세요.

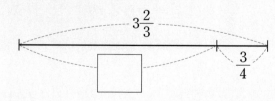

7 소라가 대전을 가는 데 버스를 $1\frac{1}{3}$시간, 기차를 $2\frac{2}{5}$시간을 탔습니다. 버스와 기차를 탄 시간은 모두 몇 시간인가요?

(   )

중요
8 가장 큰 수와 가장 작은 수의 합을 구해 보세요.

$2\frac{4}{5}$	$4\frac{1}{3}$	$7\frac{5}{7}$	$5\frac{3}{10}$

(   )

9 다음 삼각형의 세 변의 길이의 합은 몇 cm인가요?

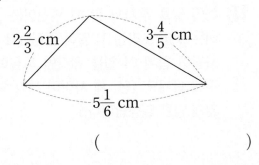

(   )

10 ㉠에 들어갈 수를 구해 보세요.

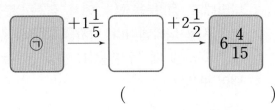

(   )

11 □ 안에 들어갈 수 있는 자연수를 모두 구해 보세요.

$$5\frac{5}{6}-3\frac{3}{8}<\square<7\frac{1}{12}-1\frac{7}{10}$$

(   )

12 우유가 가득 들어 있는 병의 무게는 $1\frac{1}{5}$ kg입니다. 지윤이가 전체의 반을 마시고 우유병의 무게를 재었더니 $\frac{6}{7}$ kg이었습니다. 빈병의 무게는 몇 kg인가요?

(   )

창의·융합 수학+음악

13 점4분음표(♩.)에서 '점'은 4분음표의 반 박자를 나타내고, 점2분음표(♩.)에서 '점'은 2분음표의 반 박자를 나타냅니다. 박자를 보기 와 같이 분수로 나타낼 때 점8분음표(♪.)를 분수로 나타내어 보세요.

보기

$$4분음표(♩) \quad \frac{1}{4} \qquad 2분음표(♩) \quad \frac{1}{2}$$

(   )

14 주스를 ㉮ 컵에는 $\frac{3}{8}$ 컵 담았고, ㉯ 컵에는 ㉮ 컵보다 $\frac{1}{6}$ 컵 적게 담았습니다. ㉮와 ㉯ 컵에 담은 주스는 모두 몇 컵인지 구해 보세요. (단, ㉮ 컵과 ㉯ 컵의 모양과 크기는 같습니다.)

(   )

중요
15 합이 $4\frac{7}{9}$ 이고 차가 $2\frac{1}{3}$ 인 두 수를 구해 보세요.
(   ), (   )

16 지유 방 책장에는 동화책, 위인전, 역사책이 있습니다. 동화책은 전체의 $\frac{1}{3}$, 위인전은 전체의 $\frac{4}{7}$ 입니다. 나머지는 모두 역사책이라면 역사책은 전체의 얼마인지 구해 보세요.

(   )

17 $\frac{8}{21}$ 을 서로 다른 세 개의 단위분수의 합으로 나타내어 보세요.

$$\frac{8}{21} = (\qquad\qquad\qquad)$$

18 어떤 일을 혼자서 할 때 민선이는 18일, 윤민이는 9일, 소라는 12일이 걸린다고 합니다. 세 사람이 함께 이 일을 한다면 며칠이 걸리는지 구해 보세요. (단, 세 사람이 각각 하루에 하는 일의 양은 일정합니다.)

(   )

19 민수는 다음과 같이 잘못 계산했습니다. 계산이 잘못된 이유를 쓰고, 옳게 고쳐 계산해 보세요.

$$\frac{4}{5}+\frac{3}{4}=\frac{4\times1}{5\times4}+\frac{3\times5}{4\times5}=\frac{4}{20}+\frac{15}{20}=\frac{19}{20}$$

이유 _____

$$\frac{4}{5}+\frac{3}{4}= \text{_____}$$

20 슬기와 유진이는 각자 가지고 있는 수 카드를 한 번씩만 사용하여 가장 작은 대분수를 만들려고 합니다. 두 사람이 만들 수 있는 가장 작은 대분수의 합은 얼마인지 풀이 과정을 쓰고 답을 구해 보세요.

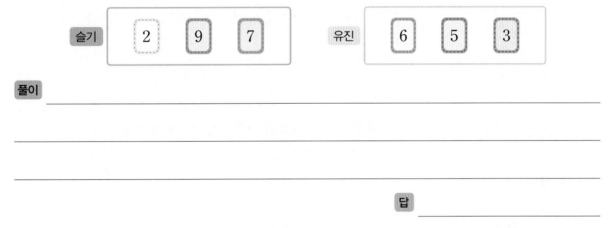

풀이 _____

_____

_____

답 _____

21 선우네 집에서 시장을 가려면 약국을 지나야 합니다. 선우네 집에서 약국까지 $1\frac{4}{9}$ km이고, 약국에서 시장까지 $\frac{7}{12}$ km입니다. 선우네 집에서 시장까지의 거리가 2 km보다 가까우면 걸어가고, 2 km가 넘으면 자전거를 타고 가려고 합니다. 선우네 집에서 시장까지 어느 방법으로 가면 좋을지 풀이 과정을 쓰고 답을 구해 보세요.

풀이 _____

_____

_____

답 _____

서술형 문제

22 □ 안에 들어갈 수 있는 가장 작은 자연수는 몇인지 풀이 과정을 쓰고 답을 구해 보세요.

$$1 < 2\frac{11}{18} - \frac{\square}{12} < 1\frac{7}{24}$$

풀이

답

23 다음 식의 계산 결과를 구하는 풀이 과정을 쓰고 답을 구해 보세요.

$$\frac{1}{2} + \frac{1}{3} + \frac{2}{3} + \frac{1}{4} + \frac{2}{4} + \frac{3}{4} + \cdots\cdots + \frac{9}{10}$$

풀이

답

6

다각형의 둘레와 넓이

6 다각형의 둘레와 넓이

1 다각형의 둘레 구하기

(둘레)＝(도형의 테두리를 한 바퀴 돈 길이)＝(모든 변의 길이의 합)

• **정다각형의 둘레**

정다각형은 모든 변의 길이가 같습니다.

⇨ (정다각형의 둘레)＝(한 변의 길이)×(변의 수)

• **직사각형, 평행사변형의 둘레**

직사각형과 평행사변형은 길이가 같은 변이 2쌍입니다.

⇨ (직사각형의 둘레)＝(가로＋세로)×2

　(평행사변형의 둘레)＝(한 변의 길이＋다른 한 변의 길이)×2

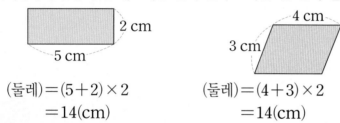

$$(둘레)＝(5＋2)×2$$
$$＝14(cm)$$

$$(둘레)＝(4＋3)×2$$
$$＝14(cm)$$

• **마름모의 둘레**

마름모는 네 변의 길이가 모두 같습니다.

⇨ (마름모의 둘레)＝(한 변의 길이)×4

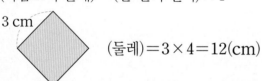

$$(둘레)＝3×4＝12(cm)$$

2 넓이의 단위 알아보기

$1\,cm^2$ 1 제곱센티미터	한 변의 길이가 1 cm인 정사각형의 넓이	1 cm / 1 cm $1\,cm^2$
$1\,m^2$ 1 제곱미터	한 변의 길이가 1 m인 정사각형의 넓이	1 m / 1 m $1\,m^2$
$1\,km^2$ 1 제곱킬로미터	한 변의 길이가 1 km인 정사각형의 넓이	1 km / 1 km $1\,km^2$

개념 PLUS⁺

▶ **한 변의 길이가 3 cm인 정다각형**

(정삼각형의 둘레)＝$3×3＝9(cm)$

(정사각형의 둘레)＝$3×4＝12(cm)$

(정오각형의 둘레)＝$3×5＝15(cm)$

(정육각형의 둘레)＝$3×6＝18(cm)$

▶ **넓이 단위 사이의 관계**

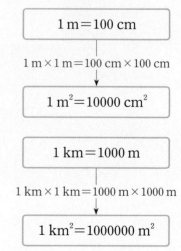

$$1\,m＝100\,cm$$

$$1\,m×1\,m＝100\,cm×100\,cm$$

$$1\,m^2＝10000\,cm^2$$

$$1\,km＝1000\,m$$

$$1\,km×1\,km＝1000\,m×1000\,m$$

$$1\,km^2＝1000000\,m^2$$

3 **다각형의 넓이 구하기**

- **직사각형의 넓이**

  (직사각형의 넓이)＝(가로)×(세로)

  (정사각형의 넓이)＝(가로)×(세로)

  　　　　　　　　＝(한 변의 길이)×(한 변의 길이) → 정사각형은 가로와 세로의 길이가 같습니다.

  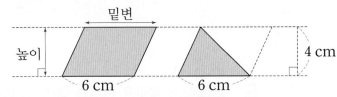

  2 cm
  4 cm

  4 cm
  4 cm

  (넓이)＝4×2＝8(cm²)　　　(넓이)＝4×4＝16(cm²)

- **평행사변형과 삼각형의 넓이**

  밑변
  높이
  4 cm
  6 cm　　6 cm

  (평행사변형의 넓이)＝(밑변의 길이)×(높이)
  　　　　　　　　　　＝6×4＝24(cm²)
  (삼각형의 넓이)＝(밑변의 길이)×(높이)÷2
  　　　　　　　＝6×4÷2＝12(cm²)

- **마름모의 넓이**

  (마름모의 넓이)＝(한 대각선의 길이)×(다른 대각선의 길이)÷2

  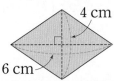

  4 cm
  6 cm

  (넓이)＝6×4÷2＝12(cm²)

  → 마름모의 넓이는 두 대각선의 길이를 가로, 세로로 하는 직사각형의 넓이의 반과 같습니다.

- **사다리꼴의 넓이**

  (사다리꼴의 넓이)＝(윗변의 길이＋아랫변의 길이)×(높이)÷2

  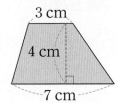

  3 cm
  4 cm
  7 cm

  (넓이)＝(3＋7)×4÷2＝20(cm²)

개념 PLUS⁺

▸ 선이 모이면 면이 됩니다.
따라서 면의 크기 즉, 다각형의 넓이는 가로 길이의 선분이 세로 길이만큼 모인 크기와 같습니다.

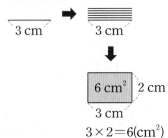

3 cm　　3 cm

6 cm²　2 cm
3 cm

3×2＝6(cm²)

▸ **평행사변형**
　• 밑변: 평행한 두 변
　• 높이: 두 밑변 사이의 거리

▸ **삼각형**
　• 밑변: 삼각형의 한 변
　• 높이: 밑변과 마주 보는 꼭짓점에서 밑변에 수직으로 그은 선분의 길이
　• 삼각형(또는 평행사변형)의 밑변과 높이가 같으면 모양이 다르더라도 넓이는 같습니다.

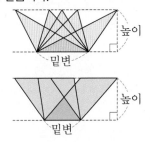

높이
밑변

높이
밑변

▸ 사다리꼴 2개를 이어 붙이면 평행사변형이 됩니다.

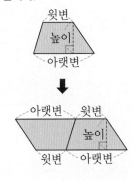

윗변
높이
아랫변

아랫변　윗변
높이
윗변　아랫변

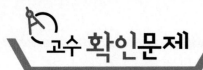

다각형의 둘레 구하기

1 정다각형의 둘레를 구해 보세요.

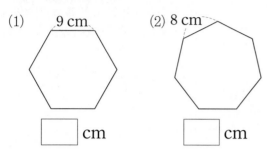

(1) 9 cm

(2) 8 cm

[ ] cm

[ ] cm

다각형의 둘레 구하기

2 평행사변형의 둘레를 구해 보세요.

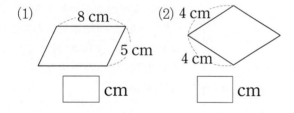

(1) 8 cm / 5 cm

(2) 4 cm / 4 cm

[ ] cm

[ ] cm

넓이의 단위 알아보기

3 □ 안에 알맞은 수를 써넣으세요.

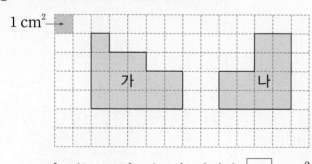

1 cm²

가   나

도형 가는 도형 나보다 넓이가 [ ] cm² 만큼 더 넓습니다.

다각형의 넓이 구하기

4 가로가 15 cm, 세로가 20 cm인 직사각형 모양의 도화지가 있습니다. 이 도화지의 넓이는 몇 cm²인가요?

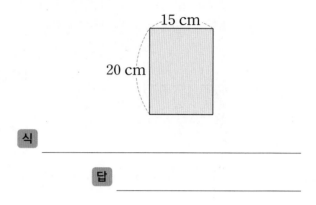

15 cm

20 cm

식 _____

답 _____

넓이의 단위 알아보기

5 보기 에서 알맞은 단위를 골라 □ 안에 써넣으세요.

보기

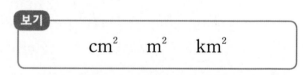

cm²   m²   km²

• 서울의 면적은 605 [ ] 입니다.

• 테니스 경기장의 넓이는 264 [ ] 입니다.

다각형의 넓이 구하기

6 평행사변형의 넓이를 구하는 데 필요한 길이에 모두 ○표 하고, 넓이를 구해 보세요.

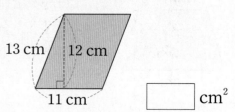

13 cm   12 cm

11 cm

[ ] cm²

7 다각형의 넓이 구하기

평행사변형의 넓이를 이용하여 삼각형의 넓이를 구하려고 합니다. 제시된 도형과 같은 삼각형을 하나 더 그려서 평행사변형을 만들고, 삼각형의 넓이를 구해 보세요.

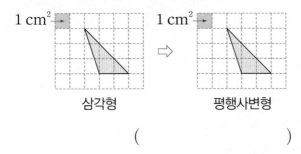

삼각형   평행사변형

(   )

8 다각형의 넓이 구하기

직선 가와 나는 서로 평행합니다. 평행사변형의 넓이가 다른 하나를 찾아 기호를 써 보세요.

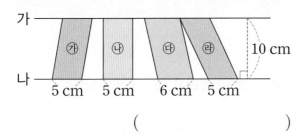

(   )

9 다각형의 넓이 구하기

넓이가 6 cm^2인 삼각형을 서로 다른 모양으로 2개 그려 보세요.

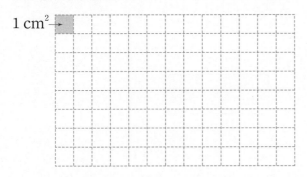

10 다각형의 넓이 구하기

마름모의 넓이를 구해 보세요.

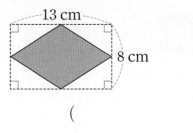

(   )

11 다각형의 넓이 구하기

사다리꼴의 넓이를 구하는 방법을 이야기하고 있습니다. 바르게 말한 사람은 누구인가요?

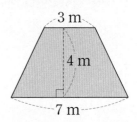

준수: 나는 삼각형 2개로 나누어 넓이를 구할 거야. 하나는 3×4, 다른 하나는 7×4로 구하면 돼.

민아: 윗변의 길이와 아랫변의 길이의 합은 10 m, 높이가 4 m이니까 넓이는 $10 \times 4 \div 2$로 구하면 돼.

(   )

12 다각형의 넓이 구하기

사다리꼴의 넓이가 72 cm^2일 때, ☐ 안에 알맞은 수를 써넣으세요.

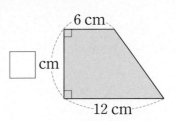

STEP 1 고수 대표유형문제

1 직사각형과 정사각형의 둘레와 넓이 구하기

| 대표문제 | 다음 직사각형과 정사각형의 넓이가 같을 때, 정사각형의 둘레는 몇 cm인가요? |

25 cm
16 cm

(   )

풀이		
[1단계] 직사각형의 넓이 구하기	(직사각형의 넓이)=25×16=☐(cm²)
[2단계] 정사각형의 한 변의 길이 구하기	(직사각형의 넓이)=(정사각형의 넓이)=☐cm²이고 (한 변의 길이)×(한 변의 길이)=400에서 400=20×☐이므로 정사각형의 한 변의 길이는 ☐cm입니다.
[3단계] 정사각형의 둘레 구하기	(정사각형의 둘레)=(한 변의 길이)×4=☐×4=☐(cm)

유제 1 다음 직사각형과 정사각형의 넓이가 같을 때, 정사각형의 둘레는 몇 cm인가요?

12 cm
27 cm

(   )

유제 2 다음 정사각형과 직사각형의 둘레가 같고 직사각형의 가로는 19 cm입니다. 직사각형의 넓이는 몇 cm²인가요?

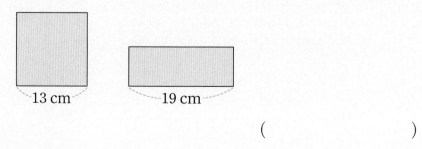

13 cm   19 cm

(   )

2 여러 가지 도형의 넓이 구하기

 대표 문제 오른쪽 도형의 넓이는 몇 cm^2인가요?

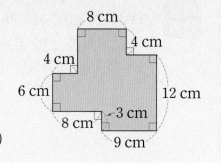

(   )

풀이		
[1단계] 직사각형을 만들어 색칠하지 않은 부분의 넓이 구하기	길이가 같은 변을 이용하여 도형을 둘러싼 직사각형을 만듭니다. ㉠$=4×7=28(cm^2)$ ㉡$=8×3=\boxed{}(cm^2)$ ㉢$=5×4=\boxed{}(cm^2)$	(그림)
[2단계] 색칠한 부분의 넓이 구하기	(색칠한 부분의 넓이) $=$(큰 직사각형의 넓이)$-$(색칠하지 않은 부분의 넓이) $=(8+9)×(4+12)-(28+\boxed{}+\boxed{})$ $=272-\boxed{}=\boxed{}(cm^2)$	

유제 3 오른쪽 도형의 넓이는 몇 cm^2인가요?

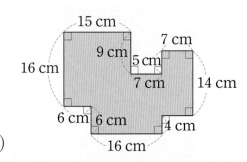

(   )

유제 4 오른쪽 도형의 넓이는 몇 cm^2인가요?

(   )

3 겹쳐진 부분의 넓이 구하기

대표문제 가로가 26 cm, 세로가 8 cm인 직사각형 모양의 종이 2장을 그림과 같이 겹쳐 놓았습니다. 겹쳐진 부분의 넓이는 몇 cm²인가요?

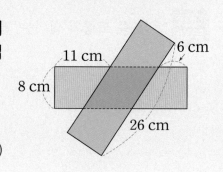

(   )

풀이		
[1단계] 겹쳐진 부분의 모양 알기	겹쳐진 부분은 마주 보는 두 쌍의 변이 서로 평행하므로 (사다리꼴 , 평행사변형)입니다.	
[2단계] 겹쳐진 부분의 넓이 구하기	평행사변형의 밑변은 $26-11-6=\boxed{}$(cm)이고, 높이는 $\boxed{}$ cm입니다. (겹쳐진 부분의 넓이)=(평행사변형의 넓이) $=9\times\boxed{}=\boxed{}$(cm²)	

유제 5 가로가 18 cm, 세로가 6 cm인 직사각형 모양의 종이 2장을 오른쪽 그림과 같이 겹쳐 놓았습니다. 겹쳐진 부분의 넓이는 몇 cm²인가요?

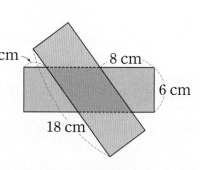

(   )

Up! 유제 6 가로 34 cm, 세로 9 cm인 직사각형 모양의 종이를 오른쪽과 그림과 같이 접었습니다. 겹쳐진 부분의 넓이는 몇 cm²인가요?

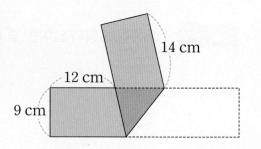

(   )

4 색칠한 부분의 넓이 구하기

대표문제 마름모 ㄱㄴㄷㄹ에서 선분 ㄱㅈ, 선분 ㄴㅈ, 선분 ㄷㅈ, 선분 ㄹㅈ의 한가운데 점을 각각 이어 마름모 ㅁㅂㅅㅇ을 그린 것입니다. 색칠한 부분의 넓이는 몇 cm²인가요?

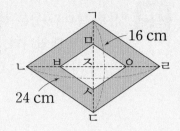

( )

| 풀이 |	
[1단계] 마름모 ㄱㄴㄷㄹ의 넓이 구하기	마름모 ㄱㄴㄷㄹ은 한 대각선이 24 cm, 다른 대각선이 16 cm 이므로 넓이는 $24 \times 16 \div 2 = \boxed{}$ (cm²)입니다.
[2단계] 마름모 ㅁㅂㅅㅇ의 넓이 구하기	마름모 ㅁㅂㅅㅇ의 각 대각선은 마름모 ㄱㄴㄷㄹ의 각 대각선 길이의 $\frac{1}{2}$이므로 한 대각선은 $24 \div 2 = 12$(cm), 다른 대각선은 $16 \div 2 = \boxed{}$(cm)입니다. (마름모 ㅁㅂㅅㅇ의 넓이)$= 12 \times 8 \div 2 = \boxed{}$(cm²)
[3단계] 색칠한 부분의 넓이 구하기	(색칠한 부분의 넓이)$= 192 - \boxed{} = \boxed{}$(cm²)

유제 7 마름모 ㄱㄴㄷㄹ에서 점 ㅁ, 점 ㅂ은 각각 선분 ㄴㅅ, 선분 ㄹㅅ의 한가운데 점입니다. 색칠한 부분의 넓이는 몇 cm²인가요?

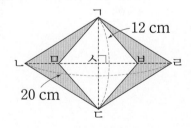

( )

Up 유제 8 지름이 20 cm인 원 안에 그릴 수 있는 가장 큰 마름모를 그리고 마름모 각 변의 한가운데 점을 이어 정사각형을 그린 것입니다. 색칠한 부분의 넓이는 몇 cm²인가요?

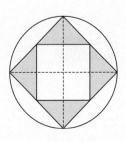

( )

5 부분의 넓이를 이용하여 전체 도형의 넓이 구하기

대표문제 선분 ㄱㅁ과 선분 ㅁㄹ의 길이가 같고, 선분 ㅂㄷ의 길이는 선분 ㄴㅂ의 2배입니다. 평행사변형 ㄱㄴㅂㅁ의 넓이가 $112 \ cm^2$ 일 때 사다리꼴 ㄱㄴㄷㄹ의 넓이는 몇 cm^2인가요?

(　　　　　　　　)

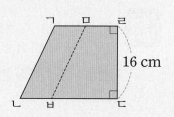

풀이		
[1단계] 선분 ㄱㅁ의 길이 구하기	평행사변형 ㄱㄴㅂㅁ의 넓이가 $112 \ cm^2$이고 높이가 16 cm이므로 (선분 ㄱㅁ)=(선분 ㄴㅂ)=112÷16=☐(cm)입니다.	
[2단계] 변 ㄱㄹ, 변 ㄴㄷ의 길이 구하기	(선분 ㄱㅁ)=(선분 ㅁㄹ)이므로 (변 ㄱㄹ)=7×2=☐(cm), (선분 ㅂㄷ)=(선분 ㄴㅂ)×2이므로 (변 ㄴㄷ)=(선분 ㄴㅂ)×3=7×3=☐(cm)입니다.	
[3단계] 사다리꼴 ㄱㄴㄷㄹ의 넓이 구하기	(사다리꼴 ㄱㄴㄷㄹ의 넓이)=(14+21)×16÷2 =☐(cm^2)	

유제 9 선분 ㅁㄹ은 선분 ㄱㅁ의 2배입니다. 평행사변형 ㄱㄴㄷㄹ의 넓이가 $54 \ cm^2$일 때 사다리꼴 ㄱㄴㄷㅁ의 넓이는 몇 cm^2인가요?

(　　　　　　　　)

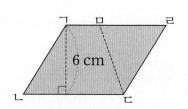

유제 10 선분 ㄱㅁ은 선분 ㅁㄹ의 3배입니다. 삼각형 ㄱㄴㅁ의 넓이가 $12 \ cm^2$일 때 평행사변형 ㄱㄴㄷㄹ의 넓이는 몇 cm^2인가요?

(　　　　　　　　)

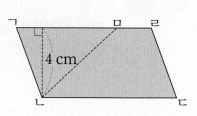

6 높이를 구하여 넓이 구하기

 대표문제 오른쪽 사다리꼴 ㄱㄴㄷㄹ의 넓이는 몇 cm²인가요?

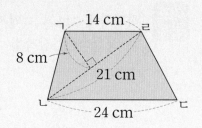

(   )

| 풀이 |

[1단계] 삼각형 ㄱㄴㄹ의 넓이 구하기	삼각형 ㄱㄴㄹ의 밑변을 21 cm라 할 때 높이는 8 cm이므로 넓이는 21×8÷2=☐(cm²)입니다.
[2단계] 삼각형 ㄱㄴㄹ의 밑변을 14 cm라 할 때 높이 구하기	삼각형 ㄱㄴㄹ의 밑변을 14 cm라 할 때 높이를 ■ cm라고 하면 넓이가 84 cm²이므로 14×■÷2=84, ■=84×2÷14=☐(cm)입니다.
[3단계] 사다리꼴의 넓이 구하기	따라서 사다리꼴 ㄱㄴㄷㄹ의 높이도 12 cm이므로 넓이는 (14+24)×☐÷2=☐(cm²)입니다.

유제 11 오른쪽 사다리꼴 ㄱㄴㄷㄹ의 넓이는 몇 cm²인가요?

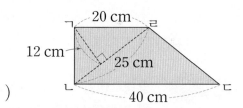

(   )

 유제 12 선분 ㄱㅁ과 선분 ㄴㅂ의 길이는 같고, 변 ㄱㄹ의 길이는 변 ㄴㄷ의 길이보다 7 cm 짧습니다. 사다리꼴 ㄱㄴㄷㄹ의 넓이는 몇 cm²인가요?

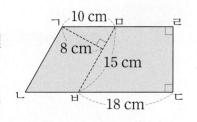

(   )

7 넓이의 관계

대표문제 직사각형 ㄱㄴㄷㄹ에서 점 ㅁ, 점 ㅂ은 대각선 ㄱㄷ을 3등분한 점입니다. 삼각형 ㄹㅁㅂ의 넓이는 몇 cm²인지 구해 보세요.

( )

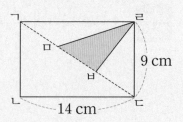

14 cm, 9 cm

풀이		
[1단계] 직사각형 ㄱㄴㄷㄹ의 넓이 구하기	(직사각형 ㄱㄴㄷㄹ의 넓이)$=14 \times 9 =$ ☐ (cm²)	
[2단계] 삼각형 ㄹㅁㅂ의 넓이와 사각형 ㄱㄴㄷㄹ의 넓이의 관계 알아보기	선분 ㅁㅂ, 선분 ㄱㄷ을 두 삼각형의 각 밑변이라 할 때 높이는 같습니다. → 삼각형 ㄹㅁㅂ, 삼각형 ㄹㄱㄷ (삼각형 ㄹㄱㄷ의 넓이) $=$ (삼각형 ㄹㅁㅂ의 넓이) $\times$ ☐ (직사각형 ㄱㄴㄷㄹ의 넓이)$=$(삼각형 ㄹㄱㄷ의 넓이) $\times 2$ ⇨ (직사각형 ㄱㄴㄷㄹ의 넓이)$=$(삼각형 ㄹㅁㅂ의 넓이) $\times$ ☐	
[3단계] 삼각형 ㄹㅁㅂ의 넓이 구하기	(삼각형 ㄹㅁㅂ의 넓이)$=$(직사각형 ㄱㄴㄷㄹ의 넓이)$\div 6$ $=126 \div$ ☐ $=$ ☐ (cm²)	

유제 13 평행사변형 ㄱㄴㄷㄹ에서 변 ㄷㄹ은 선분 ㅁㅂ의 3배입니다. 색칠한 부분의 넓이는 몇 cm²인가요?

( )

10 cm, 15 cm

Up! 유제 14 직사각형 ㄱㄴㄷㄹ에서 점 ㅂ은 선분 ㄹㅁ의 한가운데 점입니다. 색칠한 부분의 넓이는 몇 cm²인가요?

( )

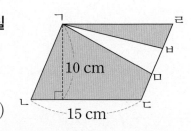

12 cm, 18 cm

1 평행사변형 ㄱㄴㄷㄹ에서 삼각형 ㄱㄴㅁ의 넓이가 24 cm²일 때, 사다리꼴 ㄱㅁㄷㄹ의 넓이는 몇 cm²인가요?

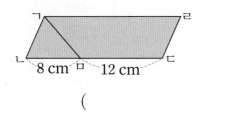

( )

2 색칠한 부분의 넓이는 몇 cm²인가요?

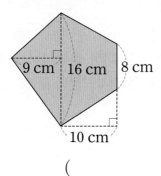

( )

3 둘레가 96 cm인 정사각형 모양의 색종이를 그림과 같이 똑같은 직사각형 모양으로 잘랐습니다. 작은 직사각형 한 개의 둘레는 몇 cm인가요?

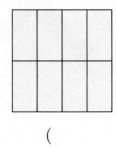

( )

중요 4 오른쪽 삼각형에서 색칠한 부분의 넓이는 몇 cm²인가요?

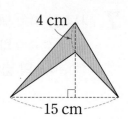

( )

5 직사각형 모양의 종이를 직각으로 잘라 내어 만든 도형입니다. 도형의 둘레는 몇 cm인가요?

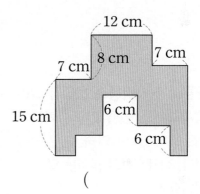

( )

6 크기가 같은 정사각형을 겹치지 않게 이어 붙여서 만든 도형입니다. 이 도형의 둘레가 66 cm일 때 넓이는 몇 cm²인가요?

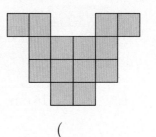

( )

7 사각형 ㅂㄷㄹㅁ은 평행사변형입니다. 사다리꼴 ㄴㄷㄹㅁ의 넓이가 144 cm²일 때 마름모 ㄱㄴㄷㅂ의 넓이는 몇 cm²인가요?

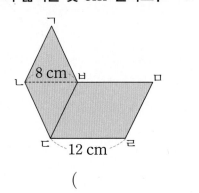

(   )

중요
8 오른쪽 정사각형과 둘레가 같은 직사각형을 만들었더니 가로가 세로보다 8 cm만큼 더 길었습니다. 직사각형의 넓이는 몇 cm²인가요?

21 cm

(   )

9 정사각형과 직사각형을 겹쳐 놓은 것입니다. 도형에서 색칠한 부분의 넓이는 몇 cm²인가요?

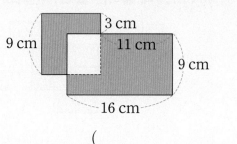

(   )

10 삼각형 ㄱㄴㄷ의 넓이가 27 cm²일 때, 삼각형 ㄱㄹㅁ의 넓이는 몇 cm²인지 구해 보세요.

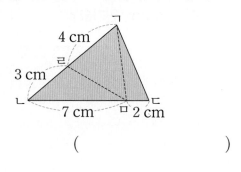

(   )

11 넓이가 121 cm²인 정사각형 3개를 겹치지 않게 한 줄로 이어 붙여서 직사각형을 만들었습니다. 만든 직사각형의 둘레는 몇 cm인가요?

(   )

12 정사각형 모양의 종이 위에 여러 가지 색종이 조각을 붙인 것입니다. 가는 정사각형이고, 라는 이등변삼각형입니다. 나와 다의 넓이를 각각 구해 보세요.

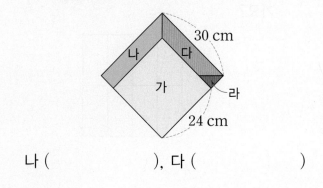

나 (   ), 다 (   )

중요
13 어느 공원에서 색칠한 부분과 같이 잔디를 깔고, 일정한 폭으로 길을 만들었다면 잔디를 깐 부분의 넓이의 합은 몇 m²인가요?

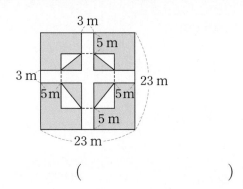

( )

14 정사각형의 대각선을 4 cm씩 늘여 가며 겹쳐서 그린 것입니다. 이 도형의 넓이는 몇 cm²인가요?

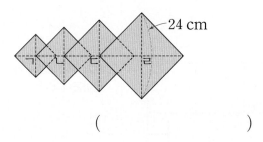

( )

15 정사각형을 겹치지 않게 이어 붙인 것입니다. 색칠한 부분의 넓이는 몇 cm²인가요?

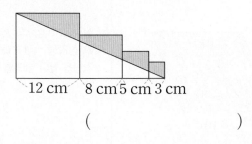

( )

16 직사각형 ㄱㄴㄷㄹ과 평행사변형 ㄱㅁㅂㄹ을 겹쳐 놓은 것입니다. 색칠한 도형 전체의 넓이가 159 cm²일 때 선분 ㅅㄷ은 몇 cm인가요?

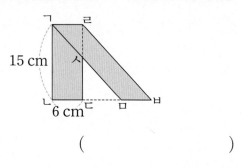

( )

17 한 대각선이 9 cm인 마름모와 한 변이 12 cm인 정사각형을 겹쳐 놓은 것입니다. 마름모의 넓이는 겹쳐진 부분의 3배이고, 정사각형의 넓이는 겹쳐진 부분의 8배입니다. 마름모의 다른 대각선의 길이는 몇 cm인가요?

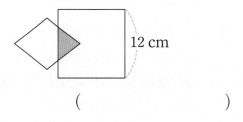

( )

18 사각형 ㄱㄴㅁㄹ과 사각형 ㄱㅁㄷㄹ은 평행사변형입니다. 사다리꼴 ㄱㄴㄷㄹ의 넓이는 몇 cm²인가요?

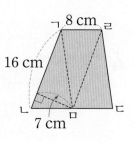

( )

1 오른쪽 사다리꼴 ㄱㄴㄷㄹ에서 사각형 ㄱㄴ ㅁㄹ과 삼각형 ㅁㄴㄷ의 넓이가 같을 때 사 다리꼴 ㄱㄴㄷㄹ의 높이는 몇 cm인가요?

( )

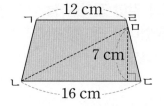

삼각형 ㅁㄴㄷ의 넓이를 먼저 구해 봅니다.

2 사다리꼴 ㄱㄴㄷㄹ의 넓이는 삼 각형 ㄱㄴㅁ의 넓이의 5배입니 다. 선분 ㅁㄷ의 길이는 몇 cm인 가요?

( )

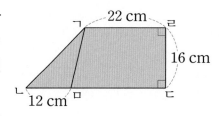

사다리꼴 ㄱㅁㄷㄹ의 넓이와 삼각형 ㄱㄴㅁ의 넓이의 관계를 알아봅니다.

3 세 종류의 정사각형을 겹치지 않게 이어 붙여서 만든 직사각형입니다. 색칠한 정 사각형의 넓이가 49 cm²일 때 직사각형 의 둘레는 몇 cm인가요?

( )

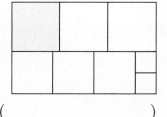

먼저 직사각형의 가로가 몇 cm인지 알아봅니다.

4 평행사변형 ㄱㄴㄷㄹ에서 삼각형 ㄱㅁㅂ의 넓이가 40 m²일 때 삼각형 ㄹㅂㄷ의 넓 이는 몇 m²인가요?

( )

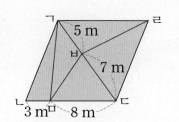

삼각형 ㄱㅁㅂ의 높이를 먼저 구한 후 삼각형 ㄱㅁㅂ과 높이가 같은 삼 각형을 찾아 넓이를 구해 봅니다.

경시 문제 맛보기

5 삼각형 ㄱㄴㄷ에서 점 ㄹ은 변 ㄴㄷ의 한가운데 점이고 점 ㅁ은 변 ㄱㄷ의 한가운데 점입니다. 삼각형 ㄱㄴㄹ의 넓이와 삼각형 ㄱㄴㅁ의 넓이가 같고 삼각형 ㄱㄴㄷ의 넓이가 186 cm²일 때 색칠한 부분의 넓이의 합은 몇 cm²인가요?

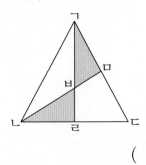

(   )

고수 비법

선분의 길이가 같은 것을 이용하여 넓이가 같은 삼각형을 찾고, 그중 공통된 부분의 넓이를 뺀 나머지 부분의 넓이를 비교해 봅니다.

창의・융합 UP

6 덴마크의 힘이라는 뜻의 '단네브로그(Dannebrog)'라고 불리는 덴마크 국기는 1219년부터 사용되어 온 세계에서 가장 오래된 국기입니다. 1219년 발데마르 빅토리우스 왕이 린다니세 전투에서 고전을 겪고 있을 때, 하늘에서 붉은 바탕의 하얀 십자가 모양의 깃발이 내려와 승리할 수 있었다는 전설에서 유래되었습니다. 직사각형 모양의 덴마크 국기에서 흰색 부분의 넓이는 몇 cm²인지 구해 보세요.

(수학+사회)

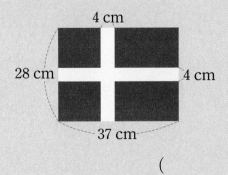

빨간색 부분을 붙였을 때의 넓이를 구해 봅니다.

(   )

1 직사각형의 둘레를 구해 보세요.

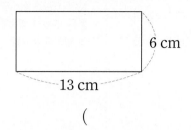

( )

2 단위넓이를 이용하여 색칠한 도형의 넓이를 구해 보세요.

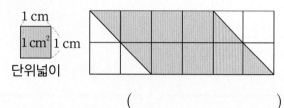

( )

3 직사각형에는 $1\,m^2$가 몇 번 들어가나요?

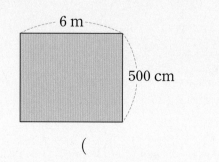

( )

4 보기 에서 알맞은 단위를 골라 □ 안에 써넣으세요.

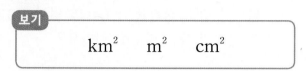

보기

$$km^2 \quad m^2 \quad cm^2$$

• 수영장의 넓이는 520 □ 입니다.

• 대전광역시의 면적은 539 □ 입니다.

5 다음 중에서 둘레가 가장 긴 도형부터 차례로 기호를 써 보세요.

> ㉠ 가로가 14 cm,
> 　세로가 8 cm인 직사각형
> ㉡ 한 변이 13 cm인 정사각형
> ㉢ 가로가 9 cm,
> 　세로가 16 cm인 직사각형

( )

중요
6 ○ 안에 >, =, <를 알맞게 써넣으세요.

⑴ 30000 cm² ○ 30 m²

⑵ 65000000 m² ○ 65 km²

7 마름모의 넓이가 88 cm²일 때, ☐ 안에 알맞은 수를 써넣으세요.

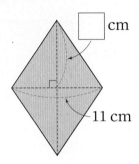

8 직사각형과 정사각형을 겹치지 않게 이어 붙인 것입니다. 직사각형의 넓이가 96 cm²일 때 정사각형의 둘레는 몇 cm인가요?

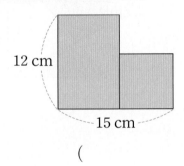

( )

9 밑변의 길이가 12 cm이고 넓이가 60 cm²인 삼각형이 있습니다. 이 삼각형의 밑변과 높이를 각각 3배로 늘인 삼각형의 넓이는 몇 cm²인지 구해 보세요.

( )

10 사각형 ㄱㄴㄷㄹ은 평행사변형입니다. 색칠한 부분의 넓이는 몇 cm²인가요?

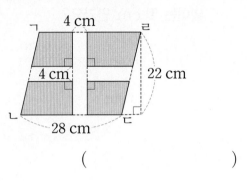

( )

중요
11 크기와 모양이 같은 사다리꼴 2개를 겹쳐 놓은 것입니다. 색칠한 부분의 넓이는 몇 cm²인가요?

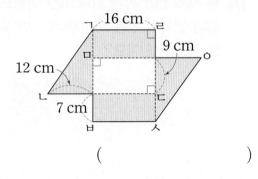

( )

12 삼각형 ㄱㄹㅁ과 삼각형 ㄷㄹㅁ의 넓이의 차는 12 cm²입니다. 삼각형 ㄷㄹㄴ의 넓이는 몇 cm²인가요?

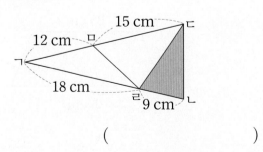

( )

13 정사각형 모양의 색종이와 직사각형의 모양의 색종이를 겹쳐 놓은 것입니다. 겹쳐진 부분의 넓이는 몇 cm²인가요?

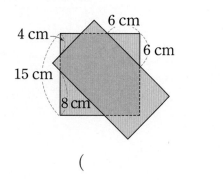

(   )

14 두 대각선이 각각 16 cm인 마름모를 그림과 같이 겹쳐서 만든 도형입니다. 이 도형의 넓이는 몇 cm²인가요?

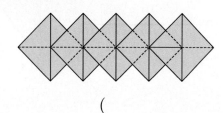

(   )

중요
15 사다리꼴 ㄱㄴㄷㄹ의 넓이는 360 cm²입니다. 선분 ㄱㅁ은 몇 cm인가요?

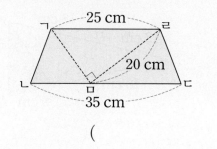

(   )

16 직사각형 ㄱㄴㄷㄹ에서 색칠한 부분의 넓이는 몇 cm²인가요?

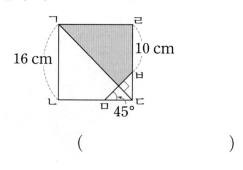

(   )

17 직사각형 ㄱㄴㄷㄹ에서 사각형 ㄱㅁㅂㅅ과 삼각형 ㅂㄴㄷ의 넓이가 같습니다. 직사각형 ㄱㄴㄷㄹ의 넓이는 몇 cm²인가요?

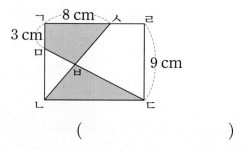

(   )

18 3가지 종류의 정사각형을 겹치지 않게 이어 붙인 것입니다. 색칠한 정사각형의 넓이가 25 cm²일 때 전체 직사각형의 넓이는 몇 cm²인가요?

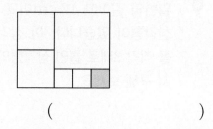

(   )

서술형 문제

19 평행사변형을 보고 알맞은 말을 써넣으세요.

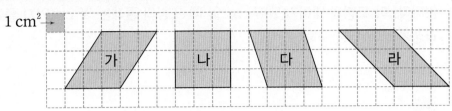

1 cm²

가 나 다 라

평행사변형 가, 나, 다, 라의 넓이는 모두 같습니다.

이유 왜냐하면 _____

_____

20 넓이가 192 m²인 직사각형의 한 변의 길이는 다른 한 변의 길이의 3배라고 합니다. 이 직사각형의 둘레는 몇 m인지 풀이 과정을 쓰고 답을 구해 보세요.

풀이 _____

_____

_____

답 _____

21 한 변이 15 cm인 정사각형 모양의 색종이를 직각으로 오려서 만든 모양입니다. 이 모양의 둘레는 몇 cm인지 풀이 과정을 쓰고 답을 구해 보세요.

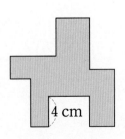

4 cm

풀이 _____

_____

답 _____

22 크기가 같은 정사각형 모양의 색종이를 겹치지 않게 이어 붙여 만든 도형입니다. 이 도형의 넓이가 108 cm²일 때 도형의 둘레는 몇 cm인지 풀이 과정을 쓰고 답을 구해 보세요.

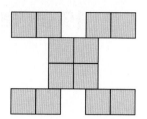

풀이 _____

_____

_____

_____

답 _____

23 크기가 서로 다른 정사각형 3개를 겹치지 않게 이어 붙여 만든 것입니다. 색칠한 부분의 넓이는 몇 cm²인지 풀이 과정을 쓰고 답을 구해 보세요.

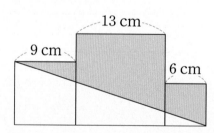

풀이 _____

_____

_____

_____

답 _____

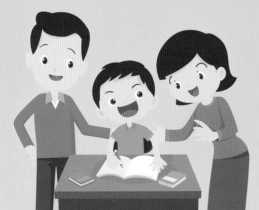

리딩튜터 시리즈의 새로운 변신

중·고등 독해서 1위
리딩튜터 시리즈

Junior
Reading
Tutor

예비중~중3

2018 전면 개정!

Reading
Tutor

예비고~고2

즐거운 독해가 만드는 실력의 차이, 주니어 리딩튜터

- 최신 트렌드를 반영한 다양하고 흥미로운 내용의 지문
- 독해 실력을 확실하게 향상시킬 수 있는 양질의 문제, 풍부한 배경지식, 서술형 문제 등 수록
- 영어 읽기 지수인 렉사일 지수 및 단어 수에 기반한 체계적인 단계 구성

고등 독해의 절대 자신감, 리딩튜터

- 독해 실력, 상식, 사고력을 한번에 잡을 수 있는 주제별 지문
- 지문 내용과 관련된 배경지식 수록
- 수능 및 내신의 최신 경향을 반영한 독해 문항 수록
- QR코드로 쉽게 활용할 수 있는 지문 MP3 제공
- 영어 읽기 지수인 렉사일 지수에 기반한 체계적인 단계 구성

중·고등 독해 1등 브랜드 리딩튜터 시리즈 **1700만부 돌파!**

5-1

정답과 해설

수학의 고수

초등 수학
5-1

수학의 고수

정답과 해설

1 자연수의 혼합 계산

고수 확인문제

7쪽

1 (1) 32 (2) 7　　**2** >　　**3**

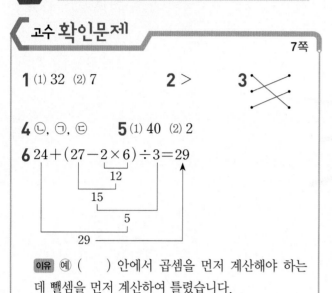

4 ㉢, ㉠, ㉡　　**5** (1) 40 (2) 2

6 $24+(27-2\times6)\div3=29$

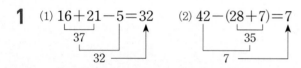

이유 예 ( ) 안에서 곱셈을 먼저 계산해야 하는데 뺄셈을 먼저 계산하여 틀렸습니다.

1 (1) $16+21-5=32$

(2) $42-(28+7)=7$

2 • $72\div9\times4=8\times4=32$
　• $72\div(9\times4)=72\div36=2$
　⇨ $32>2$

3 • $13+7\times8-6=13+56-6=69-6=63$
　• $(13+7)\times8-6=20\times8-6=160-6=154$
　• $13+7\times(8-6)=13+7\times2=13+14=27$

4 덧셈, 뺄셈, 나눗셈이 섞여 있는 식은 나눗셈을 먼저 계산하고 덧셈, 뺄셈을 앞에서부터 차례로 계산합니다.

5 (1) $8\times3-16\div4+20=40$

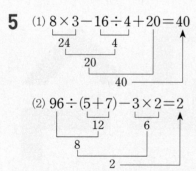

(2) $96\div(5+7)-3\times2=2$

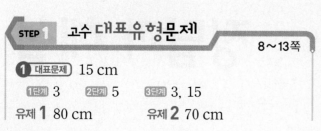

STEP 1 고수 대표유형문제

8～13쪽

1 대표문제 15 cm
1단계 3　　2단계 5　　3단계 3, 15
유제 1 80 cm　　유제 2 70 cm

2 대표문제 식 $6000\div5\times2+4500\div3=3900$
답 3900원
1단계 5　　2단계 3　　3단계 5, 3, 3900, 3900
유제 3 식 $3220\div7\times3+10800\div9\times5-5000$
$=2380$ 답 2380원
유제 4 식 $200-5\times21-4\times(38-21)=27$
답 27개

3 대표문제 21
1단계 5, 5, 5, 3, 7　　2단계 7, 7, 7, 7, 7, 7, 21
유제 5 57　　　　유제 6 5

4 대표문제 예 ×, +, ÷, −
1단계 5, 29, 21　　2단계 ×, +, ÷, −
유제 7 예 −, +, ÷ / ×, ÷, ÷ / $(4+4)\div(4+4)$
유제 8 예 ×, −, ÷, +

5 대표문제 38
1단계 4, 5
2단계 4, 5, 4, 30, 4, 150, 4, 152, 38, 38
유제 9 14　　　　유제 10 804

6 대표문제 $8+24\div8\times(7-2\times3)=11$
1단계 22, 53, 71, 11　　2단계 ㉣
유제 11 $5\times(3+4-2)\div5+1=6$
유제 12 $10\times(12+8\div4)-2$

유제 1 정사각형은 네 변의 길이가 모두 같으므로
(정사각형의 한 변의 길이)$=20\div4$입니다.
도형의 둘레는 정사각형의 한 변의 길이의 16배이므로
(도형의 둘레)=(정사각형의 한 변의 길이)×16
$=20\div4\times16=5\times16=80\text{(cm)}$

유제 2 • 정삼각형이 1개일 때 둘레:
$5\times(2+1)=15\text{(cm)}$
　• 정삼각형 2개를 이어 붙여 만든 도형의 둘레:
$5\times(2+2)=20\text{(cm)}$
　• 정삼각형 3개를 이어 붙여 만든 도형의 둘레:
$5\times(2+3)=25\text{(cm)}$
　• 정삼각형 4개를 이어 붙여 만든 도형의 둘레:
$5\times(2+4)=30\text{(cm)}$
　⇨ 정삼각형 12개를 이어 붙여 만든 도형의 둘레:
$5\times(2+12)=70\text{(cm)}$

유제 **3** 얼마가 부족한지 알아보는 식은

(지우개 3개의 값)+(공책 5권의 값)−5000입니다.

$\Rightarrow 3220\div7\times3+10800\div9\times5-5000$

$\quad=1380+6000-5000=2380(원)$

유제 **4** 남는 콩주머니의 수를 알아보는 식은

200−(남학생에게 나누어 준 콩주머니 수)

−(여학생에게 나누어 준 콩주머니 수)입니다.

$\Rightarrow 200-5\times21-4\times(38-21)$

$\quad=200-5\times21-4\times17=200-105-68$

$\quad=27(개)$

유제 **5** $15\bullet5=(15\div5)\times(15-5)=3\times10=30$

$\Rightarrow 30\odot3=(30\times3)-(30+3)=90-33=57$

유제 **6** $9\blacklozenge\bigcirc=(9+1)\times(9+1)-\bigcirc\times\bigcirc$

$\quad\quad\quad=10\times10-\bigcirc\times\bigcirc=100-\bigcirc\times\bigcirc$

$100-\bigcirc\times\bigcirc=75$이므로 $\bigcirc\times\bigcirc=100-75=25$

$\Rightarrow 25=5\times5$이므로 $\bigcirc=5$입니다.

유제 **7** $\cdot 4-4+4\div4=4-4+1=1$

$\cdot 4\times4\div4\div4=16\div4\div4=4\div4=1$

$\cdot(4+4)\div(4+4)=8\div8=1$

참고

$+,\ -,\ \times,\ \div$를 한 번씩 사용하지 않고 중복해서 사용되므로 사용하지 않는 것이 있어도 됩니다.

유제 **8** 나눗셈의 경우 나누어떨어져야 하고 $+,\ -$보다 먼저 계산한다는 점을 생각하여 $\div$가 들어갈 곳을 먼저 찾아봅니다.

$\cdot 3\times(5+8\div2)-1=3\times(5+4)-1=3\times9-1$

$\quad\quad\quad\quad\quad\quad\quad\quad=27-1=26\ (\times)$

$\cdot 3\times(5+8-2)\div1=3\times11\div1=33\div1$

$\quad\quad\quad\quad\quad\quad\quad\quad=33\ (\times)$

$\cdot 3\times(5-8\div2)+1=3\times(5-4)+1$

$\quad\quad\quad\quad\quad\quad\quad\quad=3\times1+1=3+1=4\ (\bigcirc)$

$\cdot 3+(5-8\div2)\times1=3+(5-4)\times1$

$\quad\quad\quad\quad\quad\quad\quad\quad=3+1\times1=3+1=4\ (\bigcirc)$

유제 **9** 어떤 수를 □라고 하여 식을 세우면

$(\square-8)\times4+27\div3=33$입니다.

① $(\square-8)\times4+\boxed{27\div3}=33$

$\quad\quad\quad\downarrow$

$\quad(\square-8)\times4+\boxed{9}=33$

② $\underline{(\square-8)\times4}+9=33 \rightarrow \bullet+9=33,\ \bullet=24$

$\quad\quad\bullet$

$\quad\quad\quad\quad\downarrow$

$\quad(\square-8)\times4=24$

③ $\underline{(\square-8)}\times4=24 \rightarrow \star\times4=24,\ \star=6$

$\quad\quad\star\quad\quad\downarrow$

$\quad\square-8=6$

④ $\square-8=6,\ \square=14$

유제 **10** 어떤 수를 □라고 하여 식을 세우면

$\square\div20+(8+4)=14$입니다.

① $\square\div20+\boxed{(8+4)}=14$

$\quad\quad\quad\quad\downarrow$

$\quad\square\div20+\boxed{12}=14$

② $\underline{\square\div20}+12=14 \rightarrow \bullet+12=14,\ \bullet=2$

$\quad\quad\bullet$

$\quad\quad\quad\downarrow$

$\quad\square\div20=2$

③ $\square\div20=2,\ \square=40$

따라서 바르게 계산하면

$40\times20+(8-4)=800+4=804$입니다.

유제 **11** $5\times(3+4-2)\div5+1$

$\quad=5\times5\div5+1=25\div5+1=5+1=6$

주의

( )로 묶었을 때, 빼는 수가 커지거나 나누어떨어지지 않는 수가 나오지 않도록 주의합니다.

유제 **12** $\cdot 10\times(12+8)\div4-2=10\times20\div4-2$

$\quad\quad\quad\quad\quad\quad\quad\quad\quad=200\div4-2=50-2$

$\quad\quad\quad\quad\quad\quad\quad\quad\quad=48$

$\cdot 10\times12+8\div(4-2)=120+8\div2$

$\quad\quad\quad\quad\quad\quad\quad\quad=120+4=124$

$\cdot(10\times12+8)\div4-2=(120+8)\div4-2$

$\quad\quad\quad\quad\quad\quad\quad\quad=128\div4-2$

$\quad\quad\quad\quad\quad\quad\quad\quad=32-2=30$

$\cdot 10\times(12+8\div4)-2=10\times(12+2)-2$

$\quad\quad\quad\quad\quad\quad\quad\quad=10\times14-2$

$\quad\quad\quad\quad\quad\quad\quad\quad=140-2=138$

$\cdot 10\times(12+8\div4-2)=10\times(12+2-2)$

$\quad\quad\quad\quad\quad\quad\quad\quad=10\times12=120$

참고

곱하는 수가 커질수록 계산 결과는 커지고 나누는 수가 작아질수록 계산 결과는 커집니다.

STEP 2 고수 실전문제

14~16쪽

1 식 $12 \div (2 \times 5 - 7) + 2 = 6$　　**2** 예 $\div$, $-$

3 식 예 $8 + 4 \times 4 = 24$　답 24개　　**4** 13 cm

5 (1) ㄹ (2) ㅂ (3) ㄴ (4) ㅁ　　**6** 8

7 20　　　　　**8** 36개　　　　**9** 5개

10 51, 21　　　**11** 62 cm

12 식 예 $(20 \div 4) \times 6 \times 2000 = 60000$　답 60000원

13 12200원　　**14** 1 cm　　**15** 16 cm

16 7분 후　　　**17** 12번　　　**18** 20개

1 $\underline{2 \times 5 - 7 = 3}$
$\downarrow$
$12 \div 3 + 2 = 6 \Rightarrow 12 \div (2 \times 5 - 7) + 2 = 6$

2 $1000 \div 100 - 10 = 0$

3 모양을 만드는 데 필요한 타일의 수를 식을 세워 알아
보면 첫째 8개, 둘째 $8 + 4 = 12$(개),
셋째 $8 + 4 \times 2 = 16$(개)입니다. 따라서 넷째에 필요
한 타일의 수는 $8 + 4 \times 3 = 20$(개), 다섯째에 필요한
타일의 수는 $8 + 4 \times 4 = 24$(개)입니다.

4 정사각형의 한 변을 $\square$ cm라고 하면
$11 \times 3 + \square \times 4 = 85$, $33 + \square \times 4 = 85$,
$\square \times 4 = 52$, $\square = 13$입니다.
따라서 정사각형의 한 변은 13 cm입니다.

5 (1) $1000 - (100 \times 2 + 120)$이므로 알맞은 식은
ㄹ입니다.
(2) $(100 + 120) \times 5$이므로 알맞은 식은 ㅂ입니다.
(3) $120 \times 15 \div 100$이므로 알맞은 식은 ㄴ입니다.
(4) $1000 \div (100 + 120)$이므로 알맞은 식은 ㅁ입니다.

6 $\begin{vmatrix} \bigcirc & 5 \\ 11 & \bigcirc \end{vmatrix} = \bigcirc \times \bigcirc - 5 \times 11$

$\bigcirc \times \bigcirc - 5 \times 11 = 9$, $\bigcirc \times \bigcirc - 55 = 9$,
$\bigcirc \times \bigcirc = 64 \Rightarrow 8 \times 8 = 64$이므로 $\bigcirc = 8$

7 주어진 식에서 계산할 수 있는 것부터 계산한 다음 계
산 순서에 따라 덧셈과 뺄셈의 관계, 곱셈과 나눗셈의
관계를 이용하여 모르는 식의 값을 차례로 구합니다.

$\underbrace{13 + (\square - 9) \times 6 \div 3 = 35}_{\bullet} \rightarrow 13 + \bullet = 35$, $\bullet = 22$
$\downarrow$
$(\square - 9) \times 6 \div 3 = 22$
$\downarrow$
$(\square - 9) \times 6 = 22 \times 3 = 66$
$\downarrow$
$\square - 9 = 66 \div 6 = 11$, $\square = 20$

8 초콜릿 수를 $\square$개라고 하면 $(108 + \square) \div 9 = 16$,
$108 + \square = 144$, $\square = 36$입니다.

9 $7 \times 4 - 72 \div 8 = 28 - 9 = 19$이므로
$19 > 13 + \square$, $6 > \square$입니다.
⇨ 따라서 $\square$ 안에 들어갈 수 있는 자연수는 1, 2, 3,
4, 5로 모두 5개입니다.

10 • $9 > 6 > 3$이므로 곱해지는 수에 가장 큰 수를 넣고
더해지는 수에 둘째로 큰 수를 넣으면 계산 결과가
가장 큽니다. ⇨ $6 + 9 \times 5 = 6 + 45 = 51$
• $3 < 6 < 9$이므로 곱해지는 수에 가장 작은 수를 넣
고 더해지는 수에 둘째로 작은 수를 넣으면 계산 결
과가 가장 작습니다. ⇨ $6 + 3 \times 5 = 6 + 15 = 21$

11 빨간색 테이프의 길이를 $\square$ cm라고 하면 파란색 테
이프의 길이는 $(\square \times 5 - 8)$ cm입니다.
$\square + \square \times 5 - 8 = 76$, $\underbrace{\square + \square \times 5}_{\square \times 6} = 84$,
$\square = 84 \div 6 = 14$
⇨ (파란색 테이프의 길이)$= 76 - 14 = 62$(cm)

12 1시간 30분은 90분이므로 15분의 6배입니다.
⇨ $(20 \div 4) \times 6 \times 2000 = 5 \times 6 \times 2000$
$= 60000$(원)

13 동우가 가지고 있는 돈을 $\square$원이라고 하면
민혜는 $(\square + 5400)$원,
서정이는 $(\square + 5400 - 7200)$원을 가지고 있습니다.
세 사람이 가지고 있는 돈은 모두 24000원이므로
$\square + (\square + 5400) + (\square + 5400 - 7200) = 24000$
입니다.
⇨ $\square + \square + \square + 5400 + 5400 - 7200 = 24000$,
$\square + \square + \square + 3600 = 24000$,
$\square + \square + \square = 20400$,
$\square \times 3 = 20400$, $\square = 6800$(원)
따라서 민혜가 가지고 있는 돈은
$6800 + 5400 = 12200$(원)입니다.

14 테이프 13개를 겹치게 이어 붙일 때 12번 겹쳐집니다. 3 m=300 cm이므로 겹쳐진 부분의 길이를 □ cm라고 하면 이어 붙인 테이프의 길이를 구하는 식은 24×13−□×12=300입니다.

⇨ 24×13−□×12=300, 312−□×12=300, □×12=312−300, □×12=12, □=1

15

작은 직사각형 한 개의 네 변의 길이의 합이 24 cm이므로
□+□×2=24÷2=12,
□×3
□=12÷3=4(cm)입니다.
따라서 큰 정사각형의 한 변은
□×4=4×4=16(cm)입니다.

16 1분에 차는 물의 양은 (4−1) L입니다.
물통에 들어 있는 물이 71 L가 되는 때를 □분 후라고 하면 50+(4−1)×□=71, 50+3×□=71,
3×□=21, □=7입니다.

17 16−9=7, 23−16=7, 30−23=7로, 7씩 차이 나므로 ▲=7입니다.
■+▲×1=■+7×1=9, ■=2
2+7+7+……+7=86, 2+7×★=86,
　　　　　　★번
7×★=84, ★=12
따라서 ▲는 12번 더한 것입니다.

18 맞히면 5점, 틀리면 1점이므로 100문제 중 1개를 틀리면 99×5−1=494(점),
2개를 틀리면 98×5−2=488(점)……입니다.
따라서 한 문제를 틀릴 때마다 (5+1)점만큼 차이납니다. 얻은 점수가 380점이므로 틀린 문제 수는
(5×100−380)÷(5+1)
=(500−380)÷6=120÷6=20(개)입니다.

STEP 3 고수 최고문제

17~19쪽

1 15명	**2** 3	**3** 18개
4 8, 3, 6, 2	**5** 5월 18일	**6** 127개
7 4개	**8** 4개	**9** 150위안

---

1 6명이 15분 동안 18개의 방석을 만들므로
　↓÷6　　　　　　↓÷6
1명이 15분 동안 3개의 방석을 만들고
　↓×4　　　　　↓×4
1명이 60분 동안 12개의 방석을 만듭니다.
따라서 방석을 만든 사람은 모두
5040÷(12×7×4)=5040÷336=15(명)입니다.

2 2◆3=2×2−3=1, 4◆1=4×4−1=15,
5◆2=5×5−2=23
4◉1=(4+1)÷1=5, 3◉2=(3+1)÷2=2,
8◉3=(8+1)÷3=3
⇨ 3◆5=3×3−5=9−5=4
11◉4=(11+1)÷4=12÷4=3

3 ㉡ 바구니에 들어 있는 귤 수: □개
㉠ 바구니에 들어 있는 귤 수: (□×3−6)개
㉢ 바구니에 들어 있는 귤 수: (□+6)개
㉠ 바구니에 들어 있는 귤이 ㉢ 바구니에 들어 있는 귤보다 4개 많으므로 □×3−6=□+6+4입니다.
□×3−6=□+10, □+□+□=□+16,
□+□=16, □=8
따라서 ㉡ 바구니에 들어 있는 귤이 8개이므로 ㉠ 바구니에 들어 있는 귤은 8×3−6=18(개)입니다.

다른 풀이 ㉡ 바구니에 들어 있는 귤 수: □개
㉠ 바구니에 들어 있는 귤 수: (□×3−6)개
㉢ 바구니에 들어 있는 귤은 ㉠ 바구니에 들어 있는 귤보다 4개 적습니다.
㉢ 바구니에 들어 있는 귤 수: □×3−6−4
　　　　　　　　　　　=□×3−10(개)
⇨ □×3−10=□+6, □×2=16, □=8
따라서 ㉠ 바구니에 들어 있는 귤은
8×3−6=18(개)입니다.

4 (8−2)×6÷3=6×6÷3=12
(8−3)×6÷2=5×6÷2=15 ← 가장 큽니다.
(6−3)×8÷2=3×8÷2=12

참고
㉠×㉡÷㉢에서 ㉠과 ㉡이 클수록 ㉢이 작을수록 계산 결과가 커집니다.

5 5월은 31일까지 있습니다.
31일 동안 650원인 우유를 받았다고 하면 우유 값은

$650 \times 31 = 20150$(원)입니다.

우유 값이 $720 - 650 = 70$(원)씩 올라

$21060 - 20150 = 910$(원)을 더 냈습니다.

$910 \div (720 - 650) = 910 \div 70 = 13$이므로 우유 값이 720원인 날수는 13일입니다.

우유 값이 650원인 날수가 $31 - 13 = 18$(일)이므로 우유 값이 650원인 날은 5월 18일까지입니다.

6 20째에 놓일 검은색 바둑돌 수:

$1 + 2 + 3 + 4 + 5 + \cdots\cdots + 15 + 16 + 17 + 18 + 19$

$= 20 \times 9 + 10 = 190$(개)

20째에 놓일 흰색 바둑돌 수: $(20 + 1) \times 3 = 63$(개)

⇨ $190 - 63 = 127$(개)

7 ㈎ 7개의 무게는 $60 \times 2 - 8 = 112$(g)입니다.

㈎ 1개의 무게는 $112 \div 7 = 16$(g)입니다.

㈐의 수를 □개라고 하면 $41 \times \square + 16 = 60 \times 3$이므로

$41 \times \square + 16 = 180$, $41 \times \square = 164$, $\square = 4$입니다.

따라서 ㈐는 4개입니다.

8 $+$, $-$, $\times$, $\div$ 중 서로 다른 기호 2개를 선택하는 방법은 $(+, -)$, $(+, \times)$, $(+, \div)$, $(-, \times)$, $(-, \div)$, $(\times, \div)$입니다.

이때 $\div$ 기호를 사용하는 경우 그 계산식의 값이 자연수인 경우는 없으므로 사용할 수 있는 기호는 $(+, -)$, $(+, \times)$, $(-, \times)$입니다.

• □ 안에 $(+, -)$를 넣는 경우: $3 + 4 - 5 = 2$

• □ 안에 $(+, \times)$를 넣는 경우:

$3 + 4 \times 5 = 3 + 20 = 23$,

$3 \times 4 + 5 = 12 + 5 = 17$

• □ 안에 $(-, \times)$를 넣는 경우:

$3 \times 4 - 5 = 12 - 5 = 7$

따라서 계산한 값이 자연수가 되는 식은 모두 4개 만들 수 있습니다.

9 (지후가 가지고 있는 우리나라 돈)

$= 5000 \times 3 + 1000 \times 6 + 500 \times 9$

$= 15000 + 6000 + 4500 = 25500$(원)

우리나라 돈이 170원일 때 중국 돈은 1위안이므로 지후가 가진 돈을 모두 중국 돈으로 바꾸면

$25500 \div 170 = 150$(위안)입니다.

고수 단원평가문제

20~24쪽

1 $60 - 27 \div (3 \times 3) + 2 = 59$

               $= 60 - 27 \div 9 + 2$

               $= 60 - 3 + 2$

               $= 57 + 2$

               $= 59$

2 ⑴ 38 ⑵ 74   **3** <

4 식 $7 \times (11 - 8) + 14 = 70$ 답 70   **5** ③

6 식 $62 + (180 \div 20 + 5) \times 2 \div 7 = 66$

7 ④   **8** 151   **9** 2

10 식 예 $3 + 2 \times 14 = 31$ 답 31개   **11** 6

12 식 예 $100 \div 4 + 81 \div 3 - 5 = 47$ 답 47 cm

13 700원   **14** 450개   **15** 11월 22일

16 식 예 $(7 + 6) \times 9 - 3 \div 1$ **17** 96 cm

18 ㉠, ㉡, ㉢

19 풀이 ❶ 한 판에 12개씩 5판을 구웠으므로 $12 \times 5 = 60$(개)의 빵을 구웠습니다. ❷ 따라서 한 상자에 들어 있는 빵은 $12 \times 5 \div 4 = 60 \div 4 = 15$(개)입니다. 답 15개

20 풀이 ❶ 상인이 공장에서 공을 사 온 가격은 3개에 $720 \div 4 \times 3 = 540$(원)입니다. ❷ 따라서 상인이 판 공은 $2400 \div (840 - 540) = 2400 \div 300 = 8$(상자)입니다. 답 8상자

21 설명 예 ❶ 사탕 1개와 과자 2개의 값의 합을 먼저 계산하여야 하므로 (　)로 $80 + 160 \times 2$를 묶어야 하는데 (　)로 묶지 않고 식을 세워 실제로 받은 거스름돈과 계산한 값이 다릅니다. ❷ $500 - (80 + 160 \times 2)$

22 풀이 ❶ 한 시간에 120 km를 가는 기차는 1분에 $120 \div 60 = 2$(km)를 달립니다. 2 km = 2000 m ❷ 터널의 길이를 □m라고 하면 $280 + \square = 2000 \times 2$, $280 + \square = 4000$, $\square = 3720$(m)입니다. 답 3720 m

23 풀이 ❶ 2시간 20분 = 140분이고 140분은 20분의 7배입니다. ❷ 25 km = 25000 m이고 177 km = 177000 m입니다. ❸ 예성이가 걸어간 시간을 □분이라고 하면 $25000 \times 7 + 40 \times \square = 177000$, $175000 + 40 \times \square = 177000$,

$40 \times \square = 2000$, $\square = 50$(분)입니다. **답** 50분

24 **풀이** ❶ 정사각형 모양의 타일이 40개일 때 한 변에 놓이는 타일은 $40 \div 4 + 1 = 11$(개)입니다.
❷ 이때 바깥쪽과 안쪽 둘레에 있는 타일 수의 합은 $11 \times 4 + (11 - 2) \times 4 = 44 + 36 = 80$(개)입니다. 따라서 둘레는 $10 \times 80 = 800$(cm)입니다.
답 800 cm

2 ⑴ $72 - 8 \times 5 + 6 = 72 - 40 + 6 = 32 + 6 = 38$
⑵ $64 + (9 - 5) \times 20 \div 8 = 64 + 4 \times 20 \div 8$
$= 64 + 80 \div 8$
$= 64 + 10 = 74$

3 • $(40 - 16) \div 8 + 5 = 24 \div 8 + 5 = 3 + 5 = 8$
• $40 - 16 \div 8 + 5 = 40 - 2 + 5 = 38 + 5 = 43$
⇨ $8 < 43$

4 $7 \times (11 - 3) + 14 = 7 \times 8 + 14 = 56 + 14 = 70$

5 ③은 (　)를 생략해도 나눗셈을 먼저 계산합니다.
⇨ $50 - (42 \div 7) = 50 - 42 \div 7 = 44$입니다.

6 $\underline{180 \div 20 + 5} = 14$
$62 + \overset{\downarrow}{14} \times 2 \div 7 = 66$
⇨ $62 + (180 \div 20 + 5) \times 2 \div 7 = 66$

7 한 병에 900원 하는 음료수 15병의 값을 식으로 나타내면 900×15입니다. 따라서 15000원을 내고 받는 거스름돈을 구하는 식은 $15000 - 900 \times 15$이므로 ④입니다.

8 약속에 따라 계산하면
$20 ♥ 9 = 20 \times 9 - (20 + 9) = 180 - 29 = 151$입니다.

9 어떤 수를 $\square$라고 하면 $\square \times 18 = 5 \times \square + 26$
$\underline{\square \times 5 + \square \times 13}$
⇨ $\square \times 13 = 26$, $\square = 2$

참고
$5 \times \square$와 $\square \times 5$는 같습니다.

10 삼각형이 1개씩 늘어날 때마다 필요한 성냥개비의 수는 2개씩 늘어납니다.
⇨ $3 + 2 \times 14 = 3 + 28 = 31$(개)

11 $8 \times (\square - 2) \div 4 + 5 = 13$, $8 \times (\square - 2) \div 4 = 8$,
$8 \times (\square - 2) = 32$, $\square - 2 = 4$, $\square = 6$

12 이어 붙인 종이테이프의 전체 길이를 구하기 위해서는 100 cm인 종이테이프를 4등분한 것 중의 한 도막과 81 cm인 종이테이프를 3등분한 것 중의 한 도막을 더한 후 겹쳐진 5 cm를 빼야 합니다.
⇨ (종이테이프 전체 길이) $= 100 \div 4 + 81 \div 3 - 5$
$= 25 + 27 - 5 = 52 - 5$
$= 47$(cm)

13 샌드위치 4인분을 만들기 위해 필요한 재료의 값을 식으로 나타내면 $3500 + 1600 \times 2 + 5200 \div 2$입니다. 10000원을 가지고 이 재료들을 사고 남은 돈은
$10000 - (3500 + 1600 \times 2 + 5200 \div 2)$
$= 10000 - (3500 + 3200 + 2600)$
$= 10000 - 9300 = 700$(원)입니다.

14 $(7 \times 3 + 3 \times 6) \times 11 + 21 = (21 + 18) \times 11 + 21$
$= 39 \times 11 + 21$
$= 429 + 21 = 450$(개)

15 11월은 30일까지 있습니다. 재영이가 30일 동안 윗몸 일으키기를 하루에 25번씩 한다면
$30 \times 25 = 750$(번)을 하게 됩니다.
윗몸 일으키기를 하루에 $25 - 22 = 3$(번)씩 덜하여 $750 - 723 = 27$(번) 적게 했습니다.
$27 \div 3 = 9$이므로 22번씩 한 날수는 9일입니다. 25번씩 한 날수가 $30 - 9 = 21$(일)이므로 하루에 22번씩 한 날은 22일부터입니다.

16 $9 > 7 > 6 > 3 > 1$이므로 더하거나 곱하는 수를 크게, 빼거나 나누는 수를 작게 식을 만듭니다.
• $(7 + 6) \times 9 - 3 \div 1 = 13 \times 9 - 3 \div 1$
$= 117 - 3 = 114$
• $(7 + 6) \times 9 \div 1 - 3 = 13 \times 9 \div 1 - 3$
$= 117 - 3 = 114$

17
$17 \times \square = 204 \div 2$, $17 \times \square = 102$, $\square = 6$
처음 정사각형의 한 변은 $4 \times 6 = 24$(cm)이고 둘레는 $24 \times 4 = 96$(cm)입니다.

18 ㉠ $\div$ (㉡ $\times$ ㉢) $= 3$ ⇨ ㉡ $\times$ ㉢의 3배가 ㉠입니다.
㉡ $\times 3 =$ ㉠ ⇨ ㉡의 3배가 ㉠이므로 ㉠ $>$ ㉡입니다.
㉡ $\times$ ㉢의 3배가 ㉠이고 ㉡의 3배가 ㉠이므로 ㉢ $= 1$입니다. 따라서 ㉠ $>$ ㉡ $>$ ㉢입니다.

19 〔평가상의 유의점〕 은아가 구운 전체 빵의 수를 상자의 수로 나누어 구했는지 확인합니다.

단계	채점 기준	점수
❶	은아가 구운 전체 빵의 수 구하기	3점
❷	한 상자에 들어 있는 빵의 수 구하기	2점

20 〔평가상의 유의점〕 한 상자를 팔았을 때 이익금을 알아보고 판 공은 몇 상자인지 구했는지 확인합니다.

단계	채점 기준	점수
❶	공을 사 온 가격이 3개에 얼마인지 구하기	2점
❷	판 공은 몇 상자인지 구하기	3점

21 〔평가상의 유의점〕 계산한 값이 실제로 받은 거스름돈과 다른 이유를 설명하고 식을 (   )로 알맞게 묶었는지 확인합니다.

단계	채점 기준	점수
❶	계산한 값이 실제로 받은 거스름돈과 왜 다른지 설명하기	2점
❷	바르게 구할 수 있도록 식을 ( )로 묶기	3점

22 〔평가상의 유의점〕 터널의 길이를 □ m라 하여 식을 세우고 답을 구했는지 확인합니다.

단계	채점 기준	점수
❶	기차가 1분에 달리는 거리 구하기	2점
❷	터널의 길이 구하기	3점

참고

기차가 터널을 들어가기 시작하여 기차의 마지막 부분까지 완전히 빠져나온 것을 기차가 터널을 완전히 통과하였다고 합니다.

23 〔평가상의 유의점〕 단위를 m로 통일하여 식을 세우고 답을 구했는지 확인합니다.

단계	채점 기준	점수
❶	2시간 20분은 20분의 몇 배인지 구하기	1점
❷	1 km=1000 m를 이용하여 단위 통일하기	1점
❸	예성이가 걸어간 시간 구하기	3점

24 〔평가상의 유의점〕 한 변에 놓이는 타일의 수를 구한 다음, 모양의 바깥쪽과 안쪽 둘레에 있는 타일의 수의 합을 구했는지 확인합니다.

단계	채점 기준	점수
❶	한 변에 놓이는 타일의 수 구하기	2점
❷	타일 40개로 만든 모양의 둘레 구하기	3점

2 약수와 배수

고수 확인문제

28~29쪽

1 27 **2** ㉢ **3** 예 $9 \times 6 = 54$

4 윤정 **5** 180 **6** (1) 10, 60 (2) 15, 150

7 96 **8** 36, 48 **9** 15

10 15, 30, 45, 60, 75 **11** 270

12 12명

1 • 18의 약수: 1, 2, 3, 6, 9, 18 ⇨ 6개
   • 27의 약수: 1, 3, 9, 27 ⇨ 4개
   • 40의 약수: 1, 2, 4, 5, 8, 10, 20, 40 ⇨ 8개

2 오른쪽 수를 왼쪽 수와 어떤 수의 곱으로 나타낼 수 있는지 알아봅니다.
   ⇨ ㉢ $9 \times 5 = 45$

3 곱을 이용하여 약수와 배수의 관계를 나타내면
   $9 \times 6 = 54$, $6 \times 9 = 54$와 같이 나타낼 수 있습니다.

4 • 24의 약수: 1, 2, 3, 4, 6, 8, 12, 24
   • 30의 약수: 1, 2, 3, 5, 6, 10, 15, 30
   ⇨ 공약수: 1, 2, 3, 6
   24와 30의 공약수 중에서 가장 작은 수는 1입니다.

5 45와 60의 최소공배수: $3 \times 5 \times 3 \times 2 \times 2 = 180$

6 (1)
$$2\,)\,\underline{20\quad 30}$$
$$5\,)\,\underline{10\quad 15}$$
$$\quad\;\;2\quad 3$$
   • 최대공약수: $2 \times 5 = 10$
   • 최소공배수: $2 \times 5 \times 2 \times 3 = 60$

   (2)
$$3\,)\,\underline{30\quad 75}$$
$$5\,)\,\underline{10\quad 25}$$
$$\quad\;\;2\quad 5$$
   • 최대공약수: $3 \times 5 = 15$
   • 최소공배수: $3 \times 5 \times 2 \times 5 = 150$

7
$$2\,)\,\underline{8\quad 12}$$
$$2\,)\,\underline{4\quad 6}$$
$$\quad\;2\quad 3$$
   두 수의 공배수는 두 수의 최소공배수의 배수와 같습니다.
   ⇨ 최소공배수: $2 \times 2 \times 2 \times 3 = 24$
   따라서 24의 배수 중에서 두 자리 수는 24, 48, 72, 96이므로 가장 큰 두 자리 수는 96입니다.

8 • 3의 배수: 3, 6, 9, 12, 15, 18, 21, 24, 27, 30, 33, 36, 39, 42, 45, 48……
   • 4의 배수: 4, 8, 12, 16, 20, 24, 28, 32, 36, 40, 44, 48……

3의 배수이면서 4의 배수인 수는
12, 24, 36, 48······입니다.
그중 31부터 50까지의 수는 36, 48입니다.

9 3) 45 75 45와 75를 각각 같은 수로 나누었을 때
    5) 15 25 모두 나누어떨어지게 하는 어떤 수는
        3   5 두 수의 공약수입니다. 그중 가장 큰 수
는 두 수의 최대공약수입니다.
⇨ 최대공약수: $3 \times 5 = 15$
따라서 나누는 수 중에서 가장 큰 수는 15입니다.

10 두 수의 공배수는 두 수의 최소공배수의 배수와 같습
니다. ⇨ 15의 배수: 15, 30, 45, 60, 75······

11 2) 18 30 18과 30의 공배수는 18과 30의
    3) 9 15 최소공배수의 배수와 같습니다.
        3   5 ⇨ 최소공배수: $2 \times 3 \times 3 \times 5 = 90$
90의 배수는 90, 180, 270, 360······입니다.
따라서 90의 배수 중에서 300에 가장 가까운 수는
270입니다.

12 2) 48 36 최대한 많은 친구들에게 똑같이 나누어
    2) 24 18 주어야 하므로 나누어 줄 수 있는 친구
    3) 12   9 의 수는 48과 36의 최대공약수가 됩니다.
        4   3 ⇨ 최대공약수: $2 \times 2 \times 3 = 12$
따라서 12명의 친구들에게 나누어 줄 수 있습니다.

STEP 1 **고수 대표유형문제**
30~36쪽

1 대표문제 6개
1단계 약수 2단계 약수, 2, 4, 8, 16, 32
3단계 6
유제 1 8개   유제 2 12

2 대표문제 12
1단계 12, 18, 24, 36, 72 2단계 28, 39
3단계 12
유제 3 42   유제 4 6

3 대표문제 8
1단계 3 2단계 5, 8, 11, 2, 5, 8
3단계 2, 5, 8, 8
유제 5 3   유제 6 4

4 대표문제 4개, 3개
1단계 공약수 2단계 최대공약수, 16
3단계 16, 4, 3
유제 7 7개, 9개   유제 8 12조각

5 대표문제 5번
1단계 최소공배수 2단계 24 3단계 24, 5, 5
유제 9 9번   유제 10 20분

6 대표문제 24
1단계 72, 96 2단계 72, 96, 24 3단계 24
유제 11 3, 6   유제 12 6, 7, 14, 21, 42

7 대표문제 1, 2, 7, 14
1단계 최소공배수, 110 2단계 110, 14
3단계 14, 1, 2, 7, 14
유제 13 1, 2, 4, 8, 16   유제 14 8개

유제 **1** 54가 □의 배수이므로 □는 54의 약수입니다.
⇨ □=1, 2, 3, 6, 9, 18, 27, 54
따라서 □ 안에 들어갈 수 있는 수는 모두 8개입니다.

유제 **2** ㉠은 84의 약수 중에서 가장 작은 두 자리 수이어
야 합니다. 84의 약수는 1, 2, 3, 4, 6, 7, 12, 14, 21,
28, 42, 84입니다. 따라서 ㉠은 12입니다.

유제 **3** 14의 배수는 14, 28, 42, 56······입니다.
어떤 수의 약수들의 합이 100보다 작으므로 어떤 수
는 100보다 작은 수입니다.
28의 약수: 1, 2, 4, 7, 14, 28
⇨ 합: $1+2+4+7+14+28=56$
42의 약수: 1, 2, 3, 6, 7, 14, 21, 42
⇨ 합: $1+2+3+6+7+14+21+42=96$
56의 약수: 1, 2, 4, 7, 8, 14, 28, 56
⇨ 합: $1+2+4+7+8+14+28+56=120$
따라서 두 조건을 만족하는 어떤 수는 42입니다.

유제 **4** 2) 72 90 ⇨ 72와 90의 최대공약수:
    3) 36 45 $2 \times 3 \times 3 = 18$
    3) 12 15 어떤 수는 18의 약수이고 18의
        4   5 약수는 1, 2, 3, 6, 9, 18입니다.
약수들의 합이 15보다 작으므로 어떤 수가 될 수 있
는 수는 15보다 작은 1, 2, 3, 6, 9이고 이 중에서 약
수가 4개인 수는 6입니다. 따라서 어떤 수는 6입니다.

유제 **5** 29□04가 9의 배수이므로 각 자리 숫자의 합은
9의 배수입니다. ⇨ 2+9+□+0+4=15+□
15보다 큰 수 중에서 9의 배수는 18, 27……이므로
15+3=18, 15+12=27……입니다.
□ 안에는 하나의 숫자만 들어갈 수 있으므로 □=3
입니다.

유제 **6** 6의 배수는 2의 배수이면서 3의 배수입니다.
524□가 2의 배수이므로 □ 안에 들어갈 수 있는 수
는 0, 2, 4, 6, 8입니다.
524□가 3의 배수이므로 5+2+4+□=11+□
는 3의 배수입니다.
11보다 큰 수 중에서 3의 배수는 12, 15, 18, 21,
24……이므로 □ 안에 들어갈 수 있는 수는 1, 4, 7
입니다.
따라서 □ 안에 들어갈 수 있는 수는 4입니다.

유제 **7** 접시에 똑같이 나누어 담아야 하므로 접시 수는
방울토마토 수와 딸기 수의 공약수가 됩니다.

$$2\,\underline{)\,84\quad 108}$$
$$2\,\underline{)\,42\quad 54}$$
$$3\,\underline{)\,21\quad 27}$$
$$\quad\ \ 7\quad\ \ 9$$

최대한 많은 접시에 나누어 담아야
하므로 접시 수는 84와 108의 최대공
약수가 됩니다.
⇨ 최대공약수: 2×2×3=12

따라서 접시는 12개이고 접시 한 개에 방울토마토는
7개, 딸기는 9개씩 담으면 됩니다.

유제 **8** 정사각형 모양으로 잘라야 하므로 가로, 세로를
같은 길이로 잘라야 합니다.

$$2\,\underline{)\,96\quad 72}$$
$$2\,\underline{)\,48\quad 36}$$
$$2\,\underline{)\,24\quad 18}$$
$$3\,\underline{)\,12\quad\ \ 9}$$
$$\quad\ \ 4\quad\ \ 3$$

즉, 정사각형의 한 변의 길이는 천의 가
로와 세로의 공약수가 됩니다.
천을 최소한의 수로 자르려면 정사각형
을 될 수 있는 대로 크게 만들어야 하므
로 한 변의 길이가 천의 가로와 세로의
최대공약수가 되도록 자릅니다.
⇨ 최대공약수: 2×2×2×3=24

따라서 정사각형의 한 변의 길이는 24 cm이고 가로
로 4조각, 세로로 3조각으로 자르므로 모두
4×3=12(조각)이 됩니다.

유제 **9** 빨간색 전구와 파란색 전구가 동시에 켜지는 간격
은 4초와 10초의 최소공배수입니다.

$$2\,\underline{)\,4\quad 10}$$
$$\quad\ \ 2\quad\ \ 5$$

⇨ 최소공배수: 2×2×5=20
따라서 전구는 20초마다 동시에 켜집니다.
3분은 180초이고 180÷20=9이므로 3분 동안 9번
동시에 켜집니다.

유제 **10** 가 등대는 8+7=15(초)마다 켜져서 8초 동안
켜져 있고 나 등대는 6+4=10(초)마다 켜져서 6초
동안 켜져 있습니다.
15와 10의 최소공배수는 30이므로 두 등대는 30초
마다 동시에 켜집니다.

| 가 등대 | ░░░░░░░░░░░░ |
| 나 등대 | ░░░░░░░░░░░░ |

30초 동안 동시에 켜져 있는 시간을 구하면
6초+1초+3초=10초이므로 1분 동안 동시에 켜져
있는 시간은 20초입니다.
밤 10시부터 11시까지는 1시간(60분)이므로
20×60=1200(초) ⇨ 20분 동안 동시에 켜져 있습
니다.

유제 **11**
$$2\,\underline{)\,30\quad 48}$$
$$3\,\underline{)\,15\quad 24}$$
$$\quad\ \ 5\quad\ \ 8$$

32−2=30과 50−2=48을
어떤 수로 나누면 각각 나누어떨어
지므로 어떤 수는 30과 48의
공약수 중에서 2보다 큰 수입니다.
⇨ 최대공약수: 2×3=6

30과 48의 최대공약수가 6이므로 공약수는 1, 2, 3,
6이고 이 중에서 어떤 수가 될 수 있는 수는 2보다 큰
3, 6입니다.

유제 **12**
$$2\,\underline{)\,126\quad 210}$$
$$3\,\underline{)\,63\quad 105}$$
$$7\,\underline{)\,21\quad 35}$$
$$\quad\ \ 3\quad\ \ 5$$

130−4=126, 215−5=210
을 어떤 수로 나누면 각각 나누
어떨어지므로 어떤 수는 126과
210의 공약수입니다.
⇨ 최대공약수: 2×3×7=42

126과 210의 최대공약수가 42이므로 공약수는 1,
2, 3, 6, 7, 14, 21, 42이고 나머지인 4, 5보다 커야
하므로 어떤 수는 6, 7, 14, 21, 42입니다.

유제 **13** 어떤 두 수의 최대공약수를 생각하면
두 수를 각각 (최대공약수)×●, (최대공약수)×■로
나타낼 수 있습니다. (●와 ■의 공약수는 1뿐입니다.)
두 수의 곱은 (최대공약수)×●×(최대공약수)×■
이고 이 식에서 ●×(최대공약수)×■는 최소공배수
가 됩니다.
즉, 두 수의 곱은 (최대공약수)×(최소공배수)이므로
2400=(최대공약수)×150,
(최대공약수)=2400÷150=16입니다.
두 수의 공약수는 최대공약수의 약수이므로 16의 약
수인 1, 2, 4, 8, 16입니다.

유제 **14** 어떤 두 수의 최대공약수를 생각하면 두 수를 각각 (최대공약수)×●, (최대공약수)×■로 나타낼 수 있습니다.

두 수의 곱은 (최대공약수)×●×(최대공약수)×■이고 이 식에서 ●×(최대공약수)×■는 최소공배수가 됩니다.

즉, 두 수의 곱은 (최대공약수)×(최소공배수)이므로 8400＝(최대공약수)×200,

(최대공약수)＝8400÷200＝42입니다.

두 수의 공약수는 최대공약수의 약수이므로 42의 약수인 1, 2, 3, 6, 7, 14, 21, 42입니다.

따라서 두 수의 공약수는 모두 8개입니다.

STEP **2** 고수 실전문제

37~39쪽

1 11	**2** 15개	**3** 256	**4** 20
5 99	**6** 4개	**7** 52	**8** 4월 25일
9 13개	**10** 39개	**11** 122	
12 오후 12시 20분	**13** 18개	**14** 9명	
15 112	**16** 8358	**17** 6	**18** 195

1 10의 약수는 1, 2, 5, 10이므로 10의 약수 중 가장 큰 수는 10입니다.

81의 약수는 1, 3, 9, 27, 81이므로 81의 약수 중 가장 작은 수는 1입니다.

➡ 10＋1＝11

2 약수가 2개인 수는 약수가 1과 자기 자신인 수입니다.

50보다 작은 자연수 중에서 약수가 2개인 수는 2, 3, 5, 7, 11, 13, 17, 19, 23, 29, 31, 37, 41, 43, 47입니다. 따라서 모두 15개입니다.

3 8을 1배, 2배, 3배……한 수이므로 8의 배수입니다.

따라서 32째 수는 8×32＝256입니다.

4 100의 약수는 1, 2, 4, 5, 10, 20, 25, 50, 100입니다.

100의 약수 중에서 4의 배수는 4, 20, 100입니다.

따라서 100의 약수도 되고 4의 배수도 되는 수 중에서 둘째로 큰 수는 20입니다.

5 9의 배수는 9, 18, 27, 36, 45, 54……이고, 이 중에서 6의 배수는 18, 36, 54……이므로 9의 배수이면서 6의 배수인 수는 18의 배수입니다.

따라서 9의 배수 중에서 6의 배수가 아닌 두 자리 수는 27, 45, 63, 81, 99이므로 이 중에서 가장 큰 수는 99입니다.

6 40의 약수를 이용하여 40을 두 수의 곱으로 나타내어 봅니다. 40＝1×40＝2×20＝4×10＝5×8이므로 서로 다른 직사각형은 모두 4개 만들 수 있습니다.

7 차가 13이므로 13씩 커지는 수는 13의 배수입니다.

따라서 넷째 수는 13×4＝52입니다.

8
```
2 ) 6  8
     3  4   ➡ 최소공배수: 2×3×4＝24
```
두 사람이 4월 1일에 도서관에서 만났으므로 24일 후인 4월 25일에 다시 만납니다.

9 두 길이의 끈을 최대한 길게 자르려고 하므로 자른 끈 한 도막의 길이는 42와 36의 최대공약수입니다.

```
2 ) 42  36
3 ) 21  18   ➡ 최대공약수: 2×3＝6
     7   6   42÷6＝7(개), 36÷6＝6(개)
```
따라서 끈의 수는 7＋6＝13(개)입니다.

10 (한 상자에 들어 있는 감자의 수)÷4＝□…3,
(한 상자에 들어 있는 감자의 수)÷9＝△…3이므로 한 상자에 들어 있는 감자의 수는 4와 9의 공배수보다 3 큰 수입니다.

따라서 4와 9의 최소공배수는 36이므로 한 상자에 들어 있는 감자는 적어도 36＋3＝39(개)입니다.

11 어떤 수를 24로 나누어도 2가 남고, 60으로 나누어도 2가 남으므로 어떤 수에서 2를 뺀 수는 24와 60으로 나누어떨어집니다. ➡ 어떤 수를 □라고 하면 (□－2)는 24와 60의 공배수입니다.

```
2 ) 24  60   ➡ 최소공배수:
2 ) 12  30     2×2×3×2×5＝120
3 )  6  15   24와 60의 최소공배수가 120이므로
     2   5   (□－2)가 될 수 있는 가장 작은 수는
```
120입니다. 따라서 □가 될 수 있는 가장 작은 수는 120＋2＝122입니다.

12 $2\,)\,\underline{8\quad 10}$
$\qquad\ \ 4\quad 5$
8과 10의 최소공배수는 $2\times4\times5=40$ 이므로 두 버스는 40분마다 동시에 출발합니다. 아홉째로 동시에 출발하는 때는 $40\times8=320$(분) 후이므로 5시간 20분 후입니다.
따라서 7시$+$5시간 20분$=$12시 20분이므로 오후 12시 20분에 아홉째로 동시에 출발합니다.

13 5의 배수가 되려면 일의 자리 숫자가 0 또는 5이어야 하므로 ㉠의 일의 자리 숫자는 2 또는 7입니다.
㉠이 두 자리 수이므로 □2 또는 □7로 나타낼 수 있습니다.
• ㉠=□2일 때, □2+208은 $\boxed{2}\ \boxed{\ }\ \boxed{0}$ 또는 $\boxed{3}\ \boxed{\ }\ \boxed{0}$ 이 됩니다. 이때 □ 안에 들어갈 수 있는 수는 1, 2, 3, 4, 5, 6, 7, 8, 9입니다.
⇨ ㉠: 12, 22, 32, 42, 52, 62, 72, 82, 92
• ㉠=□7일 때, □7+208은 $\boxed{2}\ \boxed{\ }\ \boxed{5}$ 또는 $\boxed{3}\ \boxed{\ }\ \boxed{5}$ 가 됩니다. 이때 □ 안에 들어갈 수 있는 수는 1, 2, 3, 4, 5, 6, 7, 8, 9입니다.
⇨ ㉠: 17, 27, 37, 47, 57, 67, 77, 87, 97
따라서 ㉠이 될 수 있는 두 자리 수는 모두 18개입니다.

14 사과는 58개에서 4개가 남고, 귤은 60개보다 3개가 모자라므로 나누어 주는 친구 수는 $58-4=54$, $60+3=63$의 공약수입니다.
$3\,)\,\underline{54\quad 63}$ ⇨ 54와 63의 최대공약수: $3\times3=9$
$3\,)\,\underline{18\quad 21}$ 따라서 최대한 많은 친구들에게 나누어
$\qquad\ \ 6\quad 7$ 주려고 한 것이므로 9명에게 나누어 주려고 한 것입니다.

15 최대공약수가 28이므로 어떤 수를 28×□로 나타낼 수 있습니다.
$28\,)\,\underline{140\quad 28\times□}$ 최소공배수는
$\qquad\ \ \ 5\qquad\ □$ $28\times5\times□=560$이므로
$140\times□=560$, □$=4$입니다.
따라서 어떤 수는 $28\times4=112$입니다.

16 백의 자리 숫자가 3이므로 $\boxed{\ }\boxed{3}\boxed{\ }\boxed{\ }$, 십의 자리 숫자가 5이므로 $\boxed{\ }\boxed{3}\boxed{5}\boxed{\ }$으로 나타낼 수 있습니다.
6의 배수는 2의 배수이면서 3의 배수입니다.
2의 배수는 일의 자리 숫자가 0, 2, 4, 6, 8입니다.
이때 천의 자리에 0은 들어갈 수 없으므로 천의 자리와 일의 자리에 들어갈 수 있는 숫자는 2, 4, 6, 8입니다. ⇨ 2352, 4354, 6356, 8358

3의 배수가 되는 경우를 알아보면
$2+3+5+2=12$, $4+3+5+4=16$, $6+3+5+6=20$, $8+3+5+8=24$이므로 조건을 만족하는 네 자리 수는 2352, 8358입니다.
따라서 조건을 만족하는 네 자리 수 중 가장 큰 수는 8358입니다.

17 어떤 수는 $148-4=144$, $94-4=90$, $58-4=54$의 공약수입니다.
$2\,)\,\underline{144\quad 90\quad 54}$ 최대공약수는 $2\times3\times3=18$이
$3\,)\,\underline{72\quad 45\quad 27}$ 므로 어떤 수는 4보다 큰 18의
$3\,)\,\underline{24\quad 15\quad 9}$ 약수와 같습니다.
$\qquad\ \ 8\quad\ 5\quad\ 3$
18의 약수: 1, 2, 3, 6, 9, 18 ⇨ 6개
9의 약수: 1, 3, 9 ⇨ 3개,
6의 약수: 1, 2, 3, 6 ⇨ 4개
따라서 어떤 수가 될 수 있는 수 중에서 약수가 4개인 수는 6입니다.

18 연속하는 세 수를 ㉠, ㉡, ㉢이라고 할 때 ㉡은 5의 배수이므로 일의 자리 숫자가 0 또는 5입니다.
㉡의 일의 자리 숫자가 0일 때 ㉠의 일의 자리 숫자는 9이므로 4의 배수가 되지 않습니다.
따라서 ㉡의 일의 자리 숫자는 5이고 이때 ㉠의 일의 자리 숫자는 4, ㉢의 일의 자리 숫자는 6입니다.
㉢은 11의 배수이므로 일의 자리 숫자가 6일 때 가장 작은 11의 배수는 66입니다.
따라서 조건을 만족하는 가장 작은 연속하는 세 수는 64, 65, 66입니다. ⇨ $64+65+66=195$

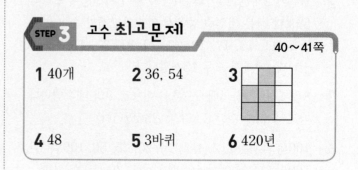

STEP **3** 고수 최고문제
40~41쪽

1 40개　**2** 36, 54　**3**

4 48　**5** 3바퀴　**6** 420년

1 6의 배수는 2의 배수이면서 3의 배수입니다.
2의 배수이려면 일의 자리에 0, 2, 4를 놓아야 합니다.

$\boxed{}\,0,\ \boxed{}\,2,\ \boxed{}\,4$ 에서 각 자리 숫자의 합이 3의 배수가 되는 경우를 알아봅니다.

$\boxed{}\,0$ 인 경우 앞의 세 자리에 2, 3, 4 또는 2, 4, 9를 놓을 수 있습니다.

· 2, 3, 4일 때: 2340, 2430, 3240, 3420, 4230, 4320

· 2, 4, 9일 때: 2490, 2940, 4290, 4920, 9240, 9420

$\boxed{}\,2$ 인 경우 앞의 세 자리에 0, 3, 4 또는 0, 4, 9 또는 3, 4, 9를 놓을 수 있습니다.

· 0, 3, 4일 때: 3042, 3402, 4032, 4302

· 0, 4, 9일 때: 4092, 4902, 9042, 9402

· 3, 4, 9일 때: 3492, 3942, 4392, 4932, 9342, 9432

$\boxed{}\,4$ 인 경우 앞의 세 자리에 0, 2, 3 또는 0, 2, 9 또는 2, 3, 9를 놓을 수 있습니다.

· 0, 2, 3일 때: 2034, 2304, 3024, 3204

· 0, 2, 9일 때: 2094, 2904, 9024, 9204

· 2, 3, 9일 때: 2394, 2934, 3294, 3924, 9234, 9324

따라서 6의 배수를 40개 만들 수 있습니다.

2 두 수의 최대공약수가 18이므로 두 수는 $18 \times \bullet$, $18 \times \blacksquare$로 나타낼 수 있습니다.

두 수의 합이 90이므로 $18 \times \bullet + 18 \times \blacksquare = 90$, $\bullet + \blacksquare = 90 \div 18 = 5$입니다.

두 수의 최소공배수가 108이므로
$18 \times \bullet \times \blacksquare = 108$, $\bullet \times \blacksquare = 108 \div 18 = 6$입니다.

따라서 $\bullet + \blacksquare = 5$, $\bullet \times \blacksquare = 6$이므로
$\bullet$와 $\blacksquare$는 2와 3입니다.

⇨ 두 수는 $18 \times 2 = 36$, $18 \times 3 = 54$입니다.

3 각 칸이 나타내는 수를 써 보면 아래와 같습니다.

1	4	16
1	4	16
1	4	16

21과 □의 최대공약수가 7이므로 □가 될 수 있는 가장 작은 두 자리 수는 14입니다.

4 ㉠과 72의 최대공약수는 24이므로 ㉠은 24의 배수입니다. ㉠과 64의 최대공약수는 16이므로 ㉠은 16의 배수입니다. ⇨ ㉠은 24와 16의 공배수입니다.

```
2 ) 24  16      24와 16의 최소공배수는
2 ) 12   8      2×2×2×3×2=48이므로
2 )  6   4      ㉠은 48의 배수입니다.
     3   2      따라서 ㉠에 알맞은 수 중에서 가장 작
```

은 수는 48입니다.

5
```
2 ) 84  36  12    84, 36, 12의 최소공배수만큼
2 ) 42  18   6    톱니가 맞물려야 세 톱니바퀴가
3 ) 21   9   3    다시 처음에 맞물렸던 자리로 돌
     7   3   1    아옵니다.
```

⇨ 최소공배수: $2 \times 2 \times 3 \times 7 \times 3 \times 1 = 252$

따라서 ㉠ 톱니바퀴는 $252 \div 84 = 3$(바퀴) 더 돌아야 합니다.

6
```
2 ) 12  30    2 ) 60  84      12와 30의 최소공배수가
3 )  6  15    2 ) 30  42      2×3×2×5=60이고
     2   5    3 ) 15  21      60과 84의 최소공배수는
                   5   7      2×2×3×5×7=420
```

이므로 세 수 12, 30, 84의 최소공배수는 420입니다. 따라서 목성, 토성, 천왕성이 다시 한 직선 위에 놓이게 되는 데에는 최소 420년이 걸립니다.

고수 단원평가문제

1 ㉢ **2** 1, 5, 7, 35 **3** <

4 175 **5** 84 **6** 21명

7 24 **8** 6가지 **9** 21

10 24일 후 **11** 6개 **12** 15장

13 3쌍 **14** 14 **15** ㉡

16 48 **17** 25그루 **18** 17136

19 답 ❶ 36은 모두 9의 배수입니다.

이유 예 ❷ 36의 배수인 36, 72, 108……은 모두 9의 배수이기 때문입니다.

20 풀이 ❶ 다른 한 수를 □라고 할 때 두 수의 최대공약수와 최소공배수를 구하는 식은 다음과 같습니다.

```
8 ) 48   □      최소공배수가 336이므로
     6   ▲      8×6×▲=336,
```
$48 \times ▲ = 336$, $▲ = 336 \div 48 = 7$입니다.

❷ 따라서 □는 $8 \times ▲$이므로 다른 한 수는 $8 \times 7 = 56$입니다. 답 56

21 풀이 ❶ 300과 200의 최소공배수는 600이므로 600 m마다 빨간색 리본과 노란색 리본을 동시에 묶게 됩니다. ❷ 9.7 km=9700 m이고 $9700 \div 600 = 16 \cdots 100$이므로 리본을 동시에 묶은 곳은 $1 + 16 = 17$(군데)입니다. 답 17군데

22 풀이 ❶ 어떤 수를 □라고 하면 100보다 작은
□의 배수가 6개이므로 □×6＜100이고
□×7＞100입니다. ❷ □×6＜100이고
□×7＞100이므로 □가 될 수 있는 수는 15
또는 16입니다. ❸ 15의 약수는 1, 3, 5, 15로
4개, 16의 약수는 1, 2, 4, 8, 16으로 5개입니다.
따라서 어떤 수는 15입니다. 답 15

23 풀이 ❶ [48, 32]는 48과 32의 최소공배수이므로
16×3×2＝96입니다. 16) 48 32
             3   2
[42, 56]은 42와 56의 최소공배수이므로
14×3×4＝168입니다. 14) 42 56
              3   4
❷ ([48, 32], [42, 56])   8) 96 168
＝(96, 168)이므로   3) 12 21
96과 168의 최대공약수입니다.   4   7
따라서 96과 168의 최대공약수는 8×3＝24이
므로 ([48, 32], [42, 56])＝24입니다. 답 24

1 오른쪽 수를 왼쪽 수와 어떤 수의 곱으로 나타낼 수
없는 수를 찾아봅니다.
㉠ 4×5＝20   ㉡ 5×13＝65   ㉣ 7×9＝63
⇨ ㉢은 오른쪽 수를 왼쪽 수와 어떤 수의 곱으로 나
타낼 수 없으므로 약수와 배수의 관계가 아닙니다.

2 두 수의 공약수는 두 수의 최대공약수인 35의 약수와
같습니다. ⇨ 35의 약수: 1, 5, 7, 35

3 2) 42 24   2) 66 18
  3) 21 12   3) 33 9
     7   4   11 3
⇨ 최소공배수: ⇨ 최소공배수:
  2×3×7×4＝168   2×3×11×3＝198
따라서 168＜198이므로 ○ 안에 ＜이 들어갑니다.

4 7을 1배, 2배, 3배……한 수이므로 7의 배수입니다.
따라서 25째 수는 7×25＝175입니다.

5 두 수의 공배수는 두 수의 최소공배수인 28의 배수와
같으므로 28, 56, 84, 112……입니다.
이 중에서 80보다 큰 두 자리 수는 84입니다.

6 3) 105 84 ⇨ 최대공약수: 3×7＝21
  7) 35   28 따라서 최대 21명까지 나누어 줄 수
     5   4   있습니다.

7 48의 약수: 1, 2, 3, 4, 6, 8, 12, 16, 24, 48
48의 약수 중에서 3의 배수인 수: 3, 6, 12, 24, 48
따라서 48의 약수도 되고 3의 배수도 되는 수 중에서
둘째로 큰 수는 24입니다.

8 땅을 가장 큰 정사각형으로 남김없이 나누는 방법을
알아봅니다.
5) 75 50 ⇨ 75와 50의 최대공약수는 5×5＝
5) 15 10   25이므로 땅을 한 변의 길이가 25 m
   3   2   인 정사각형 모양으로 나눕니다.
따라서 가로 3개, 세로 2개로 나눌 때 땅을 모두 6개
로 나눌 수 있으므로 채소를 최소한 6가지 심을 수 있
습니다.

9 (어떤 수)－3을 6과 9로 나누면 나누어떨어지므로
(어떤 수)－3은 6과 9의 공배수입니다.
6과 9의 공배수 중에서 가장 작은 수는 6과 9의
최소공배수이므로 18입니다.
따라서 (어떤 수)－3＝18이므로
어떤 수는 18＋3＝21입니다.

10 8일과 12일의 최소공배수 시점에 처음으로 동시에
점검을 하게 됩니다.
2) 8 12 ⇨ 최소공배수: 2×2×2×3＝24
2) 4   6 따라서 다음에 두 기계를 동시에 점검하
   2   3 는 날은 오늘부터 24일 후입니다.

11 네 자리 수에서 오른쪽 끝의 두 자리가 00이거나 4의
배수가 되어야 하므로 끝의 두 자리 수가 될 수 있는
수는 28, 32, 72입니다.
따라서 만들 수 있는 4의 배수는 3728, 7328,
7832, 8732, 3872, 8372로 모두 6개입니다.

12 정사각형의 한 변은 색종이의 가로와 세로의 최소공
배수입니다.
2) 6 10 최소공배수: 2×3×5＝30
   3   5 ⇨ 정사각형의 한 변: 30 cm
(가로 한 줄에 필요한 색종이 수)＝30÷6＝5(장)
(세로 한 줄에 필요한 색종이 수)＝30÷10＝3(장)
따라서 필요한 전체 색종이 수는 5×3＝15(장)입니다.

13 두 수는 모두 15의 배수이므로 15×■, 15×▲와
같이 나타낼 수 있습니다.
두 수의 곱이 4500이므로
15×■×15×▲＝4500, ■×▲＝20입니다.

20 = 1 × 20 = 2 × 10 = 4 × 5이므로 조건을 만족하는 두 수는 (15, 300), (30, 150), (60, 75)입니다.
따라서 조건을 만족하는 두 수는 모두 3쌍입니다.

14
$$2\,)\,\underline{84\quad 56}$$ ⇨ 84와 56의 최대공약수:
$$2\,)\,\underline{42\quad 28}$$ $2 \times 2 \times 7 = 28$
$$7\,)\,\underline{21\quad 14}$$ 어떤 수는 20보다 작은 28의 약수이므
$$\quad\;\;3\quad\;\;2$$ 로 어떤 수가 될 수 있는 수는 1, 2, 4, 7, 14입니다.
1, 2, 4, 7의 약수들의 합은 각각 20보다 작습니다.
14의 약수: 1, 2, 7, 14 → 합: $1+2+7+14=24$
따라서 조건을 모두 만족하는 어떤 수는 14입니다.

15 ㉠ 2100은 4의 배수이고 100의 배수이므로 2100년은 평년입니다.
㉡ 2160은 4의 배수이므로 2160년은 윤년입니다.
㉢ 2217은 4의 배수가 아니므로 2217년은 평년입니다.
따라서 윤년인 해는 ㉡입니다.

16
$$12\,)\,\underline{㉠\quad 60}$$ ⇨ 최소공배수: $12 \times ■ \times 5 = 240$
$$\quad\quad\;■\quad\;5$$ $60 \times ■ = 240$, $■ = 240 \div 60 = 4$
따라서 ㉠ $= 12 \times ■ = 12 \times 4 = 48$입니다.

17 $960 \div 30 = 32$이므로 나무를 심을 곳은 32(군데)입니다. 나무를 심을 곳과 가로등을 세울 곳이 겹쳐지는 곳은 30과 40의 최소공배수인 120 m 간격입니다.
$960 \div 120 = 8$이므로 겹쳐지는 곳은 8(군데)입니다.
시작점에 놓는 나무를 생각하면 필요한 나무 수는 $32 - 8 + 1 = 25$(그루)입니다.

18 12의 배수는 3의 배수이면서 4의 배수입니다.
주어진 수를 17㉠3㉡이라 할 때
17㉠3㉡은 4의 배수이므로 3㉡은 4의 배수입니다.
⇨ ㉡ = 2 또는 ㉡ = 6
• ㉡ = 2일 때, 17㉠32는 3의 배수이므로
$1+7+㉠+3+2 = 13+㉠$은 3의 배수입니다.
⇨ ㉠이 될 수 있는 수는 2, 5, 8입니다.
• ㉡ = 6일 때, 17㉠36은 3의 배수이므로
$1+7+㉠+3+6 = 17+㉠$은 3의 배수입니다.
⇨ ㉠이 될 수 있는 수는 1, 4, 7입니다.
따라서 다섯 자리 수가 될 수 있는 가장 작은 수는 17136입니다.

19 【평가상의 유의점】 배수의 개념을 이해하여 바르게 설명했는지 확인합니다.

단계	채점 기준	점수
❶	36의 배수는 모두 9의 배수인지 쓰기	2점
❷	이유 설명하기	3점

20 【평가상의 유의점】 어떤 두 수의 최대공약수와 최소공배수의 관계를 이용하여 다른 한 수를 구했는지 확인합니다.

단계	채점 기준	점수
❶	어떤 두 수의 최대공약수와 최소공배수를 이용하여 ▲ 구하기	3점
❷	다른 한 수 구하기	2점

21 【평가상의 유의점】 300과 200의 최소공배수를 구하여 리본을 동시에 묶은 곳은 몇 군데인지 구했는지 확인합니다.

단계	채점 기준	점수
❶	300과 200의 최소공배수 구하기	2점
❷	리본을 동시에 묶은 곳은 몇 군데인지 구하기	3점

22 【평가상의 유의점】 조건을 만족하는 어떤 수의 범위를 구하여 어떤 수가 될 수 있는 수를 구했는지 확인합니다.

단계	채점 기준	점수
❶	어떤 수의 범위 구하기	2점
❷	어떤 수가 될 수 있는 수 구하기	1점
❸	어떤 수 구하기	2점

23 【평가상의 유의점】 주어진 약속에 따라 알맞게 계산했는지 확인합니다.

단계	채점 기준	점수
❶	[48, 32]와 [42, 56]의 값 구하기	3점
❷	주어진 식의 값 구하기	2점

③ 규칙과 대응

고수 확인문제

49쪽

1 2, 4, 6, 8 **2** 20개

3 ■＝●×2(또는 ●＝■÷2)

4 4 / 3, 4, 5 식 ▲＝■＋1(또는 ■＝▲－1)

5 4 / 4, 8, 12, 16

6 ▲＝⊙×4(또는 ⊙＝▲÷4)

1 평행사변형의 수가 1개씩 늘어날 때마다 삼각형의 수는 2개씩 늘어납니다. 따라서 삼각형의 수는 평행사변형의 수의 2배입니다.

2 삼각형의 수는 평행사변형의 수의 2배입니다. 따라서 평행사변형이 10개일 때 필요한 삼각형의 수는 20개입니다.

3 삼각형의 수 는 평행사변형 수의 2배

    ↓   ↓   ↓   ↓

    ■   ＝   ●   ×2

평행사변형의 수 는 삼각형 수의 반

    ↓   ↓   ↓   ↓

    ●   ＝   ■   ÷2

따라서 대응 관계를 식으로 나타내면
■＝●×2 또는 ●＝■÷2입니다.

4 누름 못의 수는 종이의 수보다 1개 더 많으므로(＝종이의 수는 누름 못의 수보다 1개 더 적으므로) 종이의 수 ■와 누름 못의 수 ▲ 사이의 대응 관계를 식으로 나타내면 ▲＝■＋1 또는 ■＝▲－1입니다.

5 주전자의 수가 1개씩 늘어날 때마다 물의 양은 4 L씩 늘어납니다. 따라서 물의 양은 주전자의 수의 4배입니다.

6 물의 양 은 주전자 수의 4배

    ↓   ↓   ↓   ↓

    ▲   ＝   ⊙   ×4

주전자 수 는 물의 양을 4로 나눈 수

    ↓   ↓   ↓   ↓

    ⊙   ＝   ▲   ÷4

따라서 대응 관계를 식으로 나타내면
▲＝⊙×4 또는 ⊙＝▲÷4입니다.

STEP 1 고수 대표유형문제

50~56쪽

1 대표문제 ㉠ 35 ㉡ 40

식 ▲＝■×5(또는 ■＝▲÷5)

1단계 5, 35, 40 2단계 5, 5

유제 **1** ㉠ 5 ㉡ 42 유제 **2** 6

---

2 대표문제 23개

1단계 3, 5, 7, 9 2단계 2, 2, 1 3단계 2, 1, 23

유제 **3** 61개 유제 **4** 22개

---

3 대표문제 37살

1단계 7, 7 2단계 7, 7, 37, 37

유제 **5** 22살 유제 **6** 37살

---

4 대표문제 오후 3시

1단계 7, 7 2단계 7, 15, 15, 3

유제 **7** 오전 11시 유제 **8** 오전 10시

---

5 대표문제 1700원, 2300원

1단계 600 / 1900, 2000, 2100, 2200, 2300

2단계 1700, 2300

유제 **9** 8개, 32개 유제 **10** 7개, 10개, 21개

---

6 대표문제 25개

1단계 3700 / 1400, 2100, 2800, 3500, 4200

2단계 25

유제 **11** 6분 후 유제 **12** 15개

---

7 대표문제 예 ▲＝4×⊙＋1

1단계 4 / 3, 5 2단계 4, 1

유제 **13** 12, 5, 6, 7, 8 식 예 ■＝●÷3＋2

유제 **14** 190

유제 **1** ★이 7씩 커질 때마다 ●는 1씩 커집니다.
7＝7×1, 14＝7×2, 21＝7×3, 28＝7×4이므로 ★과 ● 사이의 대응 관계를 식으로 나타내면
★＝●×7 또는 ●＝★÷7입니다.
따라서 ㉠＝35÷7＝5, ㉡＝7×6＝42입니다.

유제 **2** 1＝36÷36, 2＝36÷18, 3＝36÷12,
4＝36÷9이므로 ⊙는 36을 ■로 나눈 수입니다.
■와 ⊙ 사이의 대응 관계를 식으로 나타내면
⊙＝36÷■입니다.

따라서 ■가 6일 때 ⊙=36÷6=6이므로 ⊙=6입니다.

다른 풀이 ■와 ⊙의 곱은 36으로 일정합니다. ■가 6일 때 6×6=36이므로 ⊙의 값은 6입니다.

유제 **3**

정사각형의 수(■)	1	2	3	4	⋯⋯
성냥개비의 수(●)	4	7	10	13	⋯⋯

처음 정사각형 1개를 만들 때 성냥개비 4(=3+1)개가 필요하고, 정사각형이 1개씩 늘어날 때마다 성냥개비는 3개씩 늘어나므로 ■와 ● 사이의 대응 관계를 식으로 나타내면 ●=■×3+1입니다. 따라서 정사각형을 20개 만드는 데 필요한 성냥개비는 모두 20×3+1=61(개)입니다.

유제 **4**

오각형의 수(★)	1	2	3	4	⋯⋯
성냥개비의 수(●)	5	9	13	17	⋯⋯

처음 오각형 1개를 만들 때 성냥개비 5(=4+1)개가 필요하고, 오각형이 1개씩 늘어날 때마다 성냥개비는 4개씩 늘어나므로 ★와 ● 사이의 대응 관계를 식으로 나타내면 ●=★×4+1입니다. ★×4+1=90에서 ★×4=89이고 ★×4=88일 때, ★=22이므로 성냥개비 90개로 만들 수 있는 오각형은 최대 22개입니다.

유제 **5** 2018년에 시은이의 나이는 13-1=12(살)입니다. 재호와 시은이의 나이 차는 항상 12-9=3(살)입니다. 재호의 나이를 ▲, 시은이의 나이를 ⊙라고 하고 ▲와 ⊙ 사이의 대응 관계를 식으로 나타내면 ⊙=▲+3입니다.
⊙=▲+3에서 ⊙=25일 때 25=▲+3, ▲=22입니다.
따라서 시은이가 25살일 때 재호는 22살입니다.

유제 **6** 정수는 2000년에 2살이었으므로 2000년부터 6년 후인 2006년에는 2+6=8(살)입니다. 정수와 민아의 나이 차는 항상 13-8=5(살)입니다. 정수의 나이를 ▲, 민아의 나이를 ⊙라고 하고 ▲와 ⊙ 사이의 대응 관계를 식으로 나타내면 ⊙=▲+5입니다. ⇨ ▲=32일 때 ⊙=32+5=37
따라서 정수가 32살이 되는 해에 민아는 37살입니다.

다른 풀이 민아는 2006년에 13살이었으므로 2006년부터 6년 전인 2000년에 13-6=7(살)입니다. 정수와 민아의 나이 차는 항상 7-2=5(살)입니다.

따라서 정수가 32살이 되는 해에 민아는 32+5=37(살)입니다.

유제 **7** 서울의 시각은 라오스의 시각보다 2시간이 빠릅니다. 서울의 시각을 ♥, 라오스의 시각을 ■라고 하고 ♥와 ■ 사이의 대응 관계를 식으로 나타내면 ■=♥-2입니다.
오후 1시는 12+1=13(시)이므로 ■=♥-2에서 ♥=13일 때 ■=13-2=11입니다.
따라서 서울이 오후 1시일 때 라오스는 오전 11시입니다.

유제 **8** 서울의 시각이 오후 2시일 때 뉴욕의 시각은 오전 1시이므로 서울의 시각은 뉴욕의 시각보다 13시간이 빠릅니다. 서울의 시각을 ♥, 뉴욕의 시각을 ■라고 하고 ♥와 ■ 사이의 대응 관계를 식으로 나타내면 ■=♥-13입니다.
오후 11시는 12+11=23(시)이므로 ■=♥-13에서 ♥=23일 때 ■=23-13=10입니다.
따라서 서울이 오후 11시일 때 뉴욕은 오전 10시입니다.

참고
1일은 24시간이고, 오전과 오후는 각각 12시간입니다.

유제 **9** (빨간색 주머니에 들어 있는 공깃돌 수)
＝(파란색 주머니에 들어 있는 공깃돌 수)×4

파란색 주머니	4	5	6	7	8	⋯⋯
빨간색 주머니	16	20	24	28	32	⋯⋯

표에서 파란색 주머니에 들어 있는 공깃돌 수와 빨간색 주머니에 들어 있는 공깃돌 수의 합이 40개인 경우는 파란색 주머니에 8개, 빨간색 주머니에 32개가 들어 있는 경우입니다.

다른 풀이 (파란색 주머니에 들어 있는 공깃돌 수)
＝(빨간색 주머니에 들어 있는 공깃돌 수)÷4
라고 생각하여 표를 만들어 알아보아도 됩니다.

유제 **10** (혜지가 먹는 젤리 수)
＝(준서가 먹는 젤리 수)+3,
(민우가 먹는 젤리 수)＝(준서가 먹는 젤리 수)×3

준서	3	4	5	6	7	⋯⋯
혜지	6	7	8	9	10	⋯⋯
민우	9	12	15	18	21	⋯⋯

표에서 준서, 혜지, 민우가 먹는 젤리 수의 합이 38개인 경우는 준서가 7개, 혜지가 10개, 민우가 21개를 먹는 경우입니다.

유제 11 성우가 집을 떠나고 10분 동안 걸어간 거리는 $10 \times 30 = 300$(m)입니다.

형이 뛰어간 시간과 성우가 간 거리, 형이 간 거리 사이의 대응 관계를 표로 나타내어 봅니다.

형이 뛰어간 시간(분)	1	2	3	4	5	6
성우가 간 거리(m)	330	360	390	420	450	480
형이 간 거리(m)	80	160	240	320	400	480

성우와 형이 간 거리가 같아지는 때는 형이 뛰어간 시간이 6분이 될 때이므로 형은 출발한 지 6분 후에 성우를 만날 수 있습니다.

다른 풀이 성우와 형 사이의 거리는 1분마다 $80 - 30 = 50$(m)씩 줄어듭니다.

줄어드는 거리가 300 m가 되는 때는 몇 분 후인지 알아봅니다.

형이 뛰어간 시간(분)	1	2	3	4	5	6
성우와 형의 줄어드는 거리(m)	50	100	150	200	250	300

유제 12 장식 고리의 수와 구슬의 수 사이의 대응 관계를 식으로 나타내면 (구슬의 수)=(장식 고리의 수)$\times 3$입니다. 장식 고리의 수와 구슬의 수 사이의 대응 관계를 표로 나타내어 봅니다.

장식 고리의 수(개)	60	61	62	63	64
구슬의 수(개)	180	183	186	189	192

▷ 구슬 190개로 만들 수 있는 장식 고리는 63개입니다.
팔찌의 수와 장식 고리의 수 사이의 대응 관계를 식으로 나타내면 (장식 고리의 수)=(팔찌의 수)$\times 4$입니다. 팔찌의 수와 장식 고리의 수 사이의 대응 관계를 표로 나타내어 봅니다.

팔찌의 수(개)	12	13	14	15	16
장식 고리의 수(개)	48	52	56	60	64

▷ 장식 고리 63개로 팔찌를 15개까지 만들 수 있습니다.
따라서 구슬 190개로 팔찌를 15까지 만들 수 있습니다.

유제 13 $3 \div 3 = 1$, $6 \div 3 = 2$, $9 \div 3 = 3$, $12 \div 3 = 4$, $15 \div 3 = 5$, $18 \div 3 = 6$이므로
●와 ▲ 사이의 대응 관계를 식으로 나타내면

▲ = ● $\div 3$입니다.
$1 + 2 = 3$, $2 + 2 = 4$, $3 + 2 = 5$, $4 + 2 = 6$, $5 + 2 = 7$, $6 + 2 = 8$이므로
▲와 ■ 사이의 대응 관계를 식으로 나타내면
■ = ▲ $+ 2$입니다.
따라서 ●와 ■ 사이의 대응 관계를 식으로 나타내면
■ = ● $\div 3 + 2$입니다.

유제 14 ★은 2씩 커지고 ■는 8씩 커집니다.
8은 2의 4배이므로 ★$\times 4$에 어떤 수를 더하거나 빼서 ■가 되는 경우를 찾아봅니다.

★	5	7	9	11	13	15
★$\times 4$	20	28	36	44	52	60
■	10	18	26	34	42	50

★과 ■ 사이의 대응 관계를 식으로 나타내면
■ = ★$\times 4 - 10$입니다.
따라서 ★ = 50일 때
■ = $50 \times 4 - 10 = 200 - 10 = 190$입니다.

참고

일정하게 커지거나 일정하게 작아지는 경우 $\times$나 $\div$를 이용하여 식의 일부분을 만들고 주어진 수를 만족하도록 $+$나 $-$를 이용하여 식을 완성합니다.

STEP 2 고수 실전문제
57~59쪽

1 8
2 3, 6, 9, 12 / 예 사각형 조각의 수는 배열 순서의 3배입니다.　**3** 2분 40초
4 예 ■ = 30 $-$ ●　**5** 예 ⊙ = ● $\times 15$
6 144　**7** 예 ★ = ● $\times 4 + 4$
8 59개　**9** 110
10 식 예 ■ = ▲ $\times 120$　답 25자루　**11** 8번
12 484 cm　**13** 100 g
14 66개　**15** 10200개
16 2분 20초　**17** 17째

1 $1 = 72 \div 72$, $2 = 72 \div 36$, $3 = 72 \div 24$, $4 = 72 \div 18$이므로 ▲는 72를 ★로 나눈 수입니다.
★와 ▲ 사이의 대응 관계를 식으로 나타내면

$\blacktriangle=72\div\bigstar$입니다.

따라서 $\bigstar$이 9일 때 $\blacktriangle=72\div9=8$입니다.

2 배열 순서가 1씩 늘어날 때마다 사각형 조각은 3개씩 많아집니다. 따라서 사각형 조각의 수는 배열 순서의 3배입니다.

3

자른 횟수(번)	1	2	3	4	5	6	7	8
도막의 수(도막)	2	3	4	5	6	7	8	9

(자른 횟수)=(도막의 수)−1

철근 1개를 9도막으로 자르려면 $9-1=8$(번) 잘라야 합니다. 철근을 톱으로 한 번 자르는 데 20초가 걸리고 8번 잘라야 하므로 9도막으로 자르는 데 걸리는 시간은 $20\times8=160$(초)입니다.

따라서 철근 1개를 9도막으로 자르는 데 걸리는 시간은 2분 40초입니다.

4 직사각형의 짧은 변의 길이와 긴 변의 길이의 합은 $60\div2=30$(cm)입니다.

$\bullet$와 $\blacksquare$ 사이의 대응 관계를 표로 나타내어 봅니다.

$\bullet$	1	2	3	4	5	……
$\blacksquare$	29	28	27	26	25	……

따라서 $\bullet$와 $\blacksquare$ 사이의 대응 관계를 식으로 나타내면 $\blacksquare=30-\bullet$ 또는 $\bullet=30-\blacksquare$입니다.

5 한 시간 동안 승용차는 버스보다 $95-80=15$(km)씩 더 멀리 갑니다.

따라서 $\bullet$와 $\odot$ 사이의 대응 관계를 식으로 나타내면 $\odot=\bullet\times15$ 또는 $\bullet=\odot\div15$입니다.

6 윤지가 말하고 동훈이가 답한 수를 표로 나타내어 봅니다.

윤지가 말한 수($\odot$)	3	5	10
동훈이가 답한 수($\bullet$)	9	25	100

$\odot$와 $\bullet$ 사이의 대응 관계를 식으로 나타내면 $\bullet=\odot\times\odot$입니다.

따라서 윤지가 12라고 말하면 동훈이는 $12\times12=144$를 답해야 합니다.

7 $\bullet$와 $\bigstar$ 사이의 대응 관계를 표로 나타내어 봅니다.

$\bullet$	1	2	3	4	5	……
$\bigstar$	8	12	16	20	24	……

$\bullet$가 1씩 커질 때마다 $\bigstar$은 4씩 커지므로 $\bullet\times4$에 어

떤 수를 더하거나 빼서 $\bigstar$이 되는 경우를 찾아봅니다.

$1\times4+4=8,\ 2\times4+4=12,\ 3\times4+4=16,$
$4\times4+4=20,\ 5\times4+4=24$

따라서 $\bullet$와 $\bigstar$ 사이의 대응 관계를 식으로 나타내면 $\bigstar=\bullet\times4+4$입니다.

8

순서	1	2	3	4	……
바둑돌의 수(개)	2	5	8	11	……

(바둑돌의 수)=(순서)$\times3-1$

따라서 20째에 놓이는 바둑돌은 $20\times3-1=59$(개)입니다.

9

화살표 왼쪽의 수($\blacktriangledown$)	2	6	9
화살표 오른쪽의 수($\bullet$)	2	30	72

$\blacktriangledown$와 $\bullet$ 사이의 대응 관계를 식으로 나타내면 $\bullet=\blacktriangledown\times(\blacktriangledown-1)$입니다.

따라서 ? 에 알맞은 수는 $11\times(11-1)=110$입니다.

10 볼펜 한 자루를 팔 때 이익은 $600\div5=120$(원)이므로 $\blacktriangle$와 $\blacksquare$ 사이의 대응 관계를 표로 나타내어 봅니다.

$\blacktriangle$	1	2	3	4	5	……
$\blacksquare$	120	240	360	480	600	……

$\blacktriangle$와 $\blacksquare$ 사이의 대응 관계를 식으로 나타내면 $\blacksquare=\blacktriangle\times120$입니다.

$\blacksquare$가 3000일 때 $3000=\blacktriangle\times120,\ \blacktriangle=25$입니다.

따라서 팔린 볼펜은 25자루입니다.

11

자른 횟수(번)	1	2	3	4	……
잘라진 종이의 수(장)	2	4	8	16	……

$2,\ 2\times2=4,\ 4\times2=8,\ 8\times2=16$이므로 잘라진 종이의 수는 전에 잘라진 종이의 수의 2배입니다. $16\times2=32,\ 32\times2=64,\ 64\times2=128,$ $128\times2=256$이므로 종이를 8번 잘라야 합니다.

다른 풀이 $2\times2\times2\times2\times2\times2\times2\times2=256$으로 2를 8번 곱해 256이 되었으므로 종이를 8번 잘라야 합니다.

12 팔각형의 수($\blacktriangle$)와 둘레에 있는 변의 수($\blacksquare$) 사이의 대응 관계를 표로 나타내어 봅니다.

$\blacktriangle$	1	2	3	4	5	……
$\blacksquare$	8	14	20	26	32	……

$\blacktriangle$가 1씩 커질 때마다 $\blacksquare$는 6씩 커지므로 $\blacktriangle\times6$에

어떤 수를 더하거나 빼서 ■가 되는 경우를 찾아봅니다.
▲와 ■ 사이의 대응 관계를 식으로 나타내면 ■＝▲
×6＋2입니다.
▲가 40일 때 ■＝40×6＋2＝242입니다.
따라서 둘레의 길이는 2×242＝484(cm)입니다.

> **주의**
>
> 둘레에 있는 변의 수를 답하지 않도록 주의합니다.

13 추의 무게를 ■ g, ㉠과 ㉡ 두 용수철의 늘어난 길이
의 차를 ▲ cm라 하여 ■와 ▲ 사이의 대응 관계를
표로 나타내어 봅니다.

추의 무게(■)	10	20	30	40
늘어난 길이의 차(▲)	2	4	6	8

■와 ▲ 사이의 대응 관계를 식으로 나타내면
■＝▲×5입니다.
따라서 ▲가 20일 때 ■＝20×5＝100이므로 매단
추의 무게는 100 g입니다.

14

종이의 수(장)	1	2	3	4	5	……
누름 못의 수(개)	4	6	8	10	12	……

(누름 못의 수)＝(종이의 수)×2＋2
종이를 11장 붙일 때 필요한 누름 못은
11×2＋2＝24(개)입니다.
한 줄에 11장씩 2줄 붙이면 셋째 줄에 붙이는 종이의
수는 30－11×2＝8(장)입니다. 즉, 셋째 줄에 종이를
붙일 때 필요한 누름 못은 8×2＋2＝18(개)입니다.
따라서 30장의 종이를 모두 붙일 때 필요한 누름 못
은 24×2＋18＝66(개)입니다.

15 구슬의 수를 식으로 나타내면 3＝3×1, 8＝4×2,
15＝5×3, 24＝6×4……입니다.
구슬이 놓인 순서를 ■, 구슬의 수를 ▲라고 할 때
■와 ▲ 사이의 대응 관계를 식으로 나타내면
▲＝(■＋2)×■입니다.
따라서 ■＝100일 때 ▲＝(100＋2)×100＝10200
이므로 100째에 놓아야 할 구슬은 10200개입니다.

16 늘어나는 시간과 세균의 수 사이의 대응 관계를 표로
나타내어 봅니다.

시간(초)	0	20	40	60	80	100	120	140
세균의 수(마리)	1	2	4	8	16	32	64	128

1마리에서 128마리까지 7번 늘어나므로 늘어나는 데
걸린 시간은 20×7＝140(초)입니다.
따라서 세균 1마리가 128마리가 되는 데 걸린 시간
은 2분 20초입니다.

17

순서(■)	1	2	3	4	5	6	7	……
수(▲)	5	11	17	23	29	35	41	……

순서가 1씩 커질 때마다 수가 6씩 커집니다.
1×6－1＝5, 2×6－1＝11, 3×6－1＝17,
4×6－1＝23, 5×6－1＝29, 6×6－1＝35,
7×6－1＝41……이므로 ■째 수를 ▲라 할 때
■와 ▲ 사이의 대응 관계를 식으로 나타내면
■×6－1＝▲입니다.
16째 수가 16×6－1＝95,
17째 수가 17×6－1＝101이므로
처음으로 100보다 큰 수가 놓이는 것은 17째입니다.

STEP 3 고수 최고문제

60~61쪽

1 162 cm **2** 18 L **3** 41도막
4 7, 11, 12, 16, 48, 64 식 예 ◉＝▲×8＋16
5 40개 **6** 12월 4일 오전 2시

1 작은 정사각형의 한 변을 ■ cm라고 하여 표로 나타
내어 봅니다.

순서	첫째	둘째	셋째	넷째
작은 정사각형의 수	5	5＋3	5＋3＋3	5＋3＋3＋3
둘레	■×12	■×18	■×24	■×30

20＝5＋3＋3＋3＋3＋3이므로 작은 정사각형이
20개인 도형은 여섯째 도형입니다. 순서가 1씩 커질
때 둘레는 6씩 커지므로 여섯째 도형의 둘레는
■×(30＋6＋6)＝126, ■×42＝126,
■＝126÷42＝3
⇨ (작은 정사각형의 한 변)＝3 cm
따라서 여덟째 도형의 둘레는
3×(42＋6＋6)＝3×54＝162(cm)입니다.

2 따뜻한 물은 1분에 9÷3＝3(L)씩 나오고 찬물은 1분
에 28÷7＝4(L)씩 나옵니다. 따뜻한 물과 찬물을

받는 시간과 물의 양 사이의 대응 관계를 표로 나타내어 봅니다.

시간(분)	1	2	3	4	5	6
따뜻한 물의 양(L)	3	6	9	12	15	18
찬물의 양(L)	4	8	12	16	20	24

따라서 찬물을 24 L 받았을 때 따뜻한 물은 18 L 받았습니다.

다른 풀이 같은 시간에 나오는 따뜻한 물의 양과 찬물의 양 사이의 대응 관계를 식으로 나타내면
(따뜻한 물의 양)=(찬물의 양)÷4×3입니다.
따라서 찬물을 24 L 받았을 때 따뜻한 물은
24÷4×3=18(L) 받았습니다.

3

자른 횟수(◉)	1	2	3	4	……
도막의 수(●)	5	9	13	17	……

◉가 1씩 커질 때마다 ●가 4씩 커지므로 ◉×4에 어떤 수를 더하거나 빼서 ●가 되는 경우를 찾아봅니다.
⇨ ●=◉×4+1
따라서 ◉가 10일 때 ●=10×4+1=41이므로 41도막이 됩니다.

4 1×2+1=3, 2×2+1=5, 4×2+1=9,
6×2+1=13이므로 3×2+1=7,
5×2+1=11입니다. ⇨ ■=▲×2+1
3+3=6, 5+3=8, 7+3=10, 11+3=14이므로 9+3=12, 13+3=16입니다. ⇨ ★=■+3
6×4=24, 8×4=32, 10×4=40, 14×4=56이므로 12×4=48, 16×4=64입니다.
⇨ ◉=★×4

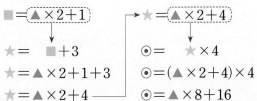

■=▲×2+1
★=■+3
★=▲×2+1+3
★=▲×2+4

★=▲×2+4
◉=★×4
◉=(▲×2+4)×4
◉=▲×8+16

5 흰색 바둑돌은 1×1+4=5, 2×2+4=8,
3×3+4=13, 4×4+4=20……과 같은 규칙으로 놓입니다.
■째에 놓이는 흰색 바둑돌은 ■×■+4(개)입니다.
검은색 바둑돌은 1×4=4, 2×4=8, 3×4=12, 4×4=16……과 같은 규칙으로 놓입니다.
■째에 놓이는 검은색 바둑돌은 ■×4(개)입니다.

⇨ ■×■+4=104, ■×■=100, ■=10
따라서 열째에 놓이는 검은색 바둑돌은
10×4=40(개)입니다.

6 오후 6시는 12+6=18(시)이므로 서울은 로마보다
18-11=7(시간) 빠릅니다.
오후 3시는 12+3=15(시)이므로 로마는 뉴욕보다
15-9=6(시간) 빠릅니다.
서울은 뉴욕보다 7+6=13(시간) 빠릅니다.
12월 3일 오후 1시부터 13시간 후는 13+13=26,
26-24=2이므로 12월 4일 오전 2시입니다.

주의

서울은 로마보다 시간이 빠르고 로마는 뉴욕보다 시간이 빠릅니다.
⇨ 서울은 뉴욕보다 시간이 빠릅니다.
   뉴욕은 서울보다 시간이 느립니다.

고수 단원평가문제
62~66쪽

1 5
2 식 예 ▲=■×5-1
3 57분
4 60개
5 15개
6 식 ▲=◉×4(또는 ◉=▲÷4)
7 식 예 ◆=▲×600 답 7분
8 11
9 22개
10 8월 4일 오후 6시
11 식 예 ▲=80+5×■
12 45 cm, 15 cm
13 2000원
14 50000원
15 8
16 68 cm
17 8분 후
18 32명
19 풀이 ❶ ●가 6씩 커질 때마다 ◉는 1씩 커집니다.
●와 ◉ 사이의 대응 관계를 식으로 나타내면
●=◉×6 또는 ◉=●÷6입니다.
❷ ㉠=7×6=42이고 ㉡=54÷6=9입니다.
답 ㉠=42, ㉡=9
20 풀이 ❶ 2010년에 태수의 나이는 9+1=10(살)입니다. 태수와 지호의 나이 차는
12-10=2(살)입니다. 태수와 지호 나이 사이의 대응 관계를 식으로 나타내면
(지호의 나이)=(태수의 나이)+2입니다.
❷ 따라서 태수가 20살이 되는 해에 지호는

20＋2＝22(살)입니다. **답** 22살

21 **풀이** ❶ 오후 2시는 12＋2＝14(시)이므로 모스크바는 서울보다 14－8＝6(시간) 느립니다.
❷ 오후 1시부터 6시간 전은 오전 12＋1－6＝7(시)입니다. 따라서 유리가 책 읽기를 끝냈을 때 모스크바의 시각은 오전 7＋2＝9(시)입니다.
답 오전 9시

22 **풀이** ❶ 그리는 삼각형의 수와 찾을 수 있는 삼각형의 수 사이의 대응 관계를 표로 나타내어 봅니다.

그리는 삼각형의 수(▼)	1	2	3	4	……
찾을 수 있는 삼각형의 수(▲)	4	7	10	13	……

▼가 1씩 커질 때마다 ▲는 3씩 커지므로 ▼×3에 어떤 수를 더하거나 빼서 ▲가 되는 경우를 찾아봅니다. ▼와 ▲ 사이의 대응 관계를 식으로 나타내면 ▲＝▼×3＋1입니다. ❷ 따라서 ▲가 34일 때 34＝▼×3＋1, 33＝▼×3, ▼＝11이므로 삼각형 11개를 그려야 합니다. **답** 11개

23 **풀이** ❶ 왼쪽 아래에서부터 ㄱ자로 순서를 세었을 때 빨간색은 1, 4, 7, 10……줄에, 초록색은 3, 6, 9, 12……줄에 색칠합니다. 한 변이 20개의 정사각형으로 이루어져 있으므로 모두 20줄입니다.
(■째 줄에 칠해지는 정사각형의 수)＝■×2－1(개)
❷ 순서와 빨간색이 칠해지는 정사각형의 수 사이의 대응 관계를 표로 나타내어 봅니다.

순서	1	4	7	10	13	16	19
빨간색 정사각형의 수	1	7	13	19	25	31	37

(빨간색 정사각형의 수)
＝1＋7＋13＋19＋25＋31＋37
＝(1＋37)×7÷2＝133(개)
순서와 초록색이 칠해지는 정사각형의 수 사이의 대응 관계를 표로 나타내어 봅니다.

순서	3	6	9	12	15	18
초록색 정사각형의 수	5	11	17	23	29	35

(초록색 정사각형의 수)
＝5＋11＋17＋23＋29＋35
＝(5＋35)×6÷2＝120(개)
❸ 따라서 빨간색으로 칠해진 작은 정사각형의 수와 초록색으로 칠해진 작은 정사각형의 수의 차는 133－120＝13(개)입니다. **답** 13개

1 2×200＝400, 4×100＝400, 8×50＝400, 10×40＝400이므로 ★×●＝400입니다.
★＝5일 때 5×㉠＝400, ㉠＝400÷5＝80
●＝25일 때 ㉡×25＝400, ㉡＝400÷25＝16
⇨ ㉠÷㉡＝80÷16＝5

2 ■가 1씩 커질 때마다 ▲는 5씩 커지므로 ■×5에 어떤 수를 더하거나 빼서 ▲가 되는 경우를 찾아봅니다.
1×5－1＝4, 2×5－1＝9, 3×5－1＝14, 4×5－1＝19, 5×5－1＝24, 6×5－1＝29
■와 ▲ 사이의 대응 관계를 식으로 나타내면 ▲＝■×5－1입니다.

3 통나무를 자른 횟수와 통나무의 도막 수 사이의 대응 관계를 표로 나타내어 봅니다.

통나무를 자른 횟수(번)	1	2	3	4	5	……
통나무 도막의 수(도막)	2	3	4	5	6	……

⇨ (통나무 도막의 수)－1＝(통나무를 자른 횟수)
통나무를 20도막으로 자르려면 20－1＝19(번) 잘라야 합니다.
따라서 쉬지 않고 통나무를 20도막으로 자르는 데 걸리는 시간은 3×19＝57(분)입니다.

4 순서와 공깃돌의 수 사이의 대응 관계를 표로 나타내어 봅니다.

순서	1	2	3	4	……
공깃돌의 수(개)	3	6	9	12	……

⇨ (공깃돌의 수)＝(순서)×3
따라서 20째에 놓아야 할 공깃돌은 20×3＝60(개)입니다.

5 2.3 kg＝2300 g입니다.
만들 수 있는 케이크의 수와 필요한 설탕의 양 사이의 대응 관계를 표로 나타내어 봅니다.

케이크의 수(개)	3	6	9	12	15	18
설탕의 양(g)	450	900	1350	1800	2250	2700

따라서 설탕 2300 g으로 케이크를 15개까지 만들 수 있습니다.

6 탑의 층수와 이쑤시개의 수 사이의 대응 관계를 표로 나타내어 봅니다.

탑의 층수(◉)	1	2	3	4	……
이쑤시개의 수(▲)	4	8	12	16	……

이쑤시개의 수는 탑의 층수의 4배입니다.
따라서 ⊙와 ▲ 사이의 대응 관계를 식으로 나타내면
▲＝⊙×4 또는 ⊙＝▲÷4입니다.

7 ▲와 ◆ 사이의 대응 관계를 식으로 나타내면
◆＝▲×600입니다.
4 km＝4000 m이고,
6×600＝3600, 7×600＝4200이므로 4 km를
가려면 적어도 7분이 걸립니다.

> **주의**
> 6분이라고 답하지 않도록 주의합니다. 6분 동안에는
> 3600 m만 가게 됩니다.

8 2 ⇨ 2×2＋2＝6
4 ⇨ 4×4＋2＝18
5 ⇨ 5×5＋2＝27
(민서가 답한 수)
＝(동우가 말한 수)×(동우가 말한 수)＋2
따라서 동우가 1이라고 말하면 민서는 1×1＋2＝3
이라고 답하고 다시 동우가 3이라고 말하면 민서는
3×3＋2＝11이라고 답합니다.

9

육각형의 수(●)	1	2	3	4	5
둘레에 있는 변의 수(⊙)	6	10	14	18	22

●가 1씩 커질 때마다 ⊙는 4씩 커지므로 ●×4에
어떤 수를 더하거나 빼서 ⊙가 되는 경우를 찾아봅니다.
1×4＋2＝6, 2×4＋2＝10, 3×4＋2＝14,
4×4＋2＝18, 5×4＋2＝22이므로
●와 ⊙ 사이의 대응 관계를 식으로 나타내면
⊙＝●×4＋2입니다.
따라서 ⊙가 90일 때 90＝●×4＋2, 88＝●×4,
●＝22이므로 육각형은 22개입니다.

10 오후 5시는 12＋5＝17(시)이므로 런던은 서울보다
17－9＝8(시간) 느립니다.
8월 5일 오전 2시부터 8시간 전은
8월 4일 오후 12＋2－8＝6(시)입니다.

> **참고**
> 오전과 오후는 각각 12시간입니다.

11 물을 받는 시간과 물탱크에 들어 있는 물 사이의 대응
관계를 표로 나타내어 봅니다.

물을 받는 시간(분)	0	1	2	3	4	……
물탱크에 들어 있는 물의 양(L)	80	85	90	95	100	……

물을 받는 시간(■)이 1분씩 지날 때마다 물탱크에 들
어 있는 물의 양(▲)은 80 L에서 5 L씩 늘어납니다.
⇨ ▲＝80＋5×■

12 세아가 가지는 색 테이프의 길이의 3배가 정민이가
가지는 색 테이프의 길이입니다.
(정민이가 가지는 색 테이프의 길이)
＝(세아가 가지는 색 테이프의 길이)×3

세아(cm)	10	11	12	13	14	15
정민(cm)	30	33	36	39	42	45

표에서 정민이의 색 테이프의 길이와 세아의 색 테이
프의 길이의 합이 60 cm인 경우는 정민이가 45 cm,
세아가 15 cm를 가지는 경우입니다.

13

종이의 수(■)	1	2	3	4	5	……
누름 못의 수(●)	4	6	8	10	12	……

■가 1씩 커질 때마다 ●는 2씩 커지므로 ■×2에
어떤 수를 더하거나 빼서 ●가 되는 경우를 찾아봅니다.
1×2＋2＝4, 2×2＋2＝6, 3×2＋2＝8,
4×2＋2＝10, 5×2＋2＝12
■와 ● 사이의 대응 관계를 식으로 나타내면
●＝■×2＋2입니다.
⇨ ■가 20일 때 20×2＋2＝42이므로 누름 못은
42개 필요합니다.
따라서 필요한 돈은
50×20＋200×5＝1000＋1000＝2000(원)입
니다.

> **주의**
> 누름 못을 4통 사면 누름 못의 수는 40개가 되어 모자랍니
> 다. 따라서 누름 못을 5통 사야 합니다.

14 가방의 수를 ●, 만드는 비용을 ■, 판매 금액을 ▲라
고 할 때 ■＝●×4000이고 ▲＝●×6500입니다.
이익은 ▲－■이므로 가방을 20개 팔았을 때 이익은
20×6500－20×4000＝130000－80000
＝50000(원)입니다.

다른 풀이 가방의 수와 이익 사이의 대응 관계를 식으

로 나타내면

(이익)=(가방의 수)×(6500−4000)

　　　　=(가방의 수)×2500입니다.

따라서 가방을 20개 팔았을 때 이익은

20×2500=50000(원)입니다.

15 곱이 84가 되는 수 중 작은 수를 ㉠, 큰 수를 ㉡이라
고 하여 표로 나타내어 봅니다.

㉠	1	2	3	4	6	7
㉡	84	42	28	21	14	12
㉠+㉡	85	44	31	25	20	19

㉠=6, ㉡=14이므로 두 수의 차는 14−6=8입니다.

16 정삼각형 1개의 둘레는 4×3=12(cm)입니다.

2개를 이어 붙인 도형의 둘레는 4×4=16(cm),

정삼각형 3개를 이어 붙인 도형의 둘레는

4×5=20(cm),

정삼각형 4개를 이어 붙인 도형의 둘레는

4×6=24(cm)입니다.

⇨ (도형의 둘레)=4×(정삼각형의 수+2)

정삼각형 15개를 이어 붙인 도형의 둘레는

4×(15+2)=68(cm)입니다.

17

시간(분)	1	2	3	4	5	6	7	8
물의 높이(m)	50	48	46	44	42	40	38	36

따라서 물의 높이가 36 m가 되는 때는 8분 후입니다.

다른 풀이 1분에 물의 높이는 50−48=2(m)씩 낮
아지고 있습니다. 시간을 ■분, 물의 높이를 ● m라
하여 ■와 ● 사이의 대응 관계를 식으로 나타내면

●=50−(■−1)×2입니다.

⇨ ●=36일 때 36=50−(■−1)×2,

　(■−1)×2=14, ■−1=7, ■=8

따라서 물의 높이가 36 m가 되는 때는 8분 후입니다.

18

탁자의 수(개)	1	2	3	4	……
사람의 수(명)	4	6	8	10	……

(사람의 수)=(탁자의 수)×2+2이므로 탁자 15개
를 붙이면 15×2+2=32(명)까지 앉을 수 있습니다.

19 **평가상의 유의점** ●와 ◉ 사이의 대응 관계를 식으로
나타내고 ㉠과 ㉡을 각각 구했는지 확인합니다.

단계	채점 기준	점수
❶	●와 ◉ 사이의 대응 관계를 식으로 나타내기	3점
❷	㉠과 ㉡에 알맞은 수를 각각 구하기	2점

20 **평가상의 유의점** 태수와 지호 나이 사이의 대응 관계를
식으로 나타낸 후 답을 구했는지 확인합니다.

단계	채점 기준	점수
❶	태수와 지호 나이 사이의 대응 관계를 식으로 나타내기	3점
❷	태수가 20살이 되는 해에 지호는 몇 살인지 구하기	2점

21 **평가상의 유의점** 서울의 시각과 모스크바의 시각 사이
의 대응 관계를 알아보고 유리가 책 읽기를 끝냈을 때
모스크바의 시각을 구했는지 확인합니다.

단계	채점 기준	점수
❶	서울의 시각과 모스크바의 시각 사이의 대응 관계 알아보기	2점
❷	유리가 책 읽기를 끝냈을 때 모스크바의 시각 구하기	3점

다른 풀이 유리가 책 읽기를 끝냈을 때 서울의 시각은
오후 1+2=3(시)입니다.

모스크바는 서울보다 6시간 느립니다.

따라서 모스크바의 시각은 오후 3시에서 6시간 전인
오전 12+3−6=9(시)입니다.

22 **평가상의 유의점** 그리는 삼각형의 수와 찾을 수 있는
삼각형의 수 사이의 대응 관계를 식으로 나타내어 구
했는지 확인합니다.

단계	채점 기준	점수
❶	그리는 삼각형의 수와 찾을 수 있는 삼각형의 수 사이의 대응 관계 알아보기	3점
❷	삼각형을 34개 찾으려면 삼각형을 몇 개 그려야 하는지 구하기	2점

23 **평가상의 유의점** 순서와 빨간색 정사각형의 수 사이의
대응 관계, 순서와 초록색 정사각형의 수 사이의 대응
관계를 알아보고 답을 구했는지 확인합니다.

단계	채점 기준	점수
❶	순서와 ■째 줄에 칠해지는 정사각형의 수 사이의 대응 관계를 식으로 나타내기	2점
❷	빨간색 정사각형의 수와 초록색 정사각형의 수 구하기	2점
❸	빨간색 정사각형의 수와 초록색 정사각형의 수의 차 구하기	1점

70~71쪽

고수 확인문제

1 예 / 3 **2** 4, 15, 8

3 $\dfrac{3}{5}$, $\dfrac{18}{30}$ **4** $\dfrac{8}{12}$, $\dfrac{4}{6}$, $\dfrac{2}{3}$ / $\dfrac{21}{28}$, $\dfrac{6}{8}$, $\dfrac{3}{4}$

5 (1) 1 / 3 (2) 2 / 7 **6** $\dfrac{1}{8}$, $\dfrac{3}{8}$, $\dfrac{5}{8}$, $\dfrac{7}{8}$

7 $\dfrac{14}{35}$, $\dfrac{15}{35}$ / $\dfrac{25}{60}$, $\dfrac{12}{60}$ **8** ㉠ 18 ㉡ 39

9 = / < **10** $\dfrac{11}{12}$ / $\dfrac{5}{6}$, $\dfrac{11}{12}$

11 $\dfrac{4}{5}$, $\dfrac{3}{4}$, 0.7 **12** 0.8

---

1 $\dfrac{6}{8}$은 8칸 중 6칸에 색칠해야 합니다.

$\dfrac{6}{8}$과 크기가 같도록 색칠하려면 4칸 중 3칸에 색칠해야 합니다. ⇨ $\dfrac{6}{8}$과 $\dfrac{3}{4}$은 크기가 같은 분수입니다.

2 $\dfrac{2}{5} = \dfrac{2 \times 2}{5 \times 2} = \dfrac{2 \times 3}{5 \times 3} = \dfrac{2 \times 4}{5 \times 4}$

⇨ $\dfrac{2}{5} = \dfrac{4}{10} = \dfrac{6}{15} = \dfrac{8}{20}$

3 $\dfrac{9}{15} = \dfrac{9 \div 3}{15 \div 3} = \dfrac{3}{5}$, $\dfrac{9}{15} = \dfrac{9 \times 2}{15 \times 2} = \dfrac{18}{30}$

4 • 16과 24의 공약수는 1, 2, 4, 8이므로 2, 4, 8로 분모와 분자를 나눕니다.

⇨ $\dfrac{16}{24} = \dfrac{16 \div 2}{24 \div 2} = \dfrac{8}{12}$, $\dfrac{16}{24} = \dfrac{16 \div 4}{24 \div 4} = \dfrac{4}{6}$,

$\dfrac{16}{24} = \dfrac{16 \div 8}{24 \div 8} = \dfrac{2}{3}$

• 42와 56의 공약수는 1, 2, 7, 14이므로 2, 7, 14로 분모와 분자를 나눕니다.

⇨ $\dfrac{42}{56} = \dfrac{42 \div 2}{56 \div 2} = \dfrac{21}{28}$, $\dfrac{42}{56} = \dfrac{42 \div 7}{56 \div 7} = \dfrac{6}{8}$,

$\dfrac{42}{56} = \dfrac{42 \div 14}{56 \div 14} = \dfrac{3}{4}$

5 (1) $\dfrac{12}{36} = \dfrac{12 \div 12}{36 \div 12} = \dfrac{1}{3}$

(2) $\dfrac{18}{63} = \dfrac{18 \div 9}{63 \div 9} = \dfrac{2}{7}$

6 분모가 8인 진분수 $\dfrac{1}{8}$, $\dfrac{2}{8}$, $\dfrac{3}{8}$, $\dfrac{4}{8}$, $\dfrac{5}{8}$, $\dfrac{6}{8}$, $\dfrac{7}{8}$ 중에서 기약분수는 $\dfrac{1}{8}$, $\dfrac{3}{8}$, $\dfrac{5}{8}$, $\dfrac{7}{8}$입니다.

7 • 5와 7의 최소공배수는 35이므로

$\left(\dfrac{2}{5}, \dfrac{3}{7} \right) ⇨ \left(\dfrac{2 \times 7}{5 \times 7}, \dfrac{3 \times 5}{7 \times 5} \right) ⇨ \left(\dfrac{14}{35}, \dfrac{15}{35} \right)$

• 12와 15의 최소공배수는 60이므로

$\left(\dfrac{5}{12}, \dfrac{3}{15} \right) ⇨ \left(\dfrac{5 \times 5}{12 \times 5}, \dfrac{3 \times 4}{15 \times 4} \right) ⇨ \left(\dfrac{25}{60}, \dfrac{12}{60} \right)$

8 $\dfrac{6}{13}$과 크기가 같은 분수는 $\dfrac{12}{26}$, $\dfrac{18}{39}$, $\dfrac{24}{52}$ …… 입니다.

9 • 8과 24의 최소공배수는 24이므로

$\dfrac{7}{8} = \dfrac{7 \times 3}{8 \times 3} = \dfrac{21}{24}$

• 9와 15의 최소공배수는 45이므로

$2\dfrac{4}{9} = 2\dfrac{4 \times 5}{9 \times 5} = 2\dfrac{20}{45}$, $2\dfrac{8}{15} = 2\dfrac{8 \times 3}{15 \times 3} = 2\dfrac{24}{45}$

⇨ $2\dfrac{20}{45} < 2\dfrac{24}{45}$이므로 $2\dfrac{4}{9} < 2\dfrac{8}{15}$입니다.

10 • $\left(\dfrac{5}{6}, \dfrac{7}{9} \right) ⇨ \left(\dfrac{15}{18}, \dfrac{14}{18} \right) ⇨ \dfrac{5}{6} > \dfrac{7}{9}$

• $\left(\dfrac{9}{10}, \dfrac{11}{12} \right) ⇨ \left(\dfrac{54}{60}, \dfrac{55}{60} \right) ⇨ \dfrac{9}{10} < \dfrac{11}{12}$

• $\dfrac{5}{6} = \dfrac{10}{12}$이므로 $\dfrac{5}{6}$와 $\dfrac{11}{12}$의 크기를 비교하면

$\dfrac{10}{12} < \dfrac{11}{12} ⇨ \dfrac{5}{6} < \dfrac{11}{12}$

11 분수를 소수로 나타내어 수의 크기를 비교해 봅니다.

• $\dfrac{3}{4} = \dfrac{3 \times 25}{4 \times 25} = \dfrac{75}{100} = 0.75$

• $\dfrac{4}{5} = \dfrac{4 \times 2}{5 \times 2} = \dfrac{8}{10} = 0.8$

⇨ 0.8 > 0.75 > 0.7이므로 $\dfrac{4}{5} > \dfrac{3}{4} > 0.7$입니다.

12 주어진 수 카드 중 2장을 뽑아 진분수를 만들면

$\dfrac{3}{4}$, $\dfrac{3}{5}$, $\dfrac{4}{5}$, $\dfrac{3}{8}$, $\dfrac{4}{8}$, $\dfrac{5}{8}$를 만들 수 있습니다.

가장 큰 진분수는 $\dfrac{4}{5}$이므로 $\dfrac{4}{5}$를 소수로 나타내면

$\dfrac{4}{5} = \dfrac{4 \times 2}{5 \times 2} = \dfrac{8}{10} = 0.8$입니다.

1 대표문제 4개

1단계 180, 192   **2단계** 105, 112

3단계 105, 112, 4

유제 1 4개   유제 2 $\dfrac{154}{198}$, $\dfrac{161}{207}$, $\dfrac{168}{216}$, $\dfrac{175}{225}$

2 대표문제 $\dfrac{54}{84}$

1단계 23, 6, 6   **2단계** 6, 6   **3단계** 54 / 84

유제 3 $\dfrac{65}{117}$ 유제 4 $\dfrac{35}{56}$

3 대표문제 13개

1단계 30, 44   **2단계** 30, 44, 44   **3단계** 44, 43, 13

유제 5 $\dfrac{29}{60}$, $\dfrac{30}{60}$, $\dfrac{31}{60}$, $\dfrac{32}{60}$ 유제 6 $\dfrac{7}{12}$

4 대표문제 84개

1단계 7, 3   **2단계** 6, 6, 62   **3단계** 62, 84

유제 7 72개   유제 8 48개

5 대표문제 4반, 1반, 2반, 3반

2단계 68, <   **3단계** 2, 3 / 1, 2, 3

유제 9 $\dfrac{4}{15}$, $\dfrac{2}{5}$, $\dfrac{1}{2}$, $\dfrac{3}{4}$, $\dfrac{5}{6}$ 유제 10 $\dfrac{4}{9}$

유제 1 $220 \div 15 = 14 \cdots 10$, $280 \div 15 = 18 \cdots 10$이므로 220보다 크고 280보다 작은 수 중에서 15의 배수는 $15 \times 15 = 225$, $15 \times 16 = 240$, $15 \times 17 = 255$, $15 \times 18 = 270$입니다.

$\dfrac{11}{15} = \dfrac{11 \times 15}{15 \times 15} = \dfrac{165}{225}$, $\dfrac{11}{15} = \dfrac{11 \times 16}{15 \times 16} = \dfrac{176}{240}$,

$\dfrac{11}{15} = \dfrac{11 \times 17}{15 \times 17} = \dfrac{187}{255}$, $\dfrac{11}{15} = \dfrac{11 \times 18}{15 \times 18} = \dfrac{198}{270}$

따라서 $\dfrac{11}{15}$과 크기가 같은 분수 중에서 분모가 220보다 크고 280보다 작은 수는 $\dfrac{165}{225}$, $\dfrac{176}{240}$, $\dfrac{187}{255}$, $\dfrac{198}{270}$로 4개입니다.

유제 2 $170 \div 9 = 18 \cdots 8$, $230 \div 9 = 25 \cdots 5$이므로 170보다 크고 230보다 작은 수 중에서 9의 배수는 $9 \times 19 = 171$, $9 \times 20 = 180$, $9 \times 21 = 189$, $9 \times 22 = 198$, $9 \times 23 = 207$, $9 \times 24 = 216$, $9 \times 25 = 225$입니다.

이때 $\dfrac{7}{9}$과 크기가 같은 분수는 $\dfrac{133}{171}$, $\dfrac{140}{180}$, $\dfrac{147}{189}$, $\dfrac{154}{198}$, $\dfrac{161}{207}$, $\dfrac{168}{216}$, $\dfrac{175}{225}$입니다.

따라서 조건에 알맞은 분수는 $\dfrac{154}{198}$, $\dfrac{161}{207}$, $\dfrac{168}{216}$, $\dfrac{175}{225}$입니다.

유제 3 $\dfrac{5}{9}$의 분모와 분자의 차는 $9 - 5 = 4$입니다.

$52 \div 4 = 13$이므로 52는 4의 13배입니다.

분모와 분자의 차인 52가 4의 13배이므로 구하는 분수의 분모와 분자는 각각 9와 5의 13배입니다.

따라서 조건에 알맞은 분수는 $\dfrac{5}{9} = \dfrac{5 \times 13}{9 \times 13} = \dfrac{65}{117}$ 입니다.

유제 4 구하는 분수는 $\dfrac{5}{8}$와 크기가 같은 분수이므로 □가 0이 아닐 때 $\dfrac{5 \times \square}{8 \times \square}$라고 하면 분모와 분자의 곱은 $8 \times \square \times 5 \times \square = 40 \times \square \times \square$입니다.

$40 \times \square \times \square = 1960$, $\square \times \square = 49$입니다.

$49 = 7 \times 7$이므로 $\dfrac{5}{8}$의 분모와 분자에 각각 7을 곱하면 됩니다.

따라서 조건에 알맞은 분수는 $\dfrac{35}{56}$입니다.

유제 5 60을 공통분모로 하여 통분하면 $\dfrac{7}{15} = \dfrac{28}{60}$, $\dfrac{11}{20} = \dfrac{33}{60}$입니다.

조건에 맞는 분수를 $\dfrac{\square}{60}$라고 하면 $\dfrac{7}{15} < \dfrac{\square}{60} < \dfrac{11}{20}$

⇨ $\dfrac{28}{60} < \dfrac{\square}{60} < \dfrac{33}{60}$이고, 분모가 같으므로 분자끼리 비교하면 $28 < \square < 33$입니다.

$28 < \square < 33$에 알맞은 □는 29, 30, 31, 32이므로 조건에 알맞은 분수는 $\dfrac{29}{60}$, $\dfrac{30}{60}$, $\dfrac{31}{60}$, $\dfrac{32}{60}$입니다.

유제 6 $\dfrac{4}{9}$와 $\dfrac{3}{4}$을 통분하면 $\dfrac{4}{9} = \dfrac{16}{36}$, $\dfrac{3}{4} = \dfrac{27}{36}$입니다.

$\dfrac{16}{36}$보다 크고 $\dfrac{27}{36}$보다 작은 분수 중 분모가 36인 분수는 $\dfrac{17}{36}$, $\dfrac{18}{36}$, $\dfrac{19}{36}$, $\dfrac{20}{36}$, $\dfrac{21}{36}$, $\dfrac{22}{36}$, $\dfrac{23}{36}$, $\dfrac{24}{36}$, $\dfrac{25}{36}$, $\dfrac{26}{36}$입니다.

이 중에서 기약분수로 나타내었을 때 분모가 12인 분수는 $\dfrac{21}{36}=\dfrac{7}{12}$입니다.

유제 7 $117=3\times39=3\times3\times13$이므로 기약분수의 분자는 3의 배수 또는 13의 배수가 아닌 수입니다.
117보다 작은 자연수 중에서 $116\div3=38\cdots2$이므로 3의 배수는 38개, $116\div13=8\cdots12$이므로 13의 배수는 8개, $116\div39=2\cdots38$이므로 39의 배수는 2개입니다.
117보다 작은 자연수 중에서 3 또는 13의 배수는 $38+8-2=44$(개)이므로 기약분수는 $116-44=72$(개)입니다.

유제 8 $99=3\times33=3\times3\times11$이므로 기약분수의 분자는 3의 배수 또는 11의 배수가 아닌 수입니다.
19보다 크고 99보다 작은 자연수 중에서
$20\div3=6\cdots2$, $98\div3=32\cdots2$이므로 3의 배수는 $32-6=26$(개),
$20\div11=1\cdots9$, $98\div11=8\cdots10$이므로 11의 배수는 $8-1=7$(개), $98\div33=2\cdots32$이므로 33의 배수는 2개입니다.
19보다 크고 99보다 작은 자연수 중에서 3 또는 11의 배수는 $26+7-2=31$(개)이므로 기약분수는 $98-19-31=48$(개)입니다.

유제 9 • $\dfrac{1}{2}$보다 큰 수: $\dfrac{3}{4}$, $\dfrac{5}{6}$

• $\dfrac{1}{2}$보다 작은 수: $\dfrac{4}{15}$, $\dfrac{2}{5}$

• $\dfrac{1}{2}$보다 큰 수 비교: $\dfrac{3}{4}<\dfrac{5}{6}$

• $\dfrac{1}{2}$보다 작은 수 비교: $\dfrac{2}{5}=\dfrac{6}{15}$이므로 $\dfrac{4}{15}<\dfrac{2}{5}$

⇨ $\dfrac{4}{15}<\dfrac{2}{5}<\dfrac{1}{2}<\dfrac{3}{4}<\dfrac{5}{6}$

유제 10 • $\dfrac{1}{2}$보다 큰 수: $\dfrac{4}{7}$, $\dfrac{7}{12}$

• $\dfrac{1}{2}$보다 작은 수: $\dfrac{3}{8}$, $\dfrac{4}{9}$

• $\dfrac{1}{2}$보다 큰 수 비교: $\dfrac{4}{7}<\dfrac{7}{12}$

• $\dfrac{1}{2}$보다 작은 수 비교 : $\dfrac{3}{8}<\dfrac{4}{9}$

⇨ $\dfrac{3}{8}<\dfrac{4}{9}<\dfrac{1}{2}<\dfrac{4}{7}<\dfrac{7}{12}$

$\dfrac{4}{9}$, $\dfrac{1}{2}$, $\dfrac{4}{7}$를 통분하면 $\dfrac{56}{126}$, $\dfrac{63}{126}$, $\dfrac{72}{126}$이므로 $\dfrac{4}{9}$가 $\dfrac{1}{2}$에 가장 가깝습니다.

STEP 2 고수 실전문제

1 $\dfrac{5}{8}$, $\dfrac{4}{5}$ **2** 12 **3** $\dfrac{45}{105}$ **4** 4개

5 $\dfrac{1}{2}$ **6** 11개 **7** 10개 **8** $\dfrac{11}{35}$

9 학교생활 및 공부, 잠자기, 가족과 함께, 그 외 활동

10 18개 **11** 5 **12** 5개

13 민준, 세아, 다연 **14** $\dfrac{22}{55}$

15 15 **16** 3개 **17** $\dfrac{1}{3}$ **18** 8가지

1 각 분수의 분모, 분자의 최대공약수로 약분합니다.
$$\dfrac{25}{40}=\dfrac{25\div5}{40\div5}=\dfrac{5}{8}, \ \dfrac{32}{40}=\dfrac{32\div8}{40\div8}=\dfrac{4}{5}$$

2 분자에 더해야 하는 수를 □라고 하면
$$\dfrac{4}{9}=\dfrac{4+□}{9+27}=\dfrac{4+□}{36}$$입니다.
$\dfrac{4}{9}$와 크기가 같은 분수 중에서 분모가 36인 분수를 찾으면 $\dfrac{4\times4}{9\times4}=\dfrac{16}{36}$입니다.
⇨ $\dfrac{4+□}{36}=\dfrac{16}{36}$이므로 $4+□=16$, $□=12$입니다.

3 $\dfrac{3}{7}$의 분모와 분자의 차는 $7-3=4$이고 $60\div4=15$이므로 분모와 분자의 차가 60이 되려면 분모와 분자에 각각 15를 곱해야 합니다.
⇨ $\dfrac{3}{7}=\dfrac{3\times15}{7\times15}=\dfrac{45}{105}$

4 $\dfrac{7}{21}=\dfrac{14}{42}=\dfrac{21}{63}=\dfrac{28}{84}=\dfrac{35}{105}=\dfrac{42}{126}=\dfrac{49}{147}$
$=\dfrac{56}{168}=\cdots\cdots$
따라서 $\dfrac{7}{21}$과 크기가 같은 분수 중에서 분모가 80보다 크고 150보다 작은 분수는 $\dfrac{28}{84}$, $\dfrac{35}{105}$, $\dfrac{42}{126}$, $\dfrac{49}{147}$로 모두 4개입니다.

5 통분을 하여 수직선에 나타내어 봅니다.

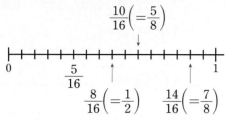

따라서 $\dfrac{5}{8}$에 가장 가까운 분수는 $\dfrac{1}{2}$입니다.

6 분모가 될 수 있는 수는 2, 3, 4, 5, 6이므로 각각 기약분수를 알아봅니다.

• 분모가 2일 때: $\dfrac{1}{2}$ • 분모가 3일 때: $\dfrac{1}{3}$, $\dfrac{2}{3}$

• 분모가 4일 때: $\dfrac{1}{4}$, $\dfrac{3}{4}$

• 분모가 5일 때: $\dfrac{1}{5}$, $\dfrac{2}{5}$, $\dfrac{3}{5}$, $\dfrac{4}{5}$

• 분모가 6일 때: $\dfrac{1}{6}$, $\dfrac{5}{6}$

따라서 만들 수 있는 기약분수는 11개입니다.

7 $\dfrac{7\times2}{9\times2}=\dfrac{14}{18}$, $\dfrac{7\times3}{9\times3}=\dfrac{21}{27}$……, $\dfrac{7\times10}{9\times10}=\dfrac{70}{90}$,

$\dfrac{7\times11}{9\times11}=\dfrac{77}{99}$

따라서 분모가 두 자리 수인 분수는 모두

$11-1=10$(개)입니다.

8 5로 약분하기 전의 분수는 $\dfrac{4}{7}=\dfrac{4\times5}{7\times5}=\dfrac{20}{35}$입니다.

분자에 9를 더하기 전의 수는 $\dfrac{20-9}{35}=\dfrac{11}{35}$입니다.

따라서 어떤 수는 $\dfrac{11}{35}$입니다.

9 • $\dfrac{1}{6}$보다 큰 수: $\dfrac{3}{8}$, $\dfrac{5}{12}$ • $\dfrac{1}{6}$보다 작은 수: $\dfrac{1}{24}$

• $\dfrac{1}{6}$보다 큰 수 비교: $\dfrac{3}{8}<\dfrac{5}{12}$

⇨ $\dfrac{5}{12}>\dfrac{3}{8}>\dfrac{1}{6}>\dfrac{1}{24}$

10 분모가 될 수 있는 수는 15보다 크고 19보다 작으므로 16, 17, 18입니다.

기약분수 아닌 분수에서 분자가 될 수 있는 수는 분모가 16일 때 2, 4, 6, 8, 10, 12, 14로 7개, 분모가 17일 때 없고, 분모가 18일 때 2, 3, 4, 6, 8, 9, 10, 12, 14, 15, 16으로 11개이므로 모두

$7+11=18$(개)입니다.

11 18, 12, 24의 최소공배수 72를 공통분모로 하여 통분하면 $\dfrac{7}{18}=\dfrac{28}{72}$, $\dfrac{11}{24}=\dfrac{33}{72}$, $\dfrac{\square}{12}=\dfrac{\square\times6}{72}$이므로

$\dfrac{28}{72}<\dfrac{\square\times6}{72}<\dfrac{33}{72}$입니다.

$\dfrac{\square\times6}{72}$이 될 수 있는 분수는 $\dfrac{29}{72}$, $\dfrac{30}{72}$, $\dfrac{31}{72}$, $\dfrac{32}{72}$이고

$\dfrac{30}{72}=\dfrac{5}{12}$이므로 □안에 들어갈 수 있는 수는 5입니다.

12 60을 공통분모로 하여 통분하려면 분모는 60의 약수이어야 합니다.

60의 약수는 1, 2, 3, 4, 5, 6, 10, 12, 15, 20, 30, 60이므로 분모가 될 수 있는 수는 2, 4, 12입니다.

2, 4, 12를 분모로 만들 수 있는 진분수는 $\dfrac{2}{4}$, $\dfrac{2}{12}$,

$\dfrac{4}{12}$, $\dfrac{7}{12}$, $\dfrac{11}{12}$로 5개입니다.

13 전체를 1이라고 하면 각각 마시고 남은 양은

세아 $\dfrac{1}{15}$, 다연 $\dfrac{1}{12}$, 민준 $\dfrac{1}{18}$입니다.

분자가 모두 1이므로 분모가 작을수록 큰 수입니다.

$\dfrac{1}{12}>\dfrac{1}{15}>\dfrac{1}{18}$ ⇨ $\dfrac{11}{12}<\dfrac{14}{15}<\dfrac{17}{18}$

따라서 음료수를 많이 마신 사람부터 쓰면 민준, 세아, 다연입니다.

14 구하는 분수는 $\dfrac{2}{5}$와 크기가 같은 분수이므로

$\dfrac{2\times\square}{5\times\square}$라고 하면 분모와 분자의 곱은

$2\times\square\times5\times\square=10\times\square\times\square$입니다.

$1040<10\times\square\times\square<1250$, $104<\square\times\square<125$

104와 125 사이에서 같은 수를 두 번 곱한 수는

$11\times11=121$뿐입니다. $\square\times\square=121$이므로

$\square=11$입니다.

따라서 처음 분수는 $\dfrac{2\times11}{5\times11}=\dfrac{22}{55}$입니다.

15 $\dfrac{37}{84}$의 분자에 17, 분모에 □를 더하면

$\dfrac{37+17}{84+\square}=\dfrac{54}{84+\square}$입니다.

$54\div6=9$이므로 $\dfrac{6}{11}$과 크기가 같은 분수 중에서

분자가 54인 분수는 $\dfrac{6}{11}=\dfrac{6\times9}{11\times9}=\dfrac{54}{99}$입니다.

$\dfrac{54}{84+\square}=\dfrac{54}{99}$에서 $84+\square=99$, $\square=15$이므로 어떤 수는 15입니다.

16 분자가 18인 진분수를 $\dfrac{18}{\square}$이라고 하면 $\dfrac{18}{\square}>\dfrac{24}{35}$입니다. 분자를 같게 만들면

$\dfrac{18}{\square}=\dfrac{72}{\square\times4}$, $\dfrac{24}{35}=\dfrac{72}{105}$이므로 $\dfrac{72}{\square\times4}>\dfrac{72}{105}$ 입니다. 분자가 같으므로 분모끼리 비교하면

$\square\times4<105$이고 $\square>18$이므로 $\square$ 안에 들어갈 수 있는 자연수는 19, 20……, 26입니다.

이때 기약분수는 $\dfrac{18}{19}$, $\dfrac{18}{23}$, $\dfrac{18}{25}$로 3개입니다.

17 $\dfrac{1}{2}$ / $\dfrac{1}{3}$ $\dfrac{2}{3}$ / $\dfrac{1}{4}$ $\dfrac{2}{4}$ $\dfrac{3}{4}$ / $\dfrac{1}{5}$ ……

위와 같이 분모가 같은 수끼리 묶으면 1개, 2개, 3개……이므로 $1+2+3+4+5+6+7=28$에서 28째 분수는 $\dfrac{7}{8}$입니다.

31째 분수는 분모가 9인 수 중에서 셋째 수입니다.

따라서 31째 분수는 $\dfrac{3}{9}$이고 기약분수로 나타내면 $\dfrac{1}{3}$ 입니다.

18 두 진분수의 크기가 같으므로 $\dfrac{\bigcirc}{9}=\dfrac{\bigcirc\times5}{9\times5}=\dfrac{\bigtriangleup}{45}$

입니다. $\bigcirc\times5=\bigtriangleup$이므로 $\bigtriangleup$은 5의 배수이고, 진분수이므로 $\bigcirc<9$, $\bigtriangleup<45$입니다.

따라서 조건을 만족하는 $(\bigcirc, \bigtriangleup)$은 (1, 5), (2, 10), (3, 15), (4, 20), (5, 25), (6, 30), (7, 35), (8, 40) 으로 모두 8가지입니다.

STEP **3** 고수 최고문제

80~81쪽

1 $\dfrac{4}{15}$ **2** $\dfrac{12}{25}$ **3** 16개
4 12째   **5** ㉠ 18 ㉡ 12   **6** 미, 파

1 분모가 15인 분수를 $\dfrac{\square}{15}$라고 하면 $\dfrac{2}{9}$보다 크고 $\dfrac{4}{9}$보다 작으므로 $\dfrac{2}{9}<\dfrac{\square}{15}<\dfrac{4}{9}$입니다.

$\dfrac{10}{45}<\dfrac{\square\times3}{45}<\dfrac{20}{45}$ ⇨ $10<\square\times3<20$

$\square$ 안에 들어갈 수 있는 자연수는 4, 5, 6입니다. $\dfrac{4}{15}$, $\dfrac{5}{15}$, $\dfrac{6}{15}$ 중에서 기약분수는 $\dfrac{4}{15}$입니다.

2 분수를 소수로 나타내어 수의 크기를 비교해 봅니다.

- $\dfrac{1}{2}=\dfrac{1\times5}{2\times5}=\dfrac{5}{10}=0.5$
- $\dfrac{3}{5}=\dfrac{3\times2}{5\times2}=\dfrac{6}{10}=0.6$
- $\dfrac{12}{25}=\dfrac{12\times4}{25\times4}=\dfrac{48}{100}=0.48$

수의 크기를 비교하여 작은 수부터 차례로 쓰면

$0.42<\dfrac{12}{25}(=0.48)<\dfrac{1}{2}(=0.5)<0.54<\dfrac{3}{5}(=0.6)$ 입니다.

$\dfrac{1}{2}-\dfrac{12}{25}=0.5-0.48=0.02$,

$0.54-\dfrac{1}{2}=0.54-0.5=0.04$

따라서 $0.02<0.04$이므로 $\dfrac{1}{2}$에 가장 가까운 수는

$\dfrac{12}{25}$입니다.

3 $252=2\times2\times3\times3\times7$이므로 기약분수로 나타내었 을 때 분자가 1이 되려면 $\dfrac{\square}{252}$에서 분자 $\square$는 2, 2, 3, 3, 7의 곱으로 이루어진 수이어야 합니다.

- 2, 3, 7 → $\dfrac{2}{252}$, $\dfrac{3}{252}$, $\dfrac{7}{252}$
- 2×2, 2×3, 3×3, 2×7, 3×7
  → $\dfrac{4}{252}$, $\dfrac{6}{252}$, $\dfrac{9}{252}$, $\dfrac{14}{252}$, $\dfrac{21}{252}$
- $2\times2\times3$, $2\times3\times3$, $2\times2\times7$, $2\times3\times7$, $3\times3\times7$ → $\dfrac{12}{252}$, $\dfrac{18}{252}$, $\dfrac{28}{252}$, $\dfrac{42}{252}$, $\dfrac{63}{252}$
- $2\times2\times3\times3$, $2\times2\times3\times7$, $2\times3\times3\times7$
  → $\dfrac{36}{252}$, $\dfrac{84}{252}$, $\dfrac{126}{252}$ ⇨ 16개

4 분자는 2씩, 분모는 3씩 커지는 규칙입니다.
분모는 15, 18, 21, 24, 27, 30, 33, 36, 39, 42, 45, 48……이고 이 중 4의 배수는 24, 36, 48……입니다.

각각의 경우의 분수는 $\dfrac{20}{24}$, $\dfrac{28}{36}$, $\dfrac{36}{48}$……이고,

$\dfrac{3}{4}=\dfrac{36}{48}$입니다. $\dfrac{36}{48}$은 12째 수입니다.

다른 풀이 $\dfrac{14}{15}$, $\dfrac{16}{18}$, $\dfrac{18}{21}$, $\dfrac{20}{24}$, $\dfrac{22}{27}$, $\dfrac{24}{30}$, $\dfrac{26}{33}$,

$\dfrac{28}{36}$, $\dfrac{30}{39}$, $\dfrac{32}{42}$, $\dfrac{34}{45}$, $\underset{\llcorner12째 수}{\dfrac{36}{48}\left(=\dfrac{3}{4}\right)}$

참고

분자는 2씩 분모는 3씩 커지는 규칙입니다.

$\dfrac{14}{15}$ 다음으로 □째 수라고 하면 $\dfrac{14+□×2}{15+□×3}$ 입니다.

5 $96 = 2×2×2×2×2×3$이고

$(2×2)×(2×2)×2×3$이므로 어떤 수를 세 번 곱한 수가 되려면 적어도 2는 1개, 3은 2개 필요합니다.

$(2×2)×(2×2)×2×2×3×3×3 = 1728$

⇨ $\dfrac{18}{1728}$ → ㉮$=18$, ㉯$=12$

6 '도'와 '레', '미', '파', '시'의 진동수로 분수를 만들어 기약분수로 나타내어 봅니다.

도와 레: $\dfrac{264}{297} = \dfrac{264÷33}{297÷33} = \dfrac{8}{9}$

도와 미: $\dfrac{264}{330} = \dfrac{264÷66}{330÷66} = \dfrac{4}{5}$

도와 파: $\dfrac{264}{352} = \dfrac{264÷88}{352÷88} = \dfrac{3}{4}$

도와 시: $\dfrac{264}{495} = \dfrac{264÷33}{495÷33} = \dfrac{8}{15}$

⇨ '도'와 어울리는 음은 '미'와 '파'입니다.

고수 단원평가문제

82~86쪽

1 ④ 2 6개 3 36개

4 $\dfrac{23}{32}$, $\dfrac{51}{98}$ 5 $\dfrac{8}{14}$ 6 $\dfrac{36}{96}$, $\dfrac{56}{96}$

7 1, 2, 3 8 56묶음 9 ㉠ 5 ㉡ 3

10 2개 11 $\dfrac{1}{4}$, 0.35, $\dfrac{2}{5}$, 0.46

12 $\dfrac{2}{16}$, $\dfrac{7}{56}$ 13 $\dfrac{45}{75}$ 14 14쌍

15 $\dfrac{8}{9}$, $\dfrac{8}{11}$ 16 $\dfrac{2}{7}$ 17 13개 18 $\dfrac{18}{30}$

19 답 ❶ 호진 이유 예 ❷ 분모가 다른 분수는 분모의 최소공배수로 통분하여 크기를 비교합니다.

20 풀이 ❶ $\dfrac{3}{10} = \dfrac{3×5}{10×5} = \dfrac{15}{50}$,

$\dfrac{11}{25} = \dfrac{11×2}{25×2} = \dfrac{22}{50}$이므로 $\dfrac{15}{50}$와 $\dfrac{22}{50}$ 사이에 있는 분모가 50인 분수는 $\dfrac{16}{50}$, $\dfrac{17}{50}$, $\dfrac{18}{50}$, $\dfrac{19}{50}$,

$\dfrac{20}{50}$, $\dfrac{21}{50}$입니다. ❷ 그중 기약분수는 $\dfrac{17}{50}$, $\dfrac{19}{50}$,

$\dfrac{21}{50}$입니다. 답 $\dfrac{17}{50}$, $\dfrac{19}{50}$, $\dfrac{21}{50}$

21 풀이 ❶ 두 분수를 통분하면 $\dfrac{5}{9} = \dfrac{25}{45}$,

$\dfrac{11}{15} = \dfrac{33}{45}$이므로 두 수 사이의 분수는 $\dfrac{26}{45}$, $\dfrac{27}{45}$

……, $\dfrac{32}{45}$입니다. ❷ $\dfrac{25}{45}$와 $\dfrac{33}{45}$ 사이의 분수를 짝지어 보면 $\left(\dfrac{26}{45}, \dfrac{32}{45}\right)$, $\left(\dfrac{27}{45}, \dfrac{31}{45}\right)$, $\left(\dfrac{28}{45}, \dfrac{30}{45}\right)$,

$\dfrac{29}{45}$입니다. 따라서 이 수들 사이의 한가운데 수는

$\dfrac{29}{45}$이므로 ↑가 가리키는 분수는 $\dfrac{29}{45}$입니다.

답 $\dfrac{29}{45}$

22 풀이 ❶ 3으로 약분하여 구한 분수가 $\dfrac{4}{9}$이므로 3으로 약분하기 전의 분수는 분모와 분자에 3을 곱한 $\dfrac{4×3}{9×3} = \dfrac{12}{27}$입니다. ❷ 어떤 분수를 3으로 약분하기 전에 분모에 7을 더했으므로 $\dfrac{12}{27}$의 분모에서 7을 빼면 $\dfrac{12}{27-7} = \dfrac{12}{20}$입니다.

❸ $\dfrac{12}{20}$를 기약분수로 나타내면 $\dfrac{3}{5}$입니다. 답 $\dfrac{3}{5}$

23 풀이 ❶ 분자는 4씩 커지고 분모는 4씩 작아지는 규칙입니다. ❷ 규칙에 따라 수를 계속 쓰면 $\dfrac{17}{39}$,

$\dfrac{21}{35}$, $\dfrac{25}{31}$, $\dfrac{29}{27}$입니다. ❸ $\dfrac{3}{5}$과 크기가 같은 분수는 $\dfrac{3}{5} = \dfrac{21}{35}$이므로 $\dfrac{3}{5}$보다 크고 1보다 작은 분수는 $\dfrac{25}{31}$이고 일곱째 수입니다. 답 일곱째 수

1 48과 96의 공약수로 약분할 수 있습니다.

48과 96의 공약수: 1, 2, 3, 4, 6, 8, 12, 16, 24, 48

④ 5는 48과 96의 공약수가 아니므로 나눌 수 없습니다.

2 기약분수는 분모와 분자의 공약수가 1뿐인 분수입니다.

$$\frac{1}{18}, \frac{5}{18}, \frac{7}{18}, \frac{11}{18}, \frac{13}{18}, \frac{17}{18} \Rightarrow 6개$$

3 $\frac{6}{7} = \frac{6 \times 6}{7 \times 6} = \frac{36}{42}$

$\Rightarrow \frac{6}{7}$ 은 $\frac{1}{42}$ 이 36개 모인 수와 같습니다.

4 $\frac{1}{2} = \frac{4}{8} = \frac{16}{32} = \frac{32}{64} = \frac{49}{98}$

$\Rightarrow \frac{4}{8} > \frac{3}{8}, \frac{16}{32} < \frac{23}{32}, \frac{32}{64} > \frac{23}{64}, \frac{49}{98} < \frac{51}{98}$

따라서 $\frac{1}{2}$ 보다 큰 분수는 $\frac{23}{32}, \frac{51}{98}$ 입니다.

다른 풀이 $\frac{1}{2}$ 은 분모가 분자의 2배이므로 분자에 2를 곱하여 분모보다 크면 $\frac{1}{2}$ 보다 큰 분수입니다.

$3 \times 2 = 6 < 8 \Rightarrow \frac{3}{8} < \frac{1}{2}$

$23 \times 2 = 46 > 32 \Rightarrow \frac{23}{32} > \frac{1}{2}$

$23 \times 2 = 46 < 64 \Rightarrow \frac{23}{64} < \frac{1}{2}$

$51 \times 2 = 102 > 98 \Rightarrow \frac{51}{98} > \frac{1}{2}$

5 $\frac{12}{28} = \frac{12 \div 4}{28 \div 4} = \frac{3}{7}, \frac{8}{14} = \frac{8 \div 2}{14 \div 2} = \frac{4}{7},$

$\frac{9}{21} = \frac{9 \div 3}{21 \div 3} = \frac{3}{7}$

따라서 크기가 다른 분수는 $\frac{8}{14}$ 입니다.

6 8과 12의 공배수인 24의 배수 중에서 100에 가까운 수는 96입니다. 96을 공통분모로 하여 통분하면

$\left(\frac{3}{8}, \frac{7}{12} \right) \Rightarrow \left(\frac{3 \times 12}{8 \times 12}, \frac{7 \times 8}{12 \times 8} \right) \Rightarrow \left(\frac{36}{96}, \frac{56}{96} \right)$ 입니다.

7 $\frac{\square}{4} = \frac{\square \times 4}{4 \times 4} = \frac{\square \times 4}{16}$ 이므로

$\frac{\square \times 4}{16} < \frac{13}{16}$ 에서 $\square \times 4 < 13$ 입니다.

따라서 □ 안에 들어갈 수 있는 자연수는 1, 2, 3입니다.

8 정주네 모둠에서 한 명이 가진 양은 $\frac{4}{16}$ 로 $\frac{1}{4}$ 과 같습니다.

현아네 모둠도 똑같이 나누어 가진 것이므로

$\frac{1}{4} = \frac{14}{\square}$ 에서 □=56입니다. 따라서 똑같이 56묶음으로 나누었습니다.

9 $\left(\frac{5}{8}, \frac{25}{24} \right) = \left(\frac{15}{24}, \frac{25}{24} \right) \Rightarrow \frac{\text{⊙}}{6} = \frac{20}{24} = \frac{5}{6}$

→ ⊙=5

$\left(\frac{25}{24}, \frac{13}{8} \right) = \left(\frac{25}{24}, \frac{39}{24} \right) \Rightarrow \frac{4}{\text{ⓛ}} = \frac{32}{24} = \frac{4}{3}$

→ ⓛ=3

10 72의 약수는 1, 2, 3, 4, 6, 8, 9, 12, 18, 24, 36, 72입니다.

5개의 수로 약분이 되려면 분자 중에서 1을 제외한 약수가 5개여야 하므로 약수는 모두 6개여야 합니다.

72의 약수 중에서 약수가 6개인 수는 12, 18이므로

$\frac{12}{72}, \frac{18}{72} \Rightarrow 2개입니다.$

11 분수를 소수로 나타내어 수의 크기를 비교해 봅니다.

• $\frac{2}{5} = \frac{2 \times 2}{5 \times 2} = \frac{4}{10} = 0.4$

• $\frac{1}{4} = \frac{1 \times 25}{4 \times 25} = \frac{25}{100} = 0.25$

수의 크기를 비교하면 $0.25 < 0.35 < 0.4 < 0.46$

$\Rightarrow \frac{1}{4} < 0.35 < \frac{2}{5} < 0.46$

12 기약분수로 나타내었을 때 분모가 8이 되려면 처음 분수의 분모는 8의 배수여야 합니다. 수 카드로 만들 수 있는 두 자리 수 중 8의 배수는 16, 32, 56, 72입니다.

따라서 기약분수로 나타내었을 때 분모가 8이 되는 분수는 $\frac{2}{16} = \frac{1}{8}, \frac{7}{56} = \frac{1}{8}$ 입니다.

13 $\frac{3}{5}$ 의 분모와 분자의 합은 $5+3=8$ 이므로 120은 $\frac{3}{5}$ 의 분모와 분자의 합의 $120 \div 8 = 15$ (배)입니다.

$\Rightarrow \frac{3}{5}$ 의 분모와 분자에 각각 15를 곱하면

$\frac{3 \times 15}{5 \times 15} = \frac{45}{75}$ 입니다.

14 75는 15의 배수이므로 $\frac{\blacksquare}{15} = \frac{\bigstar}{75}$

$\Rightarrow \frac{\blacksquare \times 5}{15 \times 5} = \frac{\bigstar}{75} \Rightarrow \blacksquare \times 5 = \bigstar$

■=1일 때 ★=5, ■=2일 때 ★=10……,
■=13일 때 ★=65, ■=14일 때 ★=70이므로
모두 14쌍입니다.

15 분자가 8인 분수이므로 $\dfrac{8}{\square}$이라고 하면 $\dfrac{5}{7}<\dfrac{8}{\square}<1$
입니다.

분자의 크기를 같게 하면 $\dfrac{40}{56}<\dfrac{40}{\square\times5}<\dfrac{40}{40}$이므
로 40<□×5<56입니다.

이때 □ 안에 들어갈 수 있는 수는 9, 10, 11입니다.

따라서 조건에 맞는 기약분수는 $\dfrac{8}{9}$, $\dfrac{8}{11}$입니다.

16 분모를 □라고 하면 분자는 45−□이고, 진분수이므로
□>45−□입니다.

두 분수의 차가 25이므로 □−(45−□)=25,
□+□=25+45=70, □=35입니다.

따라서 분모는 35이고 분자는 45−35=10이므로
구하는 진분수는 $\dfrac{10}{35}$입니다.

⇨ $\dfrac{10}{35}$을 기약분수로 나타내면 $\dfrac{2}{7}$입니다.

17 분자를 똑같게 하여 크기를 비교합니다.

3, 12, 9의 최소공배수는 36이므로 $\dfrac{3}{7}=\dfrac{36}{84}$,
$\dfrac{12}{\square}=\dfrac{36}{\square\times3}$, $\dfrac{9}{11}=\dfrac{36}{44}$입니다.

$\dfrac{36}{84}<\dfrac{36}{\square\times3}<\dfrac{36}{44}$에서 분자가 같으므로 분모끼리
비교하면 44<□×3<84입니다.

따라서 □ 안에 들어갈 수 있는 자연수는
15, 16……, 27이므로 모두 13개입니다.

18 구하는 분수를 $\dfrac{3\times\square}{5\times\square}$라고 하면 분모와 분자의
최소공배수가 90이므로
□×3×5=90, □=90÷15=6입니다.

따라서 구하는 분수는 $\dfrac{3\times6}{5\times6}=\dfrac{18}{30}$입니다.

> **참고**
>
> □) (분자) (분모)
> 　　　　3　　　5
> ⇨ 분자와 분모의 최소공배수: □×3×5=90, □=6

19 **평가상의 유의점** 분모가 다른 분수는 분모의 최소공배
수로 통분하여 크기를 비교해야 하는 것을 설명했는
지 확인합니다.

단계	채점 기준	점수
❶	잘못 말한 사람의 이름 쓰기	2점
❷	이유 설명하기	3점

20 **평가상의 유의점** $\dfrac{3}{10}$과 $\dfrac{11}{25}$을 50을 공통분모로 하여
통분하여 구했는지 확인합니다.

단계	채점 기준	점수
❶	$\dfrac{3}{10}$과 $\dfrac{11}{25}$ 사이에 있는 분모가 50인 분수 모두 구하기	3점
❷	기약분수를 모두 구하기	2점

21 **평가상의 유의점** 두 분수를 통분하여 두 분수의 한가운
데 수를 찾았는지 확인합니다.

단계	채점 기준	점수
❶	$\dfrac{5}{9}$와 $\dfrac{11}{15}$을 통분하여 사이에 있는 수 구하기	2점
❷	화살표가 가리키는 분수 구하기	3점

22 **평가상의 유의점** 계산 순서를 거꾸로 하여 3으로 약분
하기 전의 분수를 구하고 분모에서 7을 빼서 어떤 분
수를 구했는지 확인합니다.

단계	채점 기준	점수
❶	3으로 약분하기 전의 분수 구하기	2점
❷	어떤 분수를 구하기	2점
❸	기약분수로 나타내기	1점

23 **평가상의 유의점** 규칙을 찾아 조건에 맞는 수를 구했는
지 확인합니다.

단계	채점 기준	점수
❶	규칙 찾기	2점
❷	규칙에 따라 분수 쓰기	1점
❸	$\dfrac{3}{5}$보다 크고 1보다 작은 분수는 몇째 수인지 구하기	2점

5 분수의 덧셈과 뺄셈

고수 확인문제

90~91쪽

1 $\dfrac{3\times 6}{8\times 6}+\dfrac{1\times 8}{6\times 8}=\dfrac{18}{48}+\dfrac{8}{48}=\dfrac{26}{48}=\dfrac{13}{24}$

2 (1) $\dfrac{9}{14}$ (2) $\dfrac{13}{24}$

3

4 $1\dfrac{5}{8}$ 시간

5 $4\dfrac{1}{28}$ m

6 $<$

7 $\dfrac{19}{45}$

8 $\dfrac{19}{48}$ km

9 (1) $3\dfrac{13}{56}$ (2) $8\dfrac{19}{60}$

10 $1\dfrac{11}{36}$

11 방법 1 $8\dfrac{1}{10}-2\dfrac{5}{10}=7\dfrac{11}{10}-2\dfrac{5}{10}=5\dfrac{6}{10}=5\dfrac{3}{5}$

방법 2 $\dfrac{81}{10}-\dfrac{5}{2}=\dfrac{81}{10}-\dfrac{25}{10}=\dfrac{56}{10}=\dfrac{28}{5}=5\dfrac{3}{5}$

12 $3\dfrac{11}{14}$

13 $\dfrac{22}{63}$ L

---

1 분모의 곱을 공통분모로 통분하여 더합니다.

2 (1) $\dfrac{2}{7}+\dfrac{5}{14}=\dfrac{4}{14}+\dfrac{5}{14}=\dfrac{9}{14}$

(2) $\dfrac{1}{6}+\dfrac{3}{8}=\dfrac{4}{24}+\dfrac{9}{24}=\dfrac{13}{24}$

3 • $\dfrac{5}{8}+\dfrac{5}{12}=\dfrac{15}{24}+\dfrac{10}{24}=\dfrac{25}{24}=1\dfrac{1}{24}$

• $\dfrac{2}{3}+\dfrac{9}{12}=\dfrac{8}{12}+\dfrac{9}{12}=\dfrac{17}{12}=1\dfrac{5}{12}$

• $\dfrac{5}{6}+\dfrac{3}{4}=\dfrac{10}{12}+\dfrac{9}{12}=\dfrac{19}{12}=1\dfrac{7}{12}$

4 $\dfrac{3}{4}+\dfrac{7}{8}=\dfrac{6}{8}+\dfrac{7}{8}=\dfrac{13}{8}=1\dfrac{5}{8}$(시간)

5 $1\dfrac{3}{4}+2\dfrac{2}{7}=1\dfrac{21}{28}+2\dfrac{8}{28}=3\dfrac{29}{28}=4\dfrac{1}{28}$(m)

6 • $3\dfrac{4}{9}+4\dfrac{5}{6}=3\dfrac{8}{18}+4\dfrac{15}{18}=7\dfrac{23}{18}=8\dfrac{5}{18}$

• $1\dfrac{1}{2}+6\dfrac{8}{9}=1\dfrac{9}{18}+6\dfrac{16}{18}=7\dfrac{25}{18}=8\dfrac{7}{18}$

⇨ $8\dfrac{5}{18}<8\dfrac{7}{18}$

7 $\dfrac{7}{15}=\dfrac{21}{45}$, $\dfrac{8}{9}=\dfrac{40}{45}$이므로 $\dfrac{7}{15}<\dfrac{8}{9}$입니다.

⇨ $\dfrac{8}{9}-\dfrac{7}{15}=\dfrac{40}{45}-\dfrac{21}{45}=\dfrac{19}{45}$

8 $\dfrac{9}{16}-\dfrac{1}{6}=\dfrac{27}{48}-\dfrac{8}{48}=\dfrac{19}{48}$(km)

9 (1) $5\dfrac{3}{8}-2\dfrac{1}{7}=5\dfrac{21}{56}-2\dfrac{8}{56}=3\dfrac{13}{56}$

(2) $9\dfrac{11}{12}-1\dfrac{3}{5}=9\dfrac{55}{60}-1\dfrac{36}{60}=8\dfrac{19}{60}$

10 $\square=2\dfrac{5}{12}-1\dfrac{1}{9}=2\dfrac{15}{36}-1\dfrac{4}{36}=1\dfrac{11}{36}$

11 자연수에서 1만큼을 받아내림하여 계산하거나 대분수를 가분수로 고쳐 계산합니다.

12 분수의 크기를 비교하면 $10\dfrac{2}{7}>8\dfrac{4}{5}>6\dfrac{1}{2}$이므로

가장 큰 수는 $10\dfrac{2}{7}$, 가장 작은 수는 $6\dfrac{1}{2}$입니다.

(가장 큰 수)－(가장 작은 수)

$=10\dfrac{2}{7}-6\dfrac{1}{2}=10\dfrac{4}{14}-6\dfrac{7}{14}=9\dfrac{18}{14}-6\dfrac{7}{14}$

$=3\dfrac{11}{14}$

13 (남은 음료수의 양)$=1\dfrac{1}{9}-\dfrac{16}{21}=1\dfrac{7}{63}-\dfrac{48}{63}$

$=\dfrac{70}{63}-\dfrac{48}{63}=\dfrac{22}{63}$(L)

STEP 1 고수 대표유형문제

92~97쪽

1 대표문제 $\dfrac{7}{8}$, $\dfrac{4}{5}$, $1\dfrac{27}{40}$

2단계 7, 4 3단계 7, 4, 35, 32, 67, 1, 27

유제 1 $\dfrac{5}{6}$, $\dfrac{2}{9}$, $\dfrac{11}{18}$

유제 2 $9\dfrac{1}{2}$, $8\dfrac{4}{6}$, $18\dfrac{1}{6}$ (또는 $9\dfrac{4}{6}$, $8\dfrac{1}{2}$, $18\dfrac{1}{6}$)

2 대표문제 $8\dfrac{1}{2}$ cm

1단계 10, 1, 1, 5 2단계 8, 3, $8\dfrac{1}{2}$

유제 3 $9\dfrac{9}{10}$ m 유제 4 $\dfrac{5}{6}$ m

③ 대표문제 1, 2, 3

1단계 6, 16, 6, 16, 6, 16　　**2단계** 6, 16, 10

3단계 1, 2, 3

유제 **5** 1, 2, 3, 4, 5　　유제 **6** 4개

---

④ 대표문제 $6\frac{1}{3}$

1단계 $2\frac{3}{8}$　　**2단계** $3\frac{23}{24}$, $3\frac{23}{24}$　　**3단계** 8, 6, 1

유제 **7** $1\frac{19}{21}$　　　　유제 **8** $6\frac{17}{25}$

---

⑤ 대표문제 5일

1단계 $\frac{1}{10}$　　**2단계** $\frac{9}{40}$　　**3단계** $\frac{36}{40}$, $\frac{45}{40}$, 5

유제 **9** 9시간　　　　유제 **10** 8일

---

⑥ 대표문제 9, 6, 2

1단계 14, 27, 28　　**2단계** 9　　**3단계** 9, 9, 6, 2

유제 **11** ㉠ 2　㉡ 7　㉢ 14　　유제 **12** $\frac{1}{64}$

유제 **1** 차가 가장 크게 되는 경우는 가장 큰 진분수에서 가장 작은 진분수를 뺄 때입니다.

분모와 분자의 차가 작을수록, 분자가 클수록 큰 진분수이므로 가장 큰 진분수는 $\frac{5}{6}$이고, 분모가 클수록, 분자가 작을수록 가장 작은 진분수이므로 가장 작은 진분수는 $\frac{2}{9}$입니다.

따라서 차가 가장 큰 뺄셈식은

$\frac{5}{6} - \frac{2}{9} = \frac{15}{18} - \frac{4}{18} = \frac{11}{18}$입니다.

유제 **2** 합이 가장 크게 되려면 수 카드 중에서 가장 큰 9와 둘째로 큰 8을 자연수 부분에 각각 놓은 다음 나머지 수로 될 수 있는 대로 큰 진분수를 만들어야 합니다. 분모와 분자의 차가 작을수록, 분자가 클수록 큰 진분수이므로 1, 2, 4, 6으로 가장 큰 진분수와 둘째로 큰 진분수를 만들면 $\frac{1}{2}$, $\frac{4}{6}$입니다. 자연수 부분과 진분수 부분을 합쳐서 대분수를 만들면 $9\frac{1}{2}$과 $8\frac{4}{6}$ 또는 $9\frac{4}{6}$와 $8\frac{1}{2}$입니다. 따라서 합이 가장 큰 덧셈식은

$9\frac{1}{2} + 8\frac{4}{6} = 9\frac{3}{6} + 8\frac{4}{6} = 17 + \frac{7}{6} = 18\frac{1}{6}$입니다.

유제 **3** (철사 4개의 길이의 합)

$= 2\frac{5}{8} + 2\frac{5}{8} + 2\frac{5}{8} + 2\frac{5}{8} = 8\frac{20}{8}$

$= 10\frac{4}{8} = 10\frac{1}{2}\text{(m)}$

(겹친 부분의 길이의 합)$= \frac{1}{5} + \frac{1}{5} + \frac{1}{5} = \frac{3}{5}\text{(m)}$

⇨ (이어 붙인 철사 전체의 길이)

$= 10\frac{1}{2} - \frac{3}{5} = 10\frac{5}{10} - \frac{6}{10}$

$= 9\frac{15}{10} - \frac{6}{10} = 9\frac{9}{10}\text{(m)}$

유제 **4** (끈 4개의 길이의 합)

$= 1\frac{2}{3} + 1\frac{2}{3} + 1\frac{2}{3} + 1\frac{2}{3} = 6\frac{2}{3}\text{(m)}$

(겹친 부분의 길이의 합)

$= 6\frac{2}{3} - 4\frac{1}{6} = 6\frac{4}{6} - 4\frac{1}{6} = 2\frac{3}{6} = 2\frac{1}{2}\text{(m)}$

$2\frac{1}{2} = \frac{5}{2} = \frac{15}{6} = \frac{5}{6} + \frac{5}{6} + \frac{5}{6}$이므로 겹친 부분의 길이는 $\frac{5}{6}\text{(m)}$입니다.

유제 **5** 각 분수를 12, 18, 9의 최소공배수인 36을 공통분모로 하여 통분하면

$\frac{\square}{12} = \frac{\square \times 3}{36}$, $\frac{7}{18} = \frac{14}{36}$, $\frac{8}{9} = \frac{32}{36}$이므로

$\frac{\square \times 3 + 14}{36} < \frac{32}{36}$입니다.

분모가 같으므로 분자끼리 비교하면

$\square \times 3 + 14 < 32$, $\square \times 3 < 18$, $\square < 6$입니다.

따라서 $\square$ 안에 들어갈 수 있는 자연수는 1, 2, 3, 4, 5입니다.

유제 **6** $2\frac{1}{4} + \frac{\square}{6} = 2\frac{3}{12} + \frac{\square \times 2}{12} = \frac{27 + \square \times 2}{12}$

⇨ $\frac{27 + \square \times 2}{12} < 3$, $\frac{27 + \square \times 2}{12} < \frac{36}{12}$,

$27 + \square \times 2 < 36$, $\square \times 2 < 9$

따라서 $\square = 1, 2, 3, 4$이므로 모두 4개입니다.

유제 **7** 어떤 수를 $\square$라고 하면 잘못 계산한 식은 어떤 수 ($\square$)에 $3\frac{9}{14}$를 더한 식이므로 $\square + 3\frac{9}{14} = 9\frac{4}{21}$입니다.

⇨ $\square = 9\frac{4}{21} - 3\frac{9}{14} = 9\frac{8}{42} - 3\frac{27}{42}$

$= 8\frac{50}{42} - 3\frac{27}{42} = 5\frac{23}{42}$

따라서 어떤 수는 $5\frac{23}{42}$입니다.

(바르게 계산한 값)$=5\frac{23}{42}-3\frac{9}{14}=5\frac{23}{42}-3\frac{27}{42}$

$\qquad\qquad\qquad\quad=4\frac{65}{42}-3\frac{27}{42}=1\frac{38}{42}=1\frac{19}{21}$

유제 8 어떤 수를 □라고 하면 잘못 계산한 식은 어떤 수

(□)에서 $4\frac{11}{25}$을 뺀 식이므로 $□-4\frac{11}{25}=1\frac{7}{15}$

입니다.

$\Rightarrow □=1\frac{7}{15}+4\frac{11}{25}=1\frac{35}{75}+4\frac{33}{75}=5\frac{68}{75}$

따라서 어떤 수는 $5\frac{68}{75}$입니다.

(바르게 계산한 값)$=5\frac{68}{75}+4\frac{11}{25}=5\frac{68}{75}+4\frac{33}{75}$

$\qquad\qquad\qquad\quad=9\frac{101}{75}=10\frac{26}{75}$

$\Rightarrow 10\frac{26}{75}-3\frac{2}{3}=9\frac{101}{75}-3\frac{50}{75}=6\frac{51}{75}=6\frac{17}{25}$

유제 9 전체 일의 양을 1이라고 하면 A 기계가 1시간 동

안 하는 일의 양은 $\frac{1}{15}$, B 기계가 1시간 동안 하는

일의 양은 $\frac{1}{20}$입니다. 1시간 동안 두 기계가 함께 하

는 일의 양은 $\frac{1}{15}+\frac{1}{20}=\frac{4}{60}+\frac{3}{60}=\frac{7}{60}$입니다.

$\underbrace{\frac{7}{60}+\frac{7}{60}+\frac{7}{60}+\cdots\cdots+\frac{7}{60}}_{\text{8시간}}=\frac{56}{60}<1,$

$\underbrace{\frac{7}{60}+\frac{7}{60}+\frac{7}{60}+\cdots\cdots+\frac{7}{60}+\frac{7}{60}}_{\text{9시간}}=\frac{63}{60}>1$

이므로 A, B 기계를 동시에 사용하여 일을 모두 끝

내는 데에는 적어도 9시간이 필요합니다.

유제 10 전체 일의 양을 1이라고 하면 훈호가 하루 동안

하는 일의 양은 $\frac{1}{9}$, 연희가 하루 동안 하는 일의 양은

$\frac{1}{12}$입니다.

하루 동안 두 사람이 함께 하는 일의 양은

$\frac{1}{9}+\frac{1}{12}=\frac{4}{36}+\frac{3}{36}=\frac{7}{36}$입니다.

훈호가 혼자서 5일 동안 하는 일의 양은 $\frac{5}{9}$이므로

남은 일의 양은 $1-\frac{5}{9}=\frac{4}{9}=\frac{16}{36}$입니다.

$\frac{7}{36}+\frac{7}{36}=\frac{14}{36}<\frac{16}{36},$

$\frac{7}{36}+\frac{7}{36}+\frac{7}{36}=\frac{21}{36}>\frac{16}{36}$이므로 훈호와 연희

가 함께 일을 하는 데 적어도 3일이 필요합니다.

따라서 일을 모두 끝마치는 데 필요한 기간은 적어도

$5+3=8$(일)입니다.

유제 11 $\frac{5}{7}$와 크기가 같은 분수를 구하면

$\frac{5}{7}=\frac{10}{14}=\frac{15}{21}=\frac{20}{28}=\cdots\cdots$입니다.

14의 약수는 1, 2, 7, 14이고, $1+2+7=10$이므로

$\frac{5}{7}=\frac{10}{14}=\frac{1}{14}+\frac{2}{14}+\frac{7}{14}=\frac{1}{14}+\frac{1}{7}+\frac{1}{2}$입니다.

㉠<㉡<㉢<15이므로 ㉠$=2$, ㉡$=7$, ㉢$=14$입

니다.

유제 12 호루스의 눈에 있는 분수를 모두 더하면

$\frac{1}{2}+\frac{1}{4}+\frac{1}{8}+\frac{1}{16}+\frac{1}{32}+\frac{1}{64}=\frac{63}{64}$입니다.

따라서 부족한 부분은 $1-\frac{63}{64}=\frac{1}{64}$입니다.

STEP 2 고수 실전문제

98~100쪽

1 $4\frac{19}{24}$ m **2** 49개 **3** $2\frac{19}{30}$ m **4** $4\frac{5}{24}$

5 9, 10 **6** 도서관, $\frac{1}{8}$ km **7** $\frac{5}{24}$

8 $\frac{2}{3}$ **9** $2\frac{1}{3}$ **10** $1\frac{10}{21}$

11 $5\frac{5}{24}$ L **12** 36개 **13** 예) $\frac{1}{18}$, $\frac{1}{2}$

14 $1\frac{1}{3}$ kg **15** 12개 **16** $\frac{11}{24}$, $\frac{1}{3}$

17 $3\frac{5}{8}$, $2\frac{1}{4}$, $1\frac{4}{9}$ (또는 $2\frac{1}{4}$, $3\frac{5}{8}$, $1\frac{4}{9}$), $4\frac{31}{72}$

18 3시간

1 (나 테이프의 길이)$=$(가 테이프의 길이)$+1\frac{3}{8}$

$\qquad\qquad\qquad\quad=3\frac{5}{12}+1\frac{3}{8}=3\frac{10}{24}+1\frac{9}{24}$

$\qquad\qquad\qquad\quad=4\frac{19}{24}$ (m)

2 $2\frac{1}{4}+1\frac{5}{6}=2\frac{3}{12}+1\frac{10}{12}=3\frac{13}{12}=4\frac{1}{12}$ 이고,

$4\frac{1}{12}=\frac{49}{12}$ 이므로 $2\frac{1}{4}$ 과 $1\frac{5}{6}$ 의 합은 $\frac{1}{12}$ 이 49개 모인 수입니다.

3 (삼각형의 세 변의 길이의 합)

$=\frac{4}{5}+1\frac{1}{6}+\frac{2}{3}=\frac{24}{30}+1\frac{5}{30}+\frac{2}{3}$

$=1\frac{29}{30}+\frac{2}{3}=1\frac{29}{30}+\frac{20}{30}=1\frac{49}{30}=2\frac{19}{30}$ (m)

4 어떤 수를 □라고 하면 $5\frac{5}{8}-\square=1\frac{5}{12}$ 입니다.

$\square=5\frac{5}{8}-1\frac{5}{12}=5\frac{15}{24}-1\frac{10}{24}=4\frac{5}{24}$

따라서 어떤 수는 $4\frac{5}{24}$ 입니다.

5 $\frac{5}{6}-\frac{1}{2}=\frac{20}{24}-\frac{12}{24}=\frac{8}{24}$,

$\frac{1}{3}+\frac{1}{8}=\frac{8}{24}+\frac{3}{24}=\frac{11}{24}$ 이므로

$\frac{8}{24}<\frac{\square}{24}<\frac{11}{24}$ 에서 □ 안에 들어갈 수 있는 자연수는 9, 10입니다.

6 (집~학교~공원)

$=\frac{5}{8}+1\frac{5}{6}=\frac{15}{24}+1\frac{20}{24}=1\frac{35}{24}=2\frac{11}{24}$ (km)

(집~도서관~공원)

$=1\frac{3}{4}+\frac{7}{12}=1\frac{9}{12}+\frac{7}{12}=1\frac{16}{12}=2\frac{1}{3}$ (km)

따라서 $2\frac{11}{24}>2\frac{1}{3}$ 이므로 도서관을 지나가는 길이

$2\frac{11}{24}-2\frac{1}{3}=2\frac{11}{24}-2\frac{8}{24}=\frac{3}{24}=\frac{1}{8}$ (km)

더 가깝습니다.

7 오이, 배추, 호박을 심은 부분은

전체의 $\frac{1}{4}+\frac{5}{12}+\frac{1}{8}=\frac{6}{24}+\frac{10}{24}+\frac{3}{24}=\frac{19}{24}$

입니다.

따라서 감자를 심은 부분은

전체의 $1-\frac{19}{24}=\frac{24}{24}-\frac{19}{24}=\frac{5}{24}$ 입니다.

8 $8\frac{1}{6}-\bigcirc=3\frac{2}{9}$,

$\bigcirc=8\frac{1}{6}-3\frac{2}{9}=8\frac{3}{18}-3\frac{4}{18}=7\frac{21}{18}-3\frac{4}{18}$

$=4\frac{17}{18}$

$\Rightarrow 4\frac{17}{18}+\bigcirc=5\frac{11}{18}$,

$\bigcirc=5\frac{11}{18}-4\frac{17}{18}=4\frac{29}{18}-4\frac{17}{18}=\frac{12}{18}=\frac{2}{3}$

9 어떤 수를 □라고 하면 잘못 계산한 식은 어떤 수(□)에 $2\frac{11}{18}$ 을 더한 식이므로 $\square+2\frac{11}{18}=7\frac{5}{9}$ 입니다.

$\Rightarrow \square=7\frac{5}{9}-2\frac{11}{18}=7\frac{10}{18}-2\frac{11}{18}$

$=6\frac{28}{18}-2\frac{11}{18}=4\frac{17}{18}$

따라서 어떤 수는 $4\frac{17}{18}$ 입니다.

바르게 계산한 값은 어떤 수(□)에서 $2\frac{11}{18}$ 을 뺀 것이

므로 $4\frac{17}{18}-2\frac{11}{18}=2\frac{6}{18}=2\frac{1}{3}$ 입니다.

10 가▲나＝가－(나－가)이므로

$2\frac{4}{7}▲3\frac{2}{3}=2\frac{4}{7}-\left(3\frac{2}{3}-2\frac{4}{7}\right)$

$=2\frac{4}{7}-\left(3\frac{14}{21}-2\frac{12}{21}\right)$

$=2\frac{4}{7}-1\frac{2}{21}=2\frac{12}{21}-1\frac{2}{21}=1\frac{10}{21}$

11 처음에 들어 있던 물의 양을 □ L라고 하면

$\square-1\frac{3}{4}-2\frac{5}{6}=\frac{5}{8}$ 입니다.

$\Rightarrow \square=\frac{5}{8}+1\frac{3}{4}+2\frac{5}{6}=\frac{5}{8}+1\frac{6}{8}+2\frac{5}{6}$

$=2\frac{3}{8}+2\frac{5}{6}=2\frac{9}{24}+2\frac{20}{24}=5\frac{5}{24}$

따라서 처음에 수조에 들어 있던 물은 $5\frac{5}{24}$ L입니다.

12 어제와 오늘 먹은 초콜릿은 전체 초콜릿의

$\frac{1}{6}+\frac{1}{4}=\frac{5}{12}$ 입니다.

전체의 $\frac{5}{12}$ 가 15개이므로 $\frac{1}{12}$ 은 3개입니다.

전체의 $\frac{1}{12}$ 이 3개이므로 처음 있던 초콜릿은 모두

$3\times12=36$ (개)입니다.

13 $\frac{5}{9}$ 와 크기가 같은 분수를 알아본 다음 분자를 분모의 약수들의 합으로 나타낼 수 있는 것을 찾습니다.

$\dfrac{5}{9} = \dfrac{10}{18}$, $10 = 1 + 9$이므로

$\dfrac{5}{9} = \dfrac{10}{18} = \dfrac{1}{18} + \dfrac{9}{18} = \dfrac{1}{18} + \dfrac{1}{2}$입니다.

> **참고**
>
> $\dfrac{5}{9}$에서 5는 2개의 9의 약수의 합으로 나타낼 수 없으므로
> $\dfrac{5}{9}$와 크기가 같은 분수에서 찾습니다.

14 구슬 2개의 무게는

$4\dfrac{5}{6} - 3\dfrac{2}{3} = 4\dfrac{5}{6} - 3\dfrac{4}{6} = 1\dfrac{1}{6}$(kg)입니다.

구슬 6개의 무게는

$1\dfrac{1}{6} + 1\dfrac{1}{6} + 1\dfrac{1}{6} = 3\dfrac{3}{6} = 3\dfrac{1}{2}$(kg)입니다.

따라서 빈 상자의 무게는

$4\dfrac{5}{6} - 3\dfrac{1}{2} = 4\dfrac{5}{6} - 3\dfrac{3}{6} = 1\dfrac{2}{6} = 1\dfrac{1}{3}$(kg)입니다.

15 $3\dfrac{5}{7} < 1\dfrac{\square}{14} + 2\dfrac{11}{21} < 4\dfrac{4}{7}$,

$3\dfrac{30}{42} < 1\dfrac{\square \times 3}{42} + 2\dfrac{22}{42} < 4\dfrac{24}{42}$,

$\dfrac{156}{42} < \dfrac{\square \times 3 + 148}{42} < \dfrac{192}{42}$

$\Rightarrow 156 < \square \times 3 + 148 < 192$, $8 < \square \times 3 < 44$

따라서 $\square$ 안에 들어갈 수 있는 자연수는

3, 4, 5……, 14이므로 모두 12개입니다.

16 $(\blacksquare + \blacktriangle) + (\blacksquare - \blacktriangle) = \dfrac{19}{24} + \dfrac{1}{8}$

$\blacksquare + \blacksquare = \dfrac{22}{24}$, $\dfrac{22}{24} = \dfrac{11}{24} + \dfrac{11}{24} \Rightarrow \blacksquare = \dfrac{11}{24}$

$\dfrac{11}{24} + \blacktriangle = \dfrac{19}{24} \Rightarrow \blacktriangle = \dfrac{19}{24} - \dfrac{11}{24} = \dfrac{8}{24} = \dfrac{1}{3}$

17 계산 결과가 가장 크려면 가장 큰 수와 둘째로 큰 수를 더하고 가장 작은 수를 뺍니다.

$3\dfrac{5}{8} + 2\dfrac{1}{4} - 1\dfrac{4}{9} = 5\dfrac{7}{8} - 1\dfrac{4}{9} = 4\dfrac{31}{72}$

18 1시간 동안 정화할 수 있는 양은

A 기계: $\dfrac{1}{9}$, B 기계: $\dfrac{1}{6}$, C 기계: $\dfrac{1}{12}$입니다.

세 기계를 모두 사용하여 1시간 동안 정화할 수 있는 양은 $\dfrac{1}{9} + \dfrac{1}{6} + \dfrac{1}{12} = \dfrac{4}{36} + \dfrac{6}{36} + \dfrac{3}{36} = \dfrac{13}{36}$입니다.

A 기계와 B 기계로 1시간 동안 정화한 양은

$\dfrac{1}{9} + \dfrac{1}{6} = \dfrac{5}{18}$이므로

남은 양은 $1 - \dfrac{5}{18} = \dfrac{13}{18} = \dfrac{26}{36}$입니다.

$\dfrac{13}{36} + \dfrac{13}{36} = \dfrac{26}{36}$이므로 나머지 물을 모두 정화하려면 같이 2시간 동안 정화해야 합니다.

따라서 모두 3시간이 걸렸습니다.

STEP 3 고수 최고문제

101～103쪽

1 $5\dfrac{1}{15}$ cm   **2** $\dfrac{7}{5}$, $\dfrac{9}{4}$, $\dfrac{6}{8}$(또는 $\dfrac{9}{4}$, $\dfrac{7}{5}$, $\dfrac{6}{8}$), $2\dfrac{9}{10}$

3 16분 52초

4 $2\dfrac{7}{60}$ m   **5** 180쪽   **6** $1\dfrac{3}{5}$ kg

7 $\dfrac{22}{63}$ **8** $1\dfrac{32}{35}$ m   **9** 84살

1 세로를 $\square$cm라고 하면 가로는 $\left(\square + 2\dfrac{4}{5}\right)$cm입니다.

$\left(\square + 2\dfrac{4}{5}\right) + \square + \left(\square + 2\dfrac{4}{5}\right) + \square = 14\dfrac{2}{3}$,

$\square + \square + \square + \square = 14\dfrac{2}{3} - 2\dfrac{4}{5} - 2\dfrac{4}{5}$

$= 9\dfrac{1}{15} = 8\dfrac{16}{15}$

$\Rightarrow 8\dfrac{16}{15} = 2\dfrac{4}{15} + 2\dfrac{4}{15} + 2\dfrac{4}{15} + 2\dfrac{4}{15}$이므로

세로는 $2\dfrac{4}{15}$ cm입니다.

따라서 가로는 $2\dfrac{4}{15} + 2\dfrac{4}{5} = 5\dfrac{1}{15}$(cm)입니다.

2 더하는 두 수는 크게, 빼는 수는 작게 만듭니다.

따라서 식을 만들면

$\dfrac{7}{5} + \dfrac{9}{4} - \dfrac{6}{8}$ 또는 $\dfrac{9}{4} + \dfrac{7}{5} - \dfrac{6}{8}$입니다.

$\Rightarrow \dfrac{7}{5} + \dfrac{9}{4} - \dfrac{6}{8} = \dfrac{73}{20} - \dfrac{6}{8} = \dfrac{146}{40} - \dfrac{30}{40} = \dfrac{116}{40}$

$= 2\dfrac{36}{40} = 2\dfrac{9}{10}$

3 5도막으로 자르려면 모두 4번을 잘라야 합니다. 처음부터 3번은 자른 후에 쉬고, 마지막 4번째 자른 후 쉬는 시간은 포함하지 않습니다.

$$(\text{자르는 시간})=3\frac{1}{6}+3\frac{1}{6}+3\frac{1}{6}+3\frac{1}{6}$$
$$=12\frac{4}{6}=12\frac{2}{3}(\text{분})$$

$$(\text{쉬는 시간})=1\frac{2}{5}+1\frac{2}{5}+1\frac{2}{5}=3\frac{6}{5}=4\frac{1}{5}(\text{분})$$

따라서 나무를 5도막으로 자르는 데 걸리는 시간은

$$12\frac{2}{3}+4\frac{1}{5}=16\frac{13}{15}(\text{분}) \Rightarrow 16\text{분 }52\text{초}$$

4 경민이가 더 필요한 종이테이프의 길이는

$$2-1\frac{7}{12}=1\frac{12}{12}-1\frac{7}{12}=\frac{5}{12}(\text{m})\text{입니다.}$$

지효가 경민이에게 빌려주고 남은 종이테이프의 길이는

$$2\frac{8}{15}-\frac{5}{12}=2\frac{32}{60}-\frac{25}{60}=2\frac{7}{60}(\text{m})\text{입니다.}$$

5 역사책 전체의 양을 1이라 할 때 읽지 않은 역사책의 양은 전체의

$$1-\frac{1}{3}-\frac{2}{5}=\frac{3}{3}-\frac{1}{3}-\frac{2}{5}=\frac{2}{3}-\frac{2}{5}$$
$$=\frac{10}{15}-\frac{6}{15}=\frac{4}{15}$$

전체의 $\frac{4}{15}$가 48쪽이므로

전체의 $\frac{1}{15}$은 $48\div4=12(\text{쪽})$입니다.

따라서 역사책의 전체 쪽수는 $12\times15=180(\text{쪽})$입니다.

6 $(\text{사과 3개의 무게})=4\frac{8}{15}-2\frac{1}{3}=4\frac{8}{15}-2\frac{5}{15}$
$$=2\frac{3}{15}=2\frac{1}{5}(\text{kg})$$

사과 3개의 무게는 $2\frac{3}{15}=\frac{33}{15}(\text{kg})$이므로

$\frac{33}{15}=\frac{11}{15}+\frac{11}{15}+\frac{11}{15}$에서 사과 1개의 무게는

$\frac{11}{15}\text{kg}$입니다.

$(\text{사과 2개의 무게})=\frac{11}{15}+\frac{11}{15}=\frac{22}{15}=1\frac{7}{15}(\text{kg})$

$(\text{빈 바구니의 무게})=2\frac{1}{3}-1\frac{7}{15}=2\frac{5}{15}-1\frac{7}{15}$
$$=1\frac{20}{15}-1\frac{7}{15}=\frac{13}{15}(\text{kg})$$

따라서 사과 1개가 담긴 바구니의 무게는

$$\frac{11}{15}+\frac{13}{15}=\frac{24}{15}=1\frac{9}{15}=1\frac{3}{5}(\text{kg})\text{입니다.}$$

7 합이 $1\frac{5}{7}$가 되려면 두 분수의 분모는 7의 약수이므로 분모는 모두 7입니다. → ㉠의 분자는 7입니다.

합이 $3\frac{1}{9}$이 되려면 두 분수의 분모는 9의 약수이므로 3 또는 9입니다.

이때 ㉠의 분자는 7이므로 분모는 9입니다. → $㉠=\frac{7}{9}$

$\Rightarrow \frac{9}{7}+㉡=1\frac{5}{7}$, $㡉=1\frac{5}{7}-\frac{9}{7}=\frac{3}{7}$

따라서 $㉠-㉡=\frac{7}{9}-\frac{3}{7}=\frac{49}{63}-\frac{27}{63}=\frac{22}{63}$입니다.

8

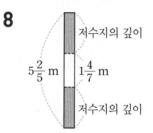

(저수지 깊이의 2배)
$=(\text{막대 전체의 길이})-(\text{물에 젖지 않은 부분의 길이})$
$$=5\frac{2}{5}-1\frac{4}{7}=5\frac{14}{35}-1\frac{20}{35}=4\frac{49}{35}-1\frac{20}{35}$$
$$=3\frac{29}{35}(\text{m})$$

$\Rightarrow 3\frac{29}{35}=2\frac{64}{35}=1\frac{32}{35}+1\frac{32}{35}$이므로 저수지의 깊이는 $1\frac{32}{35}\text{m}$입니다.

9 결혼할 때까지는 일생의

$$\frac{1}{6}+\frac{1}{12}+\frac{1}{7}=\frac{1}{4}+\frac{1}{7}=\frac{11}{28}\text{입니다.}$$

아들이 태어나서 죽을 때까지는 일생의 $\frac{1}{2}$이므로

$$\frac{11}{28}+\frac{1}{2}=\frac{25}{28}\text{입니다.}$$

나머지 $5+4=9(\text{년})$은 일생의 $1-\frac{25}{28}=\frac{3}{28}$이므로

일생의 $\frac{1}{28}$은 3년입니다.

따라서 디오판토스는 84살까지 살았습니다.

1 (1) $\dfrac{23}{24}$ (2) $4\dfrac{1}{18}$ **2** ㉢   **3** <

4 $\dfrac{1}{6}$, $\dfrac{19}{60}$, $\dfrac{17}{84}$ **5** $5\dfrac{5}{24}$ **6** $2\dfrac{11}{12}$

7 $3\dfrac{11}{15}$시간   **8** $10\dfrac{18}{35}$ **9** $11\dfrac{19}{30}$ cm

10 $2\dfrac{17}{30}$ **11** 3, 4, 5   **12** $\dfrac{18}{35}$ kg

13 $\dfrac{3}{16}$ **14** $\dfrac{7}{12}$컵   **15** $3\dfrac{5}{9}$, $1\dfrac{2}{9}$

16 $\dfrac{2}{21}$ **17** (예) $\dfrac{1}{14}+\dfrac{1}{7}+\dfrac{1}{6}$

18 4일

19 이유 (예) ❶ 통분을 할 때 분자와 분모에 같은 수를 곱해야 하는데 잘못 곱했습니다.

❷ $\dfrac{4\times4}{5\times4}+\dfrac{3\times5}{4\times5}=\dfrac{16}{20}+\dfrac{15}{20}=\dfrac{31}{20}=1\dfrac{11}{20}$

20 풀이 ❶ 슬기가 만들 수 있는 가장 작은 대분수: $2\dfrac{7}{9}$

❷ 유진이가 만들 수 있는 가장 작은 대분수: $3\dfrac{5}{6}$

❸ 가장 작은 대분수의 합은

$2\dfrac{7}{9}+3\dfrac{5}{6}=2\dfrac{14}{18}+3\dfrac{15}{18}=5\dfrac{29}{18}=6\dfrac{11}{18}$입니다.

답 $6\dfrac{11}{18}$

21 풀이 ❶ 선우네 집에서 시장까지의 거리는

$1\dfrac{4}{9}+\dfrac{7}{12}=1\dfrac{16}{36}+\dfrac{21}{36}=1\dfrac{37}{36}=2\dfrac{1}{36}$(km) 입니다.

❷ $2\dfrac{1}{36}>2$이므로 선우네 집에서 시장까지 자전거를 타고 가는 것이 좋습니다. 답 자전거

22 풀이 ❶ $1<2\dfrac{11}{18}-\dfrac{\square}{12}<1\dfrac{7}{24}$,

$1<2\dfrac{44}{72}-\dfrac{\square\times6}{72}<1\dfrac{21}{72}$이므로

$44<\square\times6$입니다.

❷ $1<1\dfrac{116-\square\times6}{72}<1\dfrac{21}{72}$

$\Rightarrow 0<116-\square\times6<21$, $95<\square\times6<116$

❸ 따라서 □ 안에 들어갈 수 있는 가장 작은 자연수는 16입니다. 답 16

23 풀이 ❶ 주어진 수의 규칙을 보면

$\dfrac{1}{2}+\left(\dfrac{1}{3}+\dfrac{2}{3}\right)+\left(\dfrac{1}{4}+\dfrac{2}{4}+\dfrac{3}{4}\right)+\left(\dfrac{1}{5}+\dfrac{2}{5}+\dfrac{3}{5}+\dfrac{4}{5}\right)+\cdots+\left(\dfrac{1}{10}+\cdots+\dfrac{9}{10}\right)$와 같이 묶어서 생각할 수 있습니다.

❷ 분모가 같은 분수끼리 더하면 $\dfrac{1}{2}+1+1\dfrac{1}{2}+2+\cdots+4\dfrac{1}{2}$로 $\dfrac{1}{2}$씩 커집니다.

❸ 따라서 $\dfrac{1}{2}+1+1\dfrac{1}{2}+2+2\dfrac{1}{2}+3+3\dfrac{1}{2}+4+4\dfrac{1}{2}=22\dfrac{1}{2}$입니다. 답 $22\dfrac{1}{2}$

1 (1) $\dfrac{3}{8}+\dfrac{7}{12}=\dfrac{9}{24}+\dfrac{14}{24}=\dfrac{23}{24}$

(2) $1\dfrac{2}{9}+2\dfrac{5}{6}=1\dfrac{4}{18}+2\dfrac{15}{18}=3\dfrac{19}{18}=4\dfrac{1}{18}$

2 ㉠ $\dfrac{5}{12}+\dfrac{3}{10}=\dfrac{25}{60}+\dfrac{18}{60}=\dfrac{43}{60}$

㉡ $\dfrac{2}{5}+\dfrac{4}{9}=\dfrac{18}{45}+\dfrac{20}{45}=\dfrac{38}{45}$

㉢ $\dfrac{4}{7}+\dfrac{5}{9}=\dfrac{36}{63}+\dfrac{35}{63}=\dfrac{71}{63}=1\dfrac{8}{63}$

따라서 분수의 합이 1보다 큰 것은 ㉢입니다.

3 • $3\dfrac{1}{6}+2\dfrac{4}{9}=3\dfrac{3}{18}+2\dfrac{8}{18}=5\dfrac{11}{18}$

• $1\dfrac{3}{4}+4\dfrac{1}{2}=1\dfrac{3}{4}+4\dfrac{2}{4}=5\dfrac{5}{4}=6\dfrac{1}{4}$

$\Rightarrow 5\dfrac{11}{18}<6\dfrac{1}{4}$

4 • $\dfrac{11}{12}-\dfrac{3}{4}=\dfrac{11}{12}-\dfrac{9}{12}=\dfrac{2}{12}=\dfrac{1}{6}$

• $\dfrac{11}{12}-\dfrac{3}{5}=\dfrac{55}{60}-\dfrac{36}{60}=\dfrac{19}{60}$

• $\dfrac{11}{12}-\dfrac{5}{7}=\dfrac{77}{84}-\dfrac{60}{84}=\dfrac{17}{84}$

5 $\dfrac{1}{8}$이 5개인 수는 $\dfrac{5}{8}$입니다.

$\dfrac{5}{8}$보다 $\dfrac{5}{12}$만큼 더 작은 수는

$\dfrac{5}{8}-\dfrac{5}{12}=\dfrac{15}{24}-\dfrac{10}{24}=\dfrac{5}{24}$입니다.

6 $\square+\dfrac{3}{4}=3\dfrac{2}{3}$,

$\square = 3\frac{2}{3} - \frac{3}{4} = 3\frac{8}{12} - \frac{9}{12} = 2\frac{20}{12} - \frac{9}{12}$

$= 2\frac{11}{12}$

7 버스와 기차를 탄 시간은

$1\frac{1}{3} + 2\frac{2}{5} = 1\frac{5}{15} + 2\frac{6}{15} = 3\frac{11}{15}$(시간)입니다.

8 분수의 크기를 비교하면 $7\frac{5}{7} > 5\frac{3}{10} > 4\frac{1}{3} > 2\frac{4}{5}$

이므로 가장 큰 수는 $7\frac{5}{7}$, 가장 작은 수는 $2\frac{4}{5}$입니다.

(가장 큰 수)+(가장 작은 수)

$= 7\frac{5}{7} + 2\frac{4}{5} = 7\frac{25}{35} + 2\frac{28}{35} = 9\frac{53}{35} = 10\frac{18}{35}$

9 (삼각형의 세 변의 길이의 합)

$= 2\frac{2}{3} + 3\frac{4}{5} + 5\frac{1}{6} = 2\frac{10}{15} + 3\frac{12}{15} + 5\frac{1}{6}$

$= 5\frac{22}{15} + 5\frac{1}{6} = 6\frac{7}{15} + 5\frac{1}{6} = 6\frac{14}{30} + 5\frac{5}{30}$

$= 11\frac{19}{30}$(cm)

10 $\bigcirc + 1\frac{1}{5} + 2\frac{1}{2} = 6\frac{4}{15}$,

$\bigcirc + 1\frac{2}{10} + 2\frac{5}{10} = 6\frac{4}{15}$, $\bigcirc + 3\frac{7}{10} = 6\frac{4}{15}$,

$\bigcirc = 6\frac{4}{15} - 3\frac{7}{10} = 6\frac{8}{30} - 3\frac{21}{30} = 5\frac{38}{30} - 3\frac{21}{30}$

$= 2\frac{17}{30}$

11 $\cdot 5\frac{5}{6} - 3\frac{3}{8} = 5\frac{20}{24} - 3\frac{9}{24} = 2\frac{11}{24}$

$\cdot 7\frac{1}{12} - 1\frac{7}{10} = 7\frac{5}{60} - 1\frac{42}{60} = 6\frac{65}{60} - 1\frac{42}{60}$

$= 5\frac{23}{60}$

$\Rightarrow 2\frac{11}{24} < \square < 5\frac{23}{60}$이므로 $\square$ 안에 들어갈 수 있는
자연수는 3, 4, 5입니다.

12 (마신 우유의 무게)$= 1\frac{1}{5} - \frac{6}{7} = 1\frac{7}{35} - \frac{30}{35}$

$= \frac{42}{35} - \frac{30}{35} = \frac{12}{35}$(kg)

(빈병의 무게)

$= 1\frac{1}{5} - \frac{12}{35} - \frac{12}{35} = 1\frac{7}{35} - \frac{12}{35} - \frac{12}{35}$

$= \frac{42}{35} - \frac{12}{35} - \frac{12}{35} = \frac{30}{35} - \frac{12}{35} = \frac{18}{35}$(kg)

13 8분음표를 분수로 나타내면 $\frac{1}{8}$이고, 점8분음표에서

점은 16분음표를 나타내므로 $\frac{1}{16}$입니다.

점8분음표를 분수로 나타내면

$\frac{1}{8} + \frac{1}{16} = \frac{2}{16} + \frac{1}{16} = \frac{3}{16}$입니다.

14 ㉯ 컵에 담은 주스의 양은 ㉮ 컵보다 $\frac{1}{6}$컵 적으므로

$\frac{3}{8} - \frac{1}{6} = \frac{9}{24} - \frac{4}{24} = \frac{5}{24}$(컵)입니다.

따라서 ㉮와 ㉯ 컵에 담은 주스는 모두

$\frac{3}{8} + \frac{5}{24} = \frac{9}{24} + \frac{5}{24} = \frac{14}{24} = \frac{7}{12}$(컵)입니다.

15 두 수를 ㉠, ㉡이라 하면 ㉠+㉡$= 4\frac{7}{9}$,

㉠−㉡$= 2\frac{1}{3}$입니다.

㉠+㉡+㉠−㉡$= 4\frac{7}{9} + 2\frac{1}{3}$,

㉠+㉠$= 4\frac{7}{9} + 2\frac{3}{9} = 6\frac{10}{9} = 3\frac{5}{9} + 3\frac{5}{9}$

$\Rightarrow$ ㉠$= 3\frac{5}{9}$

$3\frac{5}{9} + $㉡$= 4\frac{7}{9}$, ㉡$= 4\frac{7}{9} - 3\frac{5}{9} = 1\frac{2}{9}$

따라서 두 수는 $3\frac{5}{9}$, $1\frac{2}{9}$입니다.

16 책장에 있는 책 전체는 1이므로 역사책은 전체의

$1 - \frac{1}{3} - \frac{4}{7} = \frac{21}{21} - \frac{7}{21} - \frac{12}{21} = \frac{2}{21}$입니다.

17 $\frac{8}{21}$과 크기가 같은 분수를 알아본 다음 분자를 분모
의 약수들의 합으로 나타낼 수 있는 것을 찾습니다.

$\frac{8}{21} = \frac{16}{42}$, $16 = 3 + 6 + 7$이므로

$\frac{8}{21} = \frac{16}{42} = \frac{3 + 6 + 7}{42} = \frac{3}{42} + \frac{6}{42} + \frac{7}{42}$

$= \frac{1}{14} + \frac{1}{7} + \frac{1}{6}$

18 전체 일의 양을 1이라고 하면 민선이가 하루 동안 하

는 일의 양은 $\frac{1}{18}$, 윤민이가 하루 동안 하는 일의 양은 $\frac{1}{9}$, 소라가 하루 동안 하는 일의 양은 $\frac{1}{12}$입니다. 하루 동안 세 사람이 함께 하는 일의 양은

$$\frac{1}{18}+\frac{1}{9}+\frac{1}{12}=\frac{2}{36}+\frac{4}{36}+\frac{3}{36}=\frac{9}{36}=\frac{1}{4}$$

입니다.

$\frac{1}{4}+\frac{1}{4}+\frac{1}{4}+\frac{1}{4}=1$이므로 세 사람이 함께 이 일을 한다면 4일이 걸립니다.

19 평가상의 유의점 계산이 잘못된 부분을 바르게 찾았는지 확인합니다.

단계	채점 기준	점수
❶	잘못된 이유 쓰기	2점
❷	바르게 계산하기	3점

20 평가상의 유의점 가장 작은 대분수를 만들고 대분수의 합을 구했는지 확인합니다.

단계	채점 기준	점수
❶	슬기가 만들 수 있는 가장 작은 대분수 구하기	1점
❷	유진이가 만들 수 있는 가장 작은 대분수 구하기	1점
❸	가장 작은 대분수의 합 구하기	3점

21 평가상의 유의점 분수의 덧셈을 한 후에 크기를 비교했는지 확인합니다.

단계	채점 기준	점수
❶	선우네 집에서 시장까지의 거리 구하기	3점
❷	분수의 크기를 비교하여 더 좋은 방법 구하기	2점

22 평가상의 유의점 분수의 뺄셈을 한 후에 크기를 바르게 비교했는지 확인합니다.

단계	채점 기준	점수
❶	주어진 식을 72를 공통분모로 통분하여 비교하기	2점
❷	□의 범위 구하기	2점
❸	□ 안에 들어갈 수 있는 가장 작은 자연수 구하기	1점

23 평가상의 유의점 수의 규칙을 찾아 바르게 계산했는지 확인합니다.

단계	채점 기준	점수
❶	수의 규칙 찾기	2점
❷	분모가 같은 분수끼리 더하기	1점
❸	계산 결과 구하기	2점

---

❻ 다각형의 둘레와 넓이

고수확인문제

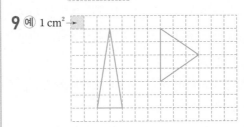

1 (1) 54 (2) 56   **2** (1) 26 (2) 16   **3** 2

4 식 $15 \times 20 = 300$ 답 $300\ \text{cm}^2$

5 km^2, m^2 **6** 12 cm, 11 cm에 ○표 / 132

7 예) $1\ \text{cm}^2 \rightarrow$, $3\ \text{cm}^2$ **8** ㉯

9 예) $1\ \text{cm}^2 \rightarrow$

10 $52\ \text{cm}^2$ **11** 민아   **12** 8

---

1 (정다각형의 둘레)=(한 변의 길이)×(변의 수)
  (1) (한 변의 길이가 9 cm인 정육각형의 둘레)
    $=9 \times 6 = 54(\text{cm})$
  (2) (한 변의 길이가 8 cm인 정칠각형의 둘레)
    $=8 \times 7 = 56(\text{cm})$

2 (1) (평행사변형의 둘레)
    =(한 변의 길이+다른 한 변의 길이)×2
    $=(8+5) \times 2 = 26(\text{cm})$
  (2) 네 변의 길이가 같으므로 마름모입니다.
    (마름모의 둘레)=(한 변의 길이)×4
    $=4 \times 4 = 16(\text{cm})$

3 도형 가의 넓이는 $14\ \text{cm}^2$, 도형 나의 넓이는 $12\ \text{cm}^2$이므로 도형 가는 도형 나보다 넓이가 $2\ \text{cm}^2$만큼 더 넓습니다.

4 (직사각형의 넓이)=(가로)×(세로)
    $=15 \times 20 = 300(\text{cm}^2)$

5 서울처럼 도시의 면적을 나타낼 때에는 km^2, 테니스 경기장의 넓이를 나타낼 때에는 m^2가 알맞습니다.

6 평행사변형의 넓이를 구하기 위해서는 밑변의 길이와 높이가 필요합니다.
  (평행사변형의 넓이)=$11 \times 12 = 132(\text{cm}^2)$

7 삼각형 2개를 이어 붙이면 평행사변형 모양을 만들 수 있습니다.

삼각형의 넓이는 평행사변형의 넓이의 반이 되므로, 평행사변형 넓이 구하는 식을 2로 나눈 것과 같습니다.

⇨ (삼각형의 넓이)=(밑변의 길이)×(높이)÷2
$$=2×3÷2=3(cm^2)$$

8 평행사변형의 넓이는 (밑변의 길이)×(높이)로 구할 수 있습니다.

⇨ 밑변의 길이가 다른 것은 ㉯이므로 평행사변형의 넓이가 다른 하나는 ㉯입니다.

9 넓이가 6 cm²이므로, 밑변의 길이와 높이를 서로 곱하여 12가 되는 여러 가지 모양의 삼각형을 그립니다.

10 (마름모의 넓이)
=(한 대각선의 길이)×(다른 대각선의 길이)÷2
$$=13×8÷2=52(cm^2)$$

11 준수가 말한 내용에서 삼각형 두 개로 나누어 사다리꼴의 넓이를 구하려면 삼각형 하나는 3×4÷2로 구하고, 다른 하나는 7×4÷2로 구한 후 두 값을 더하면 됩니다.

12 (사다리꼴의 넓이)
=(윗변의 길이+아랫변의 길이)×(높이)÷2
$$=(6+12)×□÷2=72(cm^2)$$
⇨ □=72×2÷18=8(cm)

STEP 1 고수 대표유형문제

114~120쪽

1 대표문제 80 cm

1단계 400   2단계 400, 20, 20   3단계 20, 80

유제 **1** 72 cm   유제 **2** 133 cm²

2 대표문제 200 cm²

1단계 24, 20   2단계 24, 20, 72, 200

유제 **3** 483 cm²   유제 **4** 368 cm²

3 대표문제 72 cm²

1단계 평행사변형   2단계 9, 8, 8, 72

유제 **5** 42 cm²   유제 **6** 36 cm²

4 대표문제 144 cm²

1단계 192   2단계 8, 48   3단계 48, 144

유제 **7** 60 cm²   유제 **8** 100 cm²

5 대표문제 280 cm²

1단계 7   2단계 14, 21   3단계 280

유제 **9** 36 cm²   유제 **10** 32 cm²

6 대표문제 228 cm²

1단계 84   2단계 12   3단계 12, 228

유제 **11** 450 cm²   유제 **12** 294 cm²

7 대표문제 21 cm²

1단계 126   2단계 3, 6   3단계 6, 21

유제 **13** 125 cm²   유제 **14** 54 cm²

유제 **1** (직사각형의 넓이)=27×12=324(cm²)
정사각형의 넓이도 324 cm²이고
324=18×18이므로 정사각형의 한 변의 길이는 18 cm입니다.
⇨ (정사각형의 둘레)=18×4=72(cm)

유제 **2** (정사각형의 둘레)=13×4=52(cm)
직사각형의 둘레도 52 cm이므로
(가로+세로)=(둘레)÷2=52÷2=26(cm)입니다.
직사각형의 가로가 19 cm이므로
세로는 26-19=7(cm)입니다.
따라서 직사각형의 넓이는 19×7=133(cm²)입니다.

유제 **3**

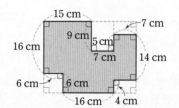

직사각형의 가로는 15+7+7=29(cm),
세로는 16+6=22(cm)입니다.
색칠하지 않은 부분의 넓이는 7×9=63(cm²),
7×(9-5)=28(cm²), 6×6=36(cm²),
7×4=28(cm²)입니다.
⇨ (도형의 넓이)=29×22-(63+28+36+28)
$$=638-155=483(cm^2)$$

유제 **4** 직사각형으로 나누면 오른쪽 그림과 같습니다.

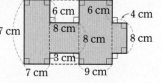

(도형의 넓이)
$$=7\times17+8\times8+9\times17+4\times8=368(\text{cm}^2)$$

유제 **5** 겹쳐진 부분은 마주 보는 두 쌍의 변이 서로 평행하므로 평행사변형입니다.
평행사변형의 밑변은 $18-3-8=7(\text{cm})$,
높이는 $6\,\text{cm}$입니다.
⇨ (겹쳐진 부분의 넓이)=(평행사변형의 넓이)
$$=7\times6=42(\text{cm}^2)$$

유제 **6** 겹쳐진 부분의 모양은 삼각형입니다.
직사각형의 가로가 $34\,\text{cm}$이므로 삼각형의 높이를 $9\,\text{cm}$라고 할 때 밑변은 $34-12-14=8(\text{cm})$입니다.
⇨ (겹쳐진 부분의 넓이)=(삼각형의 넓이)
$$=8\times9\div2=36(\text{cm}^2)$$

유제 **7** 사각형 ㄱㅁㄷㅂ도 마름모입니다.
(마름모 ㄱㄴㄷㄹ의 넓이)
$$=20\times12\div2=120(\text{cm}^2)$$
(마름모 ㄱㅁㄷㅂ의 넓이)$=10\times12\div2=60(\text{cm}^2)$
⇨ (색칠한 부분의 넓이)$=120-60=60(\text{cm}^2)$

유제 **8** 마름모의 두 대각선이 각각 $20\,\text{cm}$이므로 넓이는 $20\times20\div2=200(\text{cm}^2)$입니다.
정사각형은 한 변이 $10\,\text{cm}$이므로 넓이는 $10\times10=100(\text{cm}^2)$입니다.
따라서 색칠한 부분의 넓이는
$200-100=100(\text{cm}^2)$입니다.

유제 **9** (평행사변형 ㄱㄴㄷ의 밑변)$=54\div6=9(\text{cm})$
선분 ㅁㄹ은 선분 ㄱㅁ의 2배이므로 변 ㄱㄹ은 선분 ㄱㅁ의 3배입니다.
⇨ (선분 ㄱㅁ)=(변 ㄱㄹ)$\div3=9\div3=3(\text{cm})$
따라서 사다리꼴 ㄱㄴㄷㅁ의 넓이는
$(3+9)\times6\div2=36(\text{cm}^2)$입니다.

유제 **10** (선분 ㄱㅁ)$=12\times2\div4=6(\text{cm})$
선분 ㄱㅁ은 선분 ㅁㄹ의 3배이므로
(선분 ㅁㄹ)$=6\div3=2(\text{cm})$,
(변 ㄱㄹ)$=6+2=8(\text{cm})$
⇨ (평행사변형의 넓이)$=8\times4=32(\text{cm}^2)$

유제 **11** 삼각형 ㄱㄴㄹ의 밑변을 $25\,\text{cm}$라 할 때 높이는 $12\,\text{cm}$이므로 넓이는 $25\times12\div2=150(\text{cm}^2)$입니다.
삼각형 ㄱㄴㄹ의 밑변을 $20\,\text{cm}$라 할 때 높이를
□cm라 하면

넓이가 $150\,\text{cm}^2$이므로 $20\times□\div2=150$,
□$=150\times2\div20=15(\text{cm})$입니다.
따라서 삼각형 ㄱㄴㄹ의 높이는 $15\,\text{cm}$이고
사다리꼴의 높이도 $15\,\text{cm}$이므로 넓이는
$(20+40)\times15\div2=450(\text{cm}^2)$입니다.

유제 **12** 사각형 ㄱㄴㅂㅁ은 평행사변형입니다.
밑변을 $15\,\text{cm}$라 할 때 높이는 $8\,\text{cm}$이므로
넓이는 $15\times8=120(\text{cm}^2)$입니다.
평행사변형의 밑변을 $10\,\text{cm}$라 할 때 높이를 □cm라고 하면 $10\times□=120$, □$=12(\text{cm})$입니다.
따라서 사다리꼴 ㄱㄴㄷㄹ의 높이도 $12\,\text{cm}$이고,
(변 ㄴㄷ)$=10+18=28(\text{cm})$,
(변 ㄱㄹ)$=28-7=21(\text{cm})$이므로 넓이는
$(21+28)\times12\div2=294(\text{cm}^2)$입니다.

유제 **13** (평행사변형 ㄱㄴㄷㄹ의 넓이)
$$=15\times10=150(\text{cm}^2)$$

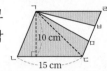

변 ㄷㄹ은 선분 ㅁㅂ의 3배이므로 삼각형 ㄱㄷㄹ의 넓이는 삼각형 ㄱㅁㅂ의 넓이의 3배입니다.
평행사변형 ㄱㄴㄷㄹ의 넓이는 삼각형 ㄱㄷㄹ의 넓이의 2배이므로 평행사변형 ㄱㄴㄷㄹ의 넓이는 삼각형 ㄱㅁㅂ의 넓이의 6배입니다.
(삼각형 ㄱㅁㅂ의 넓이)$=150\div6=25(\text{cm}^2)$
(색칠한 부분의 넓이)$=150-25=125(\text{cm}^2)$

유제 **14** 선분 ㄴㄹ의 길이는 선분 ㅁㅂ의 길이의 4배이므로
(삼각형 ㄱㄴㄹ의 넓이)
$=$(삼각형 ㄱㅁㅂ의 넓이)$\times4$
(삼각형 ㄷㄹㄴ의 넓이)
$=$(삼각형 ㄷㅁㅂ의 넓이)$\times4$
(직사각형 ㄱㄴㄷㄹ의 넓이)
$=$(삼각형 ㄱㄴㄹ의 넓이)$\times2$
(직사각형 ㄱㄴㄷㄹ의 넓이)
$=$(삼각형 ㄱㅁㅂ의 넓이)$\times8$
$=$(삼각형 ㄷㅁㅂ의 넓이)$\times8$
따라서 (직사각형 ㄱㄴㄷㄹ의 넓이)
$=$(색칠한 부분의 넓이)$\times4$
⇨ (색칠한 부분의 넓이)$=18\times12\div4=54(\text{cm}^2)$

STEP **2** 고수 실전문제

121~123쪽

1 96 cm²	**2** 192 cm²	**3** 36 cm
4 30 cm²	**5** 122 cm	**6** 126 cm²
7 72 cm²	**8** 425 cm²	**9** 165 cm²
10 12 cm²	**11** 88 cm	
12 162 cm², 144 cm²		**13** 350 m²
14 588 cm²	**15** 74 cm²	**16** 8 cm
17 12 cm	**18** 168 cm²	

1 삼각형 ㄱㄴㅁ의 높이를 □ cm라고 하면
$8 \times □ \div 2 = 24$, □$=6$입니다.
사다리꼴 ㄱㅁㄷㄹ의 윗변의 길이는
$8+12=20$ cm, 높이는 삼각형 ㄱㄴㅁ의 높이와 같
으므로 6 cm입니다.
⇨ (사다리꼴 ㄱㅁㄷㄹ의 넓이)$=(20+12) \times 6 \div 2$
$=96(\text{cm}^2)$

2 (색칠한 부분의 넓이)
$=$(삼각형의 넓이)$+$(사다리꼴의 넓이)
$=16 \times 9 \div 2 + (16+8) \times 10 \div 2$
$=72+120=192(\text{cm}^2)$

3 정사각형의 한 변은 $96 \div 4 = 24(\text{cm})$이므로
직사각형의 가로는 $24 \div 4 = 6(\text{cm})$,
세로는 $24 \div 2 = 12(\text{cm})$입니다.
⇨ (직사각형의 둘레)$=(6+12) \times 2 = 36(\text{cm})$

4
(삼각형 ㉮의 넓이)$+$(삼각형 ㉯의 넓이)
$=4 \times ㉠ \div 2 + 4 \times ㉡ \div 2$
$=㉠ \times 2 + ㉡ \times 2 = (㉠+㉡) \times 2$
㉠$+$㉡$=15(\text{cm})$이므로 색칠한 부분의 넓이는
$15 \times 2 = 30(\text{cm}^2)$입니다.
다른 풀이 색칠하지 않은 작은 삼각형의 높이를
□ cm라고 하면
(색칠한 부분의 넓이)
$=15 \times (4+□) \div 2 - 15 \times □ \div 2$
$=15 \times (4+□-□) \div 2 = 15 \times 4 \div 2 = 30(\text{cm}^2)$

5 직사각형 가로는 $7+12+7=26(\text{cm})$,
세로는 $8+15=23(\text{cm})$입니다.

(도형의 둘레)
$=$(직사각형의 둘레)$+(6+6) \times 2$
$=(26+23) \times 2 + 12 \times 2 = 122(\text{cm})$

6 도형의 둘레는 정사각형의 한 변의 22배입니다.
(정사각형의 한 변)$=66 \div 22 = 3(\text{cm})$
도형은 정사각형 14개로 이루어졌으므로
(도형의 넓이)
$=3 \times 3 \times 14 = 126(\text{cm}^2)$

7 (변 ㅂㅁ)$=12$ cm이므로 (변 ㄴㅁ)$=20$ cm입니다.
사다리꼴 ㄴㄷㄹㅁ의 넓이가 144 cm²이므로 높이는
$144 \times 2 \div (20+12) = 9(\text{cm})$입니다.
마름모 ㄱㄴㄷㅂ의 한 대각선은 8 cm이고 다른 대각
선은 18 cm이므로 넓이는 $8 \times 18 \div 2 = 72(\text{cm}^2)$입
니다.

8 (정사각형의 둘레)$=21 \times 4 = 84(\text{cm})$
직사각형의 둘레도 84 cm이므로 가로와 세로의 합
은 $84 \div 2 = 42(\text{cm})$입니다.
직사각형의 세로를 □ cm라고 하면 가로는
$(□+8)$ cm이므로 가로와 세로의 합은
$□+□+8=42$, $□+□=34$, □$=17(\text{cm})$입니다.
따라서 직사각형의 가로는 25 cm, 세로는 17 cm이
므로 넓이는 $25 \times 17 = 425(\text{cm}^2)$입니다.

9 정사각형의 한 변은 9 cm, 직사각형의 가로는
16 cm, 세로는 9 cm이므로 색칠하지 않은 부분은
가로가 $16-11=5(\text{cm})$, 세로가 $9-3=6(\text{cm})$인
직사각형입니다. 따라서 색칠한 부분의 넓이는
$(9 \times 9 - 5 \times 6) + (16 \times 9 - 5 \times 6)$
$=51+114=165(\text{cm}^2)$입니다.

10 삼각형 ㄱㄴㄷ의 밑변을 변 ㄴㄷ이라 하고 높이를
□ cm라고 하면 변 ㄴㄷ의 길이는 $7+2=9(\text{cm})$이
므로 (삼각형 ㄱㄴㄷ의 넓이)$=9 \times □ \div 2 = 27(\text{cm}^2)$
⇨ □$=6(\text{cm})$
삼각형 ㄱㄴㅁ의 밑변을 변 ㄴㅁ이라 할 때
삼각형 ㄱㄴㅁ의 높이와 삼각형 ㄱㄴㄷ의 높이는 같
으므로
(삼각형 ㄱㄴㅁ의 넓이)$=7 \times 6 \div 2 = 21(\text{cm}^2)$
삼각형 ㄱㄴㅁ의 밑변을 변 ㄱㄴ이라 하고 높이를
△ cm라고 하면
(삼각형 ㄱㄴㅁ의 넓이)$=7 \times △ \div 2 = 21(\text{cm}^2)$
⇨ △$=6(\text{cm})$

따라서 삼각형 ㄱㄹㅁ의 밑변을 선분 ㄱㄹ이라 할 때
삼각형 ㄱㄹㅁ의 높이도 6 cm이므로
(삼각형 ㄱㄹㅁ의 넓이)$=4 \times 6 \div 2 = 12(cm^2)$

11 넓이가 $121 cm^2$이고 $121 = 11 \times 11$이므로 정사각
형의 한 변은 11 cm입니다. 이 정사각형 3개를 한 줄
로 이었을 때 가로는 33 cm, 세로는 11 cm입니다.
⇨ (직사각형의 둘레)$=(33+11) \times 2 = 88(cm)$

12 정사각형 모양 종이의 한 변이 30 cm이므로 사다리
꼴 나, 다의 높이는 각각 $30-24=6(cm)$이고,
삼각형 라의 두 변도 6 cm입니다.
정사각형 가의 한 변이 24 cm이므로 사다리꼴 다의
윗변은 $24-6=18(cm)$입니다.
따라서 나의 넓이는 $(24+30) \times 6 \div 2 = 162(cm^2)$
이고, 다의 넓이는 $(18+30) \times 6 \div 2 = 144(cm^2)$입
니다.

13 색칠한 부분을 모아 보면 오른쪽
그림과 같습니다.
⇨ (잔디를 깐 부분의 넓이)
$=20 \times 20 - 10 \times 10$
$\quad + 10 \times 10 \div 2 = 350(m^2)$

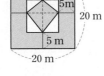

14 정사각형은 두 대각선의 길이가 서로 같고, 큰 정사각
형부터 대각선이 4 cm씩 줄어들므로 대각선의 길이
는 오른쪽에서부터 차례로 24 cm, 20 cm, 16 cm,
12 cm입니다.
겹쳐진 부분은 왼쪽에서부터 대각선의 길이가 6 cm,
8 cm, 10 cm인 정사각형입니다.
⇨ (도형의 넓이)
$= 12 \times 12 \div 2 + 16 \times 16 \div 2 + 20 \times 20 \div 2$
$\quad + 24 \times 24 \div 2 - (6 \times 6 \div 2 + 8 \times 8 \div 2 + 10$
$\quad \times 10 \div 2)$
$= 72 + 128 + 200 + 288 - (18 + 32 + 50)$
$= 688 - 100 = 588(cm^2)$

15 (정사각형의 넓이의 합)
$= 144 + 64 + 25 + 9 = 242(cm^2)$
색칠하지 않은 부분은 밑변이
$12+8+5+3=28(cm)$, 높이가 12 cm인 직각삼
각형이므로 넓이는 $28 \times 12 \div 2 = 168(cm^2)$입니다.
⇨ (색칠한 부분의 넓이)$=242 - 168 = 74(cm^2)$

16 직사각형 ㄱㄴㄷㄹ의 넓이는 $6 \times 15 = 90(cm^2)$이고

평행사변형의 밑변과 높이도 직사각형의 가로, 세로
와 같으므로 넓이는 $90 cm^2$입니다.
도형 전체의 넓이가 $159 cm^2$이므로
(겹친 부분의 넓이)$=$(삼각형 ㄱㅅㄹ의 넓이)
$\qquad\qquad\qquad = 90 \times 2 - 159 = 21(cm^2)$
(선분 ㄹㅅ)$=21 \times 2 \div 6 = 7(cm)$이므로
(선분 ㅅㄷ)$=15 - 7 = 8(cm)$

17 정사각형의 넓이는 $12 \times 12 = 144(cm^2)$이므로 색칠
한 부분의 넓이는 $144 \div 8 = 18(cm^2)$입니다.
마름모의 넓이는 색칠한 부분의 3배이므로
$18 \times 3 = 54(cm^2)$입니다. 따라서 마름모의 다른 대
각선의 길이는 $54 \times 2 \div 9 = 12(cm)$입니다.

18 사각형 ㄱㄴㅁㄹ과 사각형 ㄱㅁㄷㄹ은 변 ㄱㄹ을 한
밑변으로 하는 평행사변형이므로
(변 ㄴㅁ)$=$(변 ㅁㄷ)입니다.
사각형 ㄱㄴㅁㄹ의 밑변을 16 cm라 할 때 높이는
7 cm이므로 넓이는 $16 \times 7 = 112(cm^2)$입니다.
평행사변형의 밑변을 8 cm라 할 때 높이를 □cm라
고 하면 $8 \times □ = 112$, □$=14(cm)$입니다.
사다리꼴 ㄱㄴㄷㄹ의 높이도 14 cm이고,
(변 ㄴㄷ)$=8+8=16(cm)$이므로 넓이는
$(8+16) \times 14 \div 2 = 168(cm^2)$입니다.

STEP **3** 고수 최고문제

124~125쪽

| **1** 8 cm | **2** 26 cm | **3** 68 cm |
| **4** 77 m^2 | **5** 62 cm^2 | **6** 244 cm^2 |

1 삼각형 ㅁㄴㄷ의 넓이는 $16 \times 7 \div 2 = 56(cm^2)$이므
로 사각형 ㄱㄴㅁㄹ의 넓이도 $56 cm^2$이고 사다리꼴
ㄱㄴㄷㄹ의 넓이는 $56 \times 2 = 112(cm^2)$입니다.
사다리꼴의 높이를 □cm라고 하면
$(12+16) \times □ \div 2 = 112$, $28 \times □ = 224$, □$=8$입
니다. 따라서 사다리꼴 ㄱㄴㄷㄹ의 높이는 8 cm입니다.

2 사다리꼴 ㄱㄴㄷㄹ의 넓이는 삼각형 ㄱㄴㅁ의 넓이의
5배이므로 사다리꼴 ㄱㅁㄷㄹ의 넓이는
삼각형 ㄱㄴㅁ의 넓이의 4배입니다.

삼각형 ㄱㄴㅁ의 넓이가 $12×16÷2=96(\text{cm}^2)$이 므로 사다리꼴 ㄱㅁㄷㄹ의 넓이는
$96×4=384(\text{cm}^2)$입니다.
⇨ (선분 ㅁㄷ)$=384×2÷16-22=26(\text{cm})$

3 $49=7×7$에서 색칠한 정사각형의 한 변이 $7\ \text{cm}$이 므로 직사각형의 가로는 $7×3=21(\text{cm})$입니다.
가장 작은 정사각형의 한 변을 □cm라고 할 때 둘째 로 큰 정사각형의 한 변은 (□$×2$) cm입니다.
⇨ □$×2+$□$×2+$□$×2+$□$=21,$ □$×7=21,$
  □$=3(\text{cm})$
가장 작은 정사각형의 한 변은 $3\ \text{cm}$, 둘째로 큰 정사 각형의 한 변은 $6\ \text{cm}$이므로 직사각형의 세로는
$7+6=13(\text{cm})$입니다.
⇨ (직사각형의 둘레)$=(21+13)×2=68(\text{cm})$

4 삼각형 ㄱㅁㅂ의 밑변을 ㄱㅂ, 높이를 □m라고 하면
(삼각형 ㄱㅁㅂ의 넓이)$=5×$□$÷2=40(\text{m}^2)$
입니다. ⇨ □$=16(\text{m})$
삼각형 ㄱㅁㄷ의 밑변을 선분 ㄱㄷ이라 할 때 삼각형 ㄱㅁㅂ과 높이가 $16\ \text{m}$로 같으므로
(삼각형 ㄱㅁㄷ의 넓이)$=12×16÷2=96(\text{m}^2)$
삼각형 ㄱㅁㄷ의 밑변을 선분 ㅁㄷ, 높이를 △m라 고 하면 △$=96×2÷8=24(\text{m})$입니다.
삼각형 ㄱㄴㄷ의 밑변을 선분 ㄴㄷ이라 할 때 높이는
$24\ \text{m}$이므로
(삼각형 ㄱㄴㄷ의 넓이)$=11×24÷2=132(\text{m}^2)$이 고, 삼각형 ㄱㄷㄹ의 넓이도 $132\ \text{m}^2$입니다.
삼각형 ㄱㄷㄹ의 밑변을 ㄱㄷ, 높이를 ○m라고 하면
○$=132×2÷12=22(\text{m})$입니다.
⇨ (삼각형 ㄹㅂㄷ의 넓이)$=7×22÷2=77(\text{m}^2)$

5 선분 ㄴㄹ과 선분 ㄹㄷ의 길이가 같으므로
삼각형 ㄱㄴㄹ과 삼각형 ㄱㄷㄹ의 넓이는 같습니다.
⇨ (삼각형 ㄱㄴㄹ)$=$(삼각형 ㄱㄷㄹ)
선분 ㄱㅁ과 선분 ㄷㅁ의 길이가 같으므로
삼각형 ㄴㄷㅁ과 삼각형 ㄴㄱㅁ의 넓이는 같습니다.
⇨ (삼각형 ㄴㄷㅁ)$=$(삼각형 ㄴㄱㅁ)
삼각형 ㄱㄴㄹ과 삼각형 ㄴㄱㅁ의 넓이가 같고, 삼각 형 ㅂㄱㄴ은 공통된 부분이므로 삼각형 ㅂㄱㅁ과 삼 각형 ㅂㄴㄹ의 넓이는 같습니다.
(삼각형 ㅂㄴㄹ)$=$(삼각형 ㅂㄷㄹ),
(삼각형 ㅂㄷㅁ)$=$(삼각형 ㅂㄱㅁ)이므로

(삼각형 ㅂㄱㄴ)$=$(삼각형 ㅂㄴㄷ)$=$(삼각형 ㅂㄷㄱ)
입니다.
따라서 삼각형 ㅂㄴㄷ의 넓이는 삼각형 ㄱㄴㄷ의 넓이 의 $\dfrac{1}{3}$이고 삼각형 ㅂㄴㄹ의 넓이는 삼각형 ㄱㄴㄷ의
넓이의 $\dfrac{1}{6}$입니다.
(삼각형 ㅂㄱㅁ)$=$(삼각형 ㅂㄴㄹ)
          $=186÷6=31(\text{cm}^2)$
(삼각형 ㅂㄱㅁ)$+$(삼각형 ㅂㄴㄹ)
$=31+31=62(\text{cm}^2)$

6
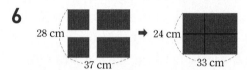

빨간색 부분을 이어 붙이면 가로가 $33\ \text{cm}$,
세로가 $24\ \text{cm}$인 직사각형이 됩니다.
⇨ (흰색 부분의 넓이)
$=$(국기의 넓이)$-$(빨간색 부분의 넓이)
$=37×28-33×24$
$=1036-792=244(\text{cm}^2)$

고수 단원평가문제

126〜130쪽

1 $38\ \text{cm}$	**2** $8\ \text{cm}^2$	**3** 30번
4 m^2, km^2	**5** ㄴ, ㄷ, ㄱ	**6** (1) $<$ (2) $=$
7 8	**8** $28\ \text{cm}$	**9** $540\ \text{cm}^2$
10 $432\ \text{cm}^2$	**11** $416\ \text{cm}^2$	**12** $54\ \text{cm}^2$
13 $167\ \text{cm}^2$	**14** $512\ \text{cm}^2$	**15** $15\ \text{cm}$
16 $119\ \text{cm}^2$	**17** $108\ \text{cm}^2$	**18** $500\ \text{cm}^2$

19 이유 예 ❶ 평행사변형의 밑변의 길이와 높이가 모 두 같기 때문입니다.

20 풀이 ❶ 짧은 변의 길이를 □m라고 하면 긴 변의 길이는 (□$×3$) m입니다.
직사각형의 넓이는 □$×$□$×3=192,$
□$×$□$=192÷3=64$이므로
□$=8(\text{m})$입니다.
❷ 따라서 긴 변의 길이는 $8×3=24(\text{m})$이므로 직사각형의 둘레는 $(8+24)×2=64(\text{m})$입니다.
답 $64\ \text{m}$

21 풀이 ① 잘린 모양에서 정사각형의 변과 길이가 같은 부분을 나타내어 보면 오른쪽과 같습니다.

② 따라서 만든 모양의 둘레는
(정사각형의 둘레)+4+4
$=15 \times 4+8=68$(cm)입니다. 답 68 cm

22 풀이 ① 도형은 정사각형 12개로 이루어져 있으므로 넓이는 정사각형의 넓이의 12배입니다.
② (정사각형의 넓이)$=108 \div 12=9$(cm²)이고 $9=3 \times 3$이므로 정사각형의 한 변의 길이는 3 cm입니다. ③ 도형의 둘레는 정사각형의 한 변의 길이의 28배와 같으므로 $3 \times 28=84$(cm)입니다. 답 84 cm

23 풀이 ① 색칠하지 않은 직각삼각형은 밑변의 길이가 $9+13+6=28$(cm)이고 높이가 9 cm이므로 넓이는 $28 \times 9 \div 2=126$(cm²)입니다.
② 정사각형의 넓이의 합은
$9 \times 9+13 \times 13+6 \times 6=81+169+36$
$=286$(cm²)이므로 색칠한 부분의 넓이는
$286-126=160$(cm²)입니다. 답 160 cm²

1 (직사각형의 둘레)$=(13+6) \times 2=38$(cm)

2 왼쪽 그림과 같이 넓이가 같은 부분을 옮기면 단위넓이가 가로에 4개, 세로에 2개씩 있으므로 넓이는 $4 \times 2=8$(cm²)입니다.

3 500 cm$=5$ m이므로 1 m²가 가로에 6번, 세로에 5번 들어갑니다.
⇨ $6 \times 5=30$(번)

4 수영장의 넓이를 나타낼 때에는 m², 대전광역시처럼 도시의 면적을 나타낼 때에는 km²가 알맞습니다.

5 ㉠ (직사각형의 둘레)$=(14+8) \times 2=44$(cm)
㉡ (정사각형의 둘레)$=13 \times 4=52$(cm)
㉢ (직사각형의 둘레)$=(9+16) \times 2=50$(cm)
⇨ $52>50>44$이므로 둘레가 가장 긴 도형부터 차례로 쓰면 ㉡, ㉢, ㉠입니다.

6 ⑴ 10000 cm²는 1 m²이므로 30000 cm²는 3 m²입니다. ⇨ 30000 cm²$<$30 m²

⑵ 1000000 m²는 1 km²이므로 65000000 m²는 65 km²입니다. ⇨ 65000000 m²$=65$ km²

7 (마름모의 넓이)
$=$(한 대각선의 길이)$\times$(다른 대각선의 길이)$\div 2$
$=11 \times(\square \times 2) \div 2=88$
⇨ $\square=88 \times 2 \div 11 \div 2=8$(cm)

8 (직사각형의 가로)$=96 \div 12=8$(cm)이므로
(정사각형의 한 변의 길이)$=15-8=7$(cm)
⇨ (정사각형의 둘레)$=7 \times 4=28$(cm)

9 (높이)$=$(삼각형의 넓이)$\times 2 \div$(밑변의 길이)이므로
(높이)$=60 \times 2 \div 12=10$(cm)입니다.
늘인 삼각형의 밑변의 길이는 $12 \times 3=36$(cm),
높이는 $10 \times 3=30$(cm)입니다.
따라서 늘인 삼각형의 넓이는
$36 \times 30 \div 2=540$(cm²)입니다.

10 색칠한 부분을 모아 보면 밑변은 $28-4=24$(cm), 높이는 $22-4=18$(cm)인 평행사변형입니다.
⇨ (색칠한 부분의 넓이)$=24 \times 18=432$(cm²)

11 사다리꼴의 아랫변은 $12+16=28$(cm),
높이는 $9+7=16$(cm)이므로
사다리꼴의 넓이는 $(16+28) \times 16 \div 2=352$(cm²)입니다.
색칠하지 않은 직사각형의 가로는 16 cm,
세로는 9 cm이므로 직사각형의 넓이는
$16 \times 9=144$(cm²)입니다.
⇨ (색칠한 부분의 넓이)
$=(352-144) \times 2=208 \times 2=416$(cm²)

12 삼각형 ㄱㄹㅁ과 삼각형 ㄷㄹㅁ의 높이를 $\square$ cm라고 할 때 두 삼각형의 넓이의 차는
$(15-12) \times \square \div 2=12$이므로 $\square=8$(cm)입니다.
삼각형 ㄱㄹㄷ의 넓이는
$(12+15) \times 8 \div 2=108$(cm²)입니다.
삼각형 ㄷㄹㄴ의 넓이는 삼각형 ㄷㄱㄹ의 넓이의 반이므로 54 cm²입니다.

13 정사각형의 한 변은 15 cm이므로 넓이는
$15 \times 15=225$(cm²)입니다.
정사각형에서 겹쳐지지 않은 부분의 넓이는
$4 \times 4 \div 2=8$(cm²), $6 \times 6 \div 2=18$(cm²),
$8 \times 8 \div 2=32$(cm²)이므로 합은

$8+18+32=58(\text{cm}^2)$입니다.
따라서 겹쳐진 부분의 넓이는 $225-58=167(\text{cm}^2)$
입니다.

14 (마름모 1개의 넓이)$=16\times16\div2=128(\text{cm}^2)$
겹친 부분은 마름모 1개를 똑같이 4로 나눈 것 중의
하나이므로 $128\div4=32(\text{cm}^2)$입니다.
⇨ (도형의 넓이)$=128\times5-32\times4$
$\qquad\qquad\qquad=640-128=512(\text{cm}^2)$

15 사다리꼴의 높이를 □cm라고 하면
$(25+35)\times□\div2=360$, □$=360\times2\div60=12$
사다리꼴의 높이가 12 cm이므로 삼각형 ㄱㅁㄹ의
밑변을 25 cm라 할 때 높이는 12 cm입니다.
따라서 삼각형 ㄱㅁㄹ의 넓이는
$25\times12\div2=150(\text{cm}^2)$입니다.
⇨ (선분 ㄱㅁ)$\times20\div2=150$,
(선분 ㄱㅁ)$=150\times2\div20=15(\text{cm})$

16 삼각형 ㅁㄷㅂ에서 각 ㅁㅂㄷ도 45°이므로 이등변삼
각형입니다.
(각 ㅂㄷㄱ)$=45$°이고 (각 ㄷㄱㄹ)$=45$°이므로
삼각형 ㄱㄷㄹ도 이등변삼각형입니다.
⇨ (변 ㄱㄹ)$=$(변 ㄹㄷ)
따라서 직사각형 ㄱㄴㄷㄹ은 정사각형입니다.
(선분 ㅂㄷ)$=16-10=6(\text{cm})$이므로
(색칠한 부분의 넓이)
$=16\times16\div2-6\times6\div2\div2$
$=128-9=119(\text{cm}^2)$

17 삼각형 ㅅㄱㄴ과 삼각형 ㅁㄴㄷ에서 사각형 ㄱㅁㅂ
ㅅ과 삼각형 ㅂㄴㄷ의 넓이가 같고, 삼각형 ㅂㅁㄴ이
공통이므로 삼각형 ㅅㄱㄴ과 삼각형 ㅁㄴㄷ의 넓이는
같습니다.
삼각형 ㅅㄱㄴ의 넓이는 $9\times8\div2=36(\text{cm}^2)$이므로
삼각형 ㅁㄴㄷ의 넓이도 36 cm²입니다.
⇨ $(9-3)\times$(선분 ㄴㄷ)$\div2=36$,
(선분 ㄴㄷ)$=12$ cm
따라서 직사각형 ㄱㄴㄷㄹ의 넓이는
$12\times9=108(\text{cm}^2)$입니다.

18 $25=5\times5$에서 색칠한 정사각형
의 한 변이 5 cm이므로 가장 큰
정사각형의 한 변은
$5\times3=15(\text{cm})$입니다.

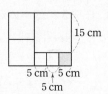

직사각형의 세로가 $15+5=20(\text{cm})$이므로
둘째로 큰 정사각형의 한 변은 10 cm입니다.
따라서 직사각형의 가로는 $10+15=25(\text{cm})$이므로
넓이는 $25\times20=500(\text{cm}^2)$입니다.

19 〔평가상의 유의점〕 밑변의 길이와 높이가 각각 같은 평행
사변형은 넓이가 모두 같은 것을 이해하여 바르게 설
명했는지 확인합니다.

단계	채점 기준	점수
❶	평행사변형의 넓이가 모두 같은 이유 설명하기	5점

20 〔평가상의 유의점〕 직사각형의 짧은 변과 긴 변의 관계를
이용하여 직사각형의 변의 길이를 구한 후 직사각형
의 둘레를 구했는지 확인합니다.

단계	채점 기준	점수
❶	직사각형의 짧은 변의 길이 구하기	2점
❷	직사각형의 긴 변의 길이와 직사각형의 둘레 구하기	3점

21 〔평가상의 유의점〕 길이가 같은 변을 이용하여 정사각형
을 만들어 둘레를 구했는지 확인합니다.

단계	채점 기준	점수
❶	정사각형 모양 만들기	2점
❷	도형의 둘레 구하기	3점

22 〔평가상의 유의점〕 도형과 정사각형의 넓이의 관계를 이
용하여 정사각형의 한 변의 길이를 구한 다음 도형의
둘레를 구했는지 확인합니다.

단계	채점 기준	점수
❶	도형과 정사각형의 넓이의 관계 구하기	1점
❷	정사각형의 한 변의 길이 구하기	2점
❸	도형의 둘레 구하기	2점

23 〔평가상의 유의점〕 색칠하지 않은 직각삼각형의 넓이와
정사각형 3개의 넓이의 합을 각각 구하여 색칠한 부
분의 넓이를 구했는지 확인합니다.

단계	채점 기준	점수
❶	색칠하지 않은 삼각형의 넓이 구하기	2점
❷	색칠한 부분의 넓이 구하기	3점

수학의 고수

정답과 해설